Os Grandes Casos de Psicose

Transmissão da Psicanálise
diretor: Marco Antonio Coutinho Jorge

sob a direção de
J.-D. Nasio

OS GRANDES CASOS DE PSICOSE

com a colaboração de
Annie-Marguerite Arcangioli, Dominique Berthon, Araon Coriat, Yanick François, Tristan Garcia-Fons, Anne Lefèvre, Francisco Xavier Moya-Plana, J.-D. Nasio, Christian Pisani, Michelle Varieras, Marie-Claude Veney-Perez, Geneviève Vialet-Bine, Liliane Zolty

Tradução:
VERA RIBEIRO
psicanalista

Revisão técnica:
MARCO ANTONIO COUTINHO JORGE

8ª reimpressão

ZAHAR

*A preparação deste livro
foi supervisionada por L. Zolty*

Copyright © 2000 by J.-D. Nasio

Tradução autorizada da primeira edição francesa publicada em 2000 por Éditions Payot & Rivages, de Paris, França, na coleção Désir/Payot, dirigida por J.-D. Nasio

Título original
Les grands cas de psychose

Capa
Sérgio Campante

CIP-Brasil. Catalogação-na-fonte
Sindicato Nacional dos Editores de Livros, RJ.

G779   Os grandes casos de psicose / sob a direção de, J.-D. Nasio; com a colaboração de Annie-Marguerite Arcangioli... [et al.]; tradução, Vera Ribeiro; revisão técnica, Marco Antonio Coutinho Jorge. — 1ª ed. — Rio de Janeiro: Zahar, 2001.

(Transmissão da Psicanálise; 64)

Tradução de: Les grands cas de psychose.
Inclui bibliografia
ISBN 978-85-7110-591-1

1. Psicose — Estudo de casos. I. Nasio, Juan-David. II. Arcangioli, Annie-Marguerite. III. Série.

01-0162

CDD: 616.895
CDU: 616.892

[2021]
Todos os direitos desta edição reservados à
EDITORA SCHWARCZ S.A.
Praça Floriano, 19, sala 3001 — Cinelândia
20031-050 — Rio de Janeiro — RJ
Telefone: (21) 3993-7510
www.companhiadasletras.com.br
www.blogdacompanhia.com.br
facebook.com/editorazahar
instagram.com/editorazahar
twitter.com/editorazahar

Sumário

Preâmbulo 7

Que é um caso? 9

*Observações psicanalíticas
sobre as psicoses* 33

Um caso de S. Freud:
Schreber ou a paranóia 41

Um caso de M. Klein:
Dick ou o sadismo 65

Um caso de D.W. Winnicott:
*A pequena Piggle ou
a mãe suficientemente boa* 85

Um caso de B. Bettelheim:
Joey ou o autismo 109

Um caso de criança de F. Dolto:
*A menina do espelho ou
a imagem inconsciente do corpo* 133

Um caso de adolescente de F. Dolto:
Dominique ou o adolescente psicótico 159

Um caso de J. Lacan:
As irmãs Papin ou a loucura a dois   189

***As psicoses transitórias
à luz do conceito de foraclusão localizada   217***

Notas do conjunto dos capítulos   237

Índice geral   240

Preâmbulo

Todos os grandes psicanalistas deixaram-nos o testemunho excepcional de uma experiência clínica perturbadora e rica em ensinamentos. Aqui estão, comentados pela primeira vez, os mais célebres casos de psicose da história da psicanálise: *Schreber*, cujas *Memórias* revelaram a Freud os mecanismos mais íntimos da paranóia e do narcisismo; *Dick*, o menino autista cuja análise permitiu a Melanie Klein confirmar sua hipótese de que o sadismo é um componente sadio do homem normal; *A pequena Piggle*, menina desestruturada que pôs Winnicott no caminho do conceito de mãe suficientemente boa; *Joey*, o menino autista cuja cura impressionante reforçou a convicção de Bettelheim em seu projeto de tratar o autismo no meio institucional (a Escola Ortogênica); a menina esquizofrênica tratada por Dolto e a quem dei o nome de *"Menina do espelho"*, para sublinhar o poder alienante da imagem especular; *Dominique*, o adolescente psicótico cujo tratamento, também realizado por Françoise Dolto, foi um campo de pesquisa fecundo para sua teoria das castrações simboligênicas; e, por último, *As irmãs Papin*, que Lacan jamais conheceu, mas cuja loucura assassina foi a ilustração mais exemplar da passagem ao ato paranóica.

Os autores que deram sua colaboração a este livro quiseram, acima de tudo, sublinhar a originalidade de cada observação clínica e expor os avanços teóricos por ela suscitados. Empenharam-se particularmente em nos fazer reviver a emoção sentida por esses pioneiros, quando de seu encontro com um paciente gravemente afetado, e o impacto espantoso que ele produziu em seu pensamento.

Os comentadores redigiram suas contribuições não apenas com a preocupação de expor a história da doença, o processo da análise e os novos subsídios teóricos induzidos pela observação, mas também desejosos de mostrar que a clínica dos grandes mestres está tão viva quanto nossa clínica atual.

Independentemente da época e do lugar, jamais deixaremos de nos surpreender, a exemplo dos que nos antecederam, com o mistério da loucura e com o poder insuspeitado de uma escuta analítica capaz de aliviar o sofrimento do paciente psicótico. Por isso, queremos que este livro seja para o leitor, mais do que um manual de história, um poderoso estímulo para a reflexão sobre as novas formas da doença mental. E desejamos também que a leitura destas páginas seja uma incitação à consulta direta dos documentos originais em que foram consignadas as observações clínicas aqui comentadas.

❖

Cada capítulo que leremos organiza-se em três partes: a vida do paciente, seus sintomas e o desenrolar da análise; a importância do caso para a teoria e uma seleta bibliográfica relativa ao caso.

Além disso, o livro traz um capítulo sobre a teoria psicanalítica das psicoses e outro, que o encerra, sobre o conceito de *foraclusão localizada*, que desenvolvi em continuidade à obra de Freud e à de Lacan, conceito este empregado através de um caso clínico de psicose transitória. Por último, fiz questão de introduzir nossa obra coletiva com um texto que mostra como um psicanalista, no exercício da escuta, é levado a produzir o texto singular a que damos o nome de "caso clínico".

❖

Os capítulos dedicados aos casos são uma versão profundamente reformulada dos textos de conferências proferidas durante o ciclo de ensino *Os grandes casos de psicose*, organizado pelos Seminários Psicanalíticos de Paris.

J.-D. Nasio

Que é um caso?

J.-D. Nasio

*As três funções de um caso:
didática, metafórica e heurística*

❖

O caso é uma ficção

❖

*A gestação de um caso clínico:
o papel do "esquema da análise"*

❖

O sigilo

❖

*Excertos das obras de S. Freud e J. Lacan
sobre a idéia de "caso clínico"*

❖

Seleta bibliográfica

> *"Eu mesmo me surpreendo ao constatar que minhas observações dos pacientes podem ser lidas como romances e não trazem, por assim dizer, a chancela de seriedade que é própria dos escritos científicos."*
> S. Freud

Em sua acepção mais comum, a expressão "caso" designa, para o analista, o interesse muito particular que ele dedica a um de seus pacientes. Na maioria das vezes, esse interesse leva a um intercâmbio de sua experiência com seus colegas (supervisão, grupos de estudo clínico etc.), mas, vez por outra, dá margem a uma observação escrita, que constitui então o que realmente chamamos de *caso clínico*.

Mas convém lembrar que, no discurso médico, a palavra "caso" assume um sentido muito diferente, ou até oposto ao sentido psicanalítico que desenvolveremos neste livro. Enquanto, na medicina, o caso remete ao sujeito anônimo que é representativo de uma doença — diz-se, por exemplo, "um caso de listeriose" —, para nós, ao contrário, o caso exprime a própria singularidade do ser que sofre e da fala que ele nos dirige.

Assim, em psicanálise, definimos o caso como o relato de uma experiência singular, escrito por um terapeuta para atestar seu encontro com um paciente e respaldar um avanço teórico. Quer se trate do relato de uma sessão, do desenrolar de uma análise ou da exposição da vida e dos sintomas de um analisando, um caso é sempre um texto escrito para ser lido e discutido. Um texto que, através de seu estilo narrativo, põe em cena uma situação clínica que ilustra uma elaboração teórica. É por essa razão que podemos considerar o caso como a passagem de uma demonstração inteligível a uma mostra sensível, a imersão de uma idéia no fluxo móvel de um fragmento de vida, e podemos, finalmente, concebê-lo como a pintura viva de um pensamento abstrato.

❖

As três funções de um caso: didática, metafórica e heurística

❖ *Função didática*. É justamente esse caráter cênico e figurado que confere ao estudo de casos um poder incontestável de sugestão e de ensino. Por quê? O que distingue o relato de um caso de outros textos didáticos? Sua particularidade prende-se a isto: ele transmite a teoria, dirigindo-se à imaginação e à emoção do leitor. Imperceptivelmente, o jovem clínico aprende a psicanálise de maneira ativa e concreta. Como leitor atento, imagina-se ocupando alternadamente o lugar do terapeuta e o do paciente, e sente aquilo que sentem os protagonistas do encontro clínico.

O caso se apresenta, portanto, como uma fantasia em que voejamos livremente de um personagem para outro, no seio de um mundo virtual, estando dispensados de qualquer confronto direto com a realidade. Assim, o exemplo clínico mostra os conceitos e, ao mostrá-los, transforma o leitor num ator que, pela encenação improvisada de um papel, inicia-se na prática e assimila a teoria. É essa a *função didática* do caso: transmitir a psicanálise por intermédio da imagem, ou, mais exatamente, por intermédio da disposição em imagens de uma situação clínica, o que favorece a empatia do leitor e o introduz sutilmente no universo abstrato dos conceitos.

Note-se que a importância evocadora dessa colocação em imagens que é o caso aproxima-se da idéia aristotélica de *catarse*. Em sua *Poética*, Aristóteles explica a atração que a tragédia grega exerce sobre o espectador através do fenômeno da "purificação (*catharsis*) das paixões".[1] O espectador livra-se da tensão de suas paixões ao ver encenar-se diante dele o espetáculo de seu drama íntimo. Vê desenrolar-se do lado de fora o conflito que está em seu interior. Eis, numa fórmula, o princípio do fenômeno catártico: o semelhante *se trata* através do semelhante. As paixões que agitam em silêncio o inconsciente do espectador *aplacam-se*, quando ele vê essas mesmas paixões desencadeadas no palco; assim, a violência das pulsões recalcadas é exorcizada pela violência das paixões teatralizadas. Graças a identificações imaginárias com os personagens da tragédia, o espectador participa ativamente da trama; de espectador, transforma-se em ator. Ora, é exatamente esse mesmo princípio que confere à leitura do caso clínico seu poder sugestivo. Para nosso leitor transformado em ator, o semelhante *é aprendido* pelo semelhante; ao ler o relato das sessões, ele se imagina sofrendo o que o paciente sofre e intervindo como intervém o terapeuta.

Mas surge uma questão. De que maneira a escrita figurada facilita o acesso ao pensamento abstrato? Como pode o leitor, a partir de uma observação clínica, deduzir a teoria? Deixando de lado o prazer narcísico de ler um caso — verdadeiro espelho que remete o leitor a si mesmo —, como explicar, por exemplo, por que o relato da *Pequena Piggle* nos permite compreender de maneira tão sutil o conceito winnicottiano de "mãe suficientemente boa"? Dissemos que o caso — visto pelo lado daquele que o redige — é uma colocação do conceito em imagens, uma passagem do abstrato ao concreto, mas agora queremos conhecer o movimento inverso. Queremos saber como se produz, no espírito do leitor, o trajeto que vai do texto ilustrado ao conceito pensado, da cena à idéia, do concreto ao abstrato.

Nossa resposta pode resumir-se no seguinte encadeamento. Num primeiro tempo, e para respaldar uma proposição teórica, o clínico redige o relato do desenrolar de uma análise, descrevendo a vida e os sintomas de seu paciente. Em seguida, o leitor aborda esse texto e se identifica com os personagens principais da história do sujeito, e depois generaliza o caso, comparando-o com outras situações análogas, para enfim discernir o conceito que até então continuava não formulado. É nesse momento que ele deixa a cena clínica e, guiado pelo conceito emergente, vasculha seu espaço mental, povoado por outros conceitos conhecidos e outras experiências vividas.

Em suma, depois que nosso leitor vira a primeira página do célebre diário de uma análise que é *A pequena Piggle*, ele compreende que um dos eixos do livro é a idéia de "mãe suficientemente boa". Compreende que a "mãe suficientemente boa" é a mãe simbólica, isto é, a duplicação psíquica da pessoa real da mãe, uma estatueta mental que a criança pode maltratar e agredir, sem destruí-la e sem destruir a si mesma. A partir daí, só resta ao leitor dar um último passo — um passo que ele dá sem dificuldade: estender a idéia de "mãe suficientemente boa" ao campo mais geral da relação transferencial entre paciente e analista. Pensando nessa noção e observando como se conclui a análise de Piggle, nosso leitor passa então a saber que, de acordo com os princípios winnicottianos, a meta última da ação do psicanalista é criar no analisando, ao final de seu tratamento, a certeza de que ele pôde amar e agredir seu terapeuta de maneira simbólica, isto é, sem tê-lo realmente possuído nem destruído. A partir da experiência concreta da *Pequena Piggle*, nós, leitores, acedemos ao conceito de "mãe suficientemente boa" e, partindo desse trampolim, saltamos para um novo conceito mais amplo, que denominarei, parafraseando Winnicott, de "*analista suficientemente simbolizável*". Suficientemente simbolizável para sobreviver, como representação psíquica, às projeções pulsionais do analisando; um analista que trabalhou, na realidade da análise, de maneira suficientemente pertinente para imprimir no psiquismo do paciente a imagem simbólica de um terapeuta inalterável, condição essencial para que o analisando termine sua análise sem culpa em relação àquele que se prestou à dominação da transferência.

Em suma, o valor didático de um caso reside no poder irresistível da história clínica para captar o ser imaginário do leitor e conduzi-lo sutilmente, quase sem que ele se aperceba, a descobrir um conceito e a elaborar outros.

❖

Dramatizar o conceito. Entretanto, devo esclarecer aqui — ainda no tema da função didática do caso — que existe uma outra maneira de pôr um conceito em cena, mas sem recorrer ao testemunho de um caso clínico. Como? Já não se trata de uma ilustração na qual o conceito é empregado numa cena humana, mas de ver o próprio conceito tornar-se humano e vivo, de antropomorfizá-lo, de fazê-lo falar e agir como falaria e agiria um ser que quisesse fazer-se entender. Assim, movido por meu pensamento visual, ocorreu-me imitar as idéias mais abstratas e formais. Quando tenho que lecionar num contexto restrito como o de meu Seminário fechado, às vezes sou levado a exprimir a significação de uma idéia através de gestos, mímicas ou entonações. Mas, fora dessas situações particulares, quando tenho que expor por escrito uma entidade formal, esforço-me por apresentar suas articulações, sinuosas e amiúde complicadas, à maneira de um diretor cênico que fizesse do conceito teórico o personagem central de uma trama, que tem um começo, atinge um clímax e tem um desfecho; um diretor que procurasse criar em seu espectador uma tensão tão cativante quanto o suspense de um drama.

Tomemos o exemplo do conceito de complexo de Édipo no menino. Quando tive que expô-lo, recentemente, quis que o estilo de minha exposição se coadunasse o mais de perto possível com o movimento psíquico que ele designa. Como o Édipo é, antes de mais nada, a travessia de uma prova, a passagem brusca de um estado a outro, era preciso que minha formulação refletisse a mesma tensão que antecipa o salto, a mesma emoção da transposição e o mesmo relaxamento que se segue à crise. Assim, como enunciar o conceito, permanecendo fiel a um processo tão móvel e fluido? Ocorreu-me a idéia de forjar um artifício de exposição que desse voz ao inconsciente do menino edipiano. Falando na primeira pessoa, o inconsciente dele nos contaria as peripécias de sua crise edipiana. Eis o que ele nos confiaria:

"Eu, o inconsciente, falo: sinto excitações penianas → Tenho o falo e me acredito onipotente → Desejo, ao mesmo tempo, possuir e ser possuído por meus pais, além de eliminar meu pai → Sinto prazer em fantasiar → Meu pai ameaça me castigar, castrando-me → Vejo a ausência do pênis-falo numa menina e em minha mãe → Angustio-me → Paro de desejar meus pais e salvo meu pênis → Assim, supero a angústia → Esqueço tudo: desejo, fantasias e angústia → Separo-me sexualmente de meus pais e faço minha a moral deles → Começo a compreender que meu pai é um homem e minha mãe é uma mulher, e, aos poucos, começo a me aperceber de que também pertenço à linhagem dos homens (...)."

São essas as emoções sucessivas que pontuam o movimento dramático da fantasia edipiana masculina. Cada frase enunciada na primeira pessoa encerra uma vasta rede de conceitos, que o leitor não necessariamente discerne, mas que ainda assim assimila. Ele lê apenas os "eu sinto", "eu desejo", "eu me angustio" ou "eu esqueço" com os quais se identifica, e, ao fazê-lo, integra espontaneamente entidades abstratas.

Numa palavra, dramatizar um conceito significa personificá-lo e pô-lo em jogo numa unidade de lugar, tempo e ação, a fim de captar o leitor e levá-lo ao cerne da teoria.

❖

❖ *Função metafórica.* Voltemos agora ao caso clínico e a seu valor metafórico. É freqüente — e estou pensando sobretudo nos casos célebres da psicanálise — a observação clínica e o conceito que ela ilustra estarem tão intimamente imbricados, que a observação substitui o conceito e se torna uma metáfora dele. O recurso repetido dos psicanalistas a alguns grandes casos, sempre os mesmos, para exemplificar um dado conceito, acarretou, ao longo dos anos, um deslizamento de significação. O sentido inicial de uma idéia tornou-se, pouco a pouco, o próprio sentido de seu exemplo, a tal ponto que basta a simples menção do nome próprio do caso (*Joey, irmãs Papin, Dominique* etc.) para fazer com que jorre instantaneamente a significação conceitual.

Por exemplo, em vez de estudar a psicose em termos abstratos, sucede-nos evocar espontaneamente um dado episódio da história do delirante presidente Schreber, e, ao fazê-lo, teorizamos sem saber que estamos teorizando. Penso aqui no momento exato em que eclode o delírio paranóico do célebre presidente. Eis a cena: ainda mal despertado de uma noite de sono, Schreber imagina que seria belíssimo ser uma mulher vivenciando um coito. Já essa simples evocação presentifica a hipótese freudiana que faz da paranóia masculina a expressão mórbida de uma fantasia infantil e inconsciente, de conteúdo homossexual: a de ser sexualmente possuído pelo pai e gozar com isso. Em seu devaneio erótico, Schreber é uma mulher inebriada com a volúpia da penetração, mas, em sua fantasia subjacente, é, na verdade, um garotinho que goza ao se entregar ao desejo sexual do pai. Por isso, o fato de um psicanalista evocar esse chavão, esse episódio marcante da doença de nosso presidente neuropata, equivale a afirmar uma das principais proposições que explicam a origem da paranóia: o amor inconsciente pelo pai é projetado para fora, na pessoa de um homem perseguidor a quem se odeia e de quem se tem medo. A causa da paranóia é a reativação aguda de uma fantasia homossexual edipiana. Como vemos claramente, o conceito de projeção paranóica apaga-se diante do exemplo que se tornou seu substituto.

É até possível que o caso-metáfora seja estudado, comentado e incansavelmente retomado, na comunidade dos praticantes, a ponto de adquirir um valor emblemático, ou mesmo de fetiche. Que são Schreber, Dora e Hans, senão histórias consagradas pela tradição psicanalítica como os arquétipos da psicose, da histeria e da fobia?

Será preciso acrescentarmos que as numerosas observações clínicas que povoam a teoria analítica lembram a impossibilidade de o pensamento conceitual dizer a verdade da experiência, unicamente por meio do raciocínio formal?

❖

❖ *Função heurística.* Sucede, além disso, o caso ultrapassar seu papel de ilustração e de metáfora emblemática, tornando-se, em si mesmo, gerador de conceitos. É a isso que chamo "função heurística de um caso". Às vezes, a fecundidade demonstrativa de um exemplo clínico é tão frutífera, que vemos proliferarem novas hipóteses que enriquecem e adensam a trama da teoria. Retomando a figura do presidente Schreber, foi justamente graças às espantosas *Memórias de um doente de nervos*, comentadas por Freud, que Lacan pôde conceber pela primeira vez a idéia de significante do Nome-do-Pai e a idéia correlata de foraclusão, noções que desde então renovaram a compreensão do fenômeno psicótico.[2] Para completar, não nos esqueçamos do papel desempenhado pelo célebre caso do Homem dos Lobos (episódio da alucinação do dedo cortado) no nascimento do conceito lacaniano de foraclusão.

❖

O caso é uma ficção

Todavia, mesmo que um caso tenha uma *função didática*, como exemplo que corrobora uma tese, uma *função metafórica*, como metáfora de um conceito, ou uma *função heurística*, como centelha que está na origem de um novo saber, ainda assim o relato de um encontro clínico nunca é o reflexo fiel de um fato concreto, mas sua reconstituição fictícia. O exemplo nunca é um acontecimento puro, mas sempre uma história reformulada.

O caso se define, portanto, como o relato criado por um clínico, quando ele reconstrói a lembrança de uma experiência terapêutica marcante. Tal reconstrução só pode ser uma ficção, uma vez que o encontro com o analisando é rememorado através do filtro da vivência do analista, readaptado segundo a teoria que ele precisa validar e, não nos esqueçamos, redigido de acordo com as leis restritivas da escrita. A experiência, o analista participa dela com seu desejo, reencontra-a em sua lembrança, pensa nela por meio de sua teoria e a escreve na língua de todos. Podemos ver como todos esses planos sucessivos deturpam o fato real, que acaba por se transformar em outro.

Por isso é que o caso clínico resulta sempre de uma distância inevitável entre o real de que provém e o relato em que se materializa. De uma experiência verdadeira, extraímos uma ficção, e, através dessa ficção, induzimos efeitos reais no leitor. A partir do real, criamos a ficção, e com a ficção, recriamos o real.

❖

A gestação de um caso clínico: o papel do "esquema da análise"

Mas, de que modo um psicanalista chega a fazer nascer um caso? O que o leva a escrever? Em seu vaivém permanente entre a prática e a teoria, duas condições mínimas são necessárias para que o analista possa transformar uma experiência singular num documento destinado a seus colegas.

Primeiro, o praticante será tão mais sensível e receptivo ao encontro clínico quanto mais for capaz de se surpreender, e será tão mais capaz de se surpreender quanto mais sólida for sua formação teórica. Viço e rigor, inocência e saber são as qualidades primordiais de um clínico receptivo ao acontecimento transferencial que convoca à escrita.

Depois, a outra condição mínima para produzir um caso é colocar-se à escuta do paciente guardando na pré-consciência o que chamo de *"esquema da análise"*, isto é, um conjunto de hipóteses que definem a problemática principal de um dado paciente. Esse esquema, que é o resultado, no analista, de uma reflexão madura sobre os conflitos pulsionais do paciente, personaliza a escuta de cada analisando. É evidente que não escuto Sarah, uma jovem anoréxica, com a mesma abordagem conceitual — ainda que muito flexível — com que escuto Diana, também anoréxica, ou Julien, que sofre de agorafobia. Com cada um desses pacientes, a inteligência pré-consciente de minha escuta é incontestavelmente diferente, uma vez que, a partir da teoria psicanalítica geral, faço uma reconstrução das principais fantasias subjacentes aos sintomas próprios do analisando.

Mas, por que falar aqui num esquema da análise? Qual é seu papel na redação de um caso clínico? É um papel determinante, porque esse esquema, essa construção, por mais intelectual que seja, é indispensável para levar o analista a fantasiar o inconsciente do paciente no momento mais vivo da escuta, imediatamente antes de interpretar. Pois bem, esse momento, favorecido pela existência prévia do esquema conceitual, pode revelar-se tão pregnante que impele o clínico a escrever.

Expliquemo-nos. Coloco-me à escuta de meu paciente, tendo em segundo plano, quase esquecido — mas sempre pronto a ser rememorado por mim —, o esquema dinâmico de seus conflitos pulsionais, ou, mais exatamente, o esboço de suas fantasias dominantes. Mas eis o essencial: esse esquema, elaborado em mim desde a primeira entrevista, e depois esquecido, parece entrar em fermentação psíquica, convertendo-se, durante a escuta, numa série de imagens que se impõem em minha mente. As fantasias intelectualmente reconstruídas transformam-se, quando é chegado o momento, em fantasias dotadas de imagens, quase alucinadas, no terapeuta. Em outras palavras, o esquema do analista, longamente amadurecido, torna-se, no instante da escuta, uma cena marcada por uma grande nitidez.

Por isso, o psicanalista deve começar por se indagar quais são as fantasias dominantes de seu paciente e, uma vez feita sua elaboração, não mais pensar nela, até que ela se precipite numa cena imajada. A instrução que eu transmitiria ao psicanalista, portanto, seria: "Reconstrua as fantasias primordiais, esqueça a reconstrução e deixe-a agir em você, até que — graças a uma manifestação do paciente — ela se transforme em imagens animadas."

Naturalmente, o surgimento dessas imagens no espírito do terapeuta depende, acima de tudo, do poder das projeções transferenciais do analisando. Se é verdade que o esquema da análise é forjado graças ao saber consciente do analista, é igualmente verdade que o brotamento da cena imajada só é possível graças ao inconsciente do psicanalista. Para elaborar seu esquema, o clínico serve-se de seu saber consciente, ao passo que, para visualizar a cena, ele se serve de seu inconsciente como instrumento perceptivo, ou, mais exatamente, utiliza seu inconsciente como uma chapa sensível, exposta às projeções inconscientes do analisando. Digamo-lo numa formulação abreviada: a fantasia imajada é a emergência, no analista, do recalcado do paciente.

Ora, a significação da fantasia imajada, isto é, a lógica da cena fantasiada, é pautada na elaboração conceitual do esquema da análise, esquema este que funciona como uma "microteoria" que dita o cenário da cena percebida. Assim, podemos compreender por que nosso esquema permite ao psicanalista *fantasiar certo*, isto é, ver emergir em si uma fantasia que exprime verdadeiramente a transferência de seu analisando, e não um devaneio pessoal.

Em suma, esse esquema não é nem um resumo dos princípios gerais da psicanálise nem a colocação em imagens, propriamente dita, que se impõe a mim no momento da interpretação. Nem teoria geral nem fantasia visualizada, mas uma elaboração conceitual ajustada a cada paciente em particular, a qual, uma vez esquecida, converte-se numa cena imajada. Nesse sentido, definiremos a interpretação psicanalítica como a verbalização, pelo analista, da cena imajada que se desenha em sua mente. Essa interpretação, conforme as circunstâncias, será comunicada ao paciente, ou, ao contrário, guardada em silêncio.

Gostaria de dar aqui um exemplo, extraído de minha clínica, que mostra essa passagem do esquema à imagem. Refiro-me a Antoine, um homem de 40 anos que me consultou por causa de sua impotência sexual. Depois de algumas sessões, eu soube que, quando menino, ele havia apanhado freqüentemente do pai, um homem violento que também aterrorizava sua mulher. Progressivamente, como faço com a maioria de meus pacientes, vim a elaborar um esquema conceitual para orientar a escuta. Reconstruí, assim, a fantasia que supostamente explicaria a impotência de Antoine. Mas, de que fantasia se tratava? A partir de uma hipótese que me é familiar, ou seja, que sempre devemos buscar a causa do sofrimento neurótico na relação edipiana com o genitor do mesmo sexo, eu disse a mim mesmo — eis o esquema da análise — que, em seu inconsciente, nosso analisando havia assumido perante o pai violento o lugar da mãe. Com isso, havia-se identificado com uma mulher espancada, que sofria a brutalidade de um homem. Assim, para ele, a virilidade seria sinônimo de violência, e a feminilidade, sinônimo de sofrimento.

Essa seqüência fantasística que fui construindo, sessão após sessão, de acordo com variações diferentes, era, a meu ver, a cena inconsciente e patogênica que induzia à impotência. Na verdade, Antoine era impotente porque, dominado por sua fantasia, proibia-se de penetrar uma mulher, por medo de lhe causar sofrimento ou de causar sofrimento a sua própria mãe. Como estava identificado com a mãe, ele acreditava sentir a dor que uma mulher sentiria ao ser penetrada. Bastava-lhe acariciar o corpo de uma mulher desejada para que, imediatamente, sem se aperceber, ele ficasse sexualmente inibido. Numa palavra, Antoine preferia a impotência à opressão de sua culpa inconsciente.

Pois bem, um dia, durante uma sessão difícil, e estando povoado de todas essas idéias em estado latente, surpreendi-me com o choro repentino do paciente. Tive uma impressão tão forte de ouvir soluços de mulher, que, de repente, surgiu diante de mim o rosto banhado em pranto de uma mãe que gemia nas profundezas mais recônditas de Antoine. Essa imagem, que se impôs a mim num momento crucial da sessão, foi acompanhada por uma outra, igualmente singular e pregnante, quando, ao acompanhar o analisando até a porta, percebi como ele era alto e corpulento. Fui então tomado por uma nova percepção, que representava um garotinho de sete anos, miúdo, de pé, esmagado entre o corpo maciço de um pai ameaçador e o corpo minguado de uma mãe em prantos.

Que aconteceu? Sem dúvida, um acontecimento acima de tudo transferencial, já que essas imagens surgidas em minha mente foram a expressão fantasística do recalcado inconsciente do paciente. Digo "do paciente" porque deixei que brotasse na consciência minha percepção inconsciente do inconsciente do paciente. Meu inconsciente funcionou, nesse momento, como um instrumento de percepção. Mas esse acontecimento transferencial não poderia ter ocorrido sem a existência prévia de minhas reflexões teóricas, que apuraram a sensibilidade de meu inconsciente e legitimaram o cenário das cenas percebidas. É exatamente essa relação ajustada e fluente entre a teoria e o inconsciente do psicanalista que formalizo, ao dizer: *a fantasia primordial do paciente, reconstruída intelectualmente pelo analista, transforma-se, no aqui e agora da sessão e graças a um incidente transferencial, numa fantasia percebida.*

❖

Que concluir disso? Teórico sólido, passível de se surpreender, e clínico sutil, dotado de um *esquema da análise*: são essas as aptidões requeridas para que o psicanalista participe de um encontro clínico apaixonante, que desperta o desejo de transcrevê-lo.

Em suma, por que redigimos um caso? Primeiro, por necessidade, a necessidade irresistível de escrever, para temperar a intensidade de uma escuta que se transforma em olhar. Depois, por desejo, o desejo de dar um testemunho da vivacidade de nossa atividade analítica. E por último, também escrevemos levados pela certeza de pertencer à comunidade psicanalítica, por sua vez nascida da formalização de uma experiência primordial — a de Freud — e consolidada, há um século, pelos inúmeros escritos nascidos da prática de várias gerações de psicanalistas.

❖

O sigilo

Não poderíamos encerrar este capítulo sem considerar, ainda que sucintamente, um problema fundamental: o do sigilo acerca da identidade do paciente que está na origem do texto clínico. Existem duas regras intangíveis que o psicanalista que é autor de "um caso" deve respeitar rigorosamente. Em primeiro lugar, é indispensável mascarar todos os dados e detalhes que possam identificar a pessoa do analisando. Em segundo, é igualmente indispensável, a meu ver, fazer com que o documento seja lido pelo paciente que é objeto dele, solicitando sua concordância para uma comunicação ou até uma publicação eventuais. Para não perturbar o curso normal do tratamento e poder redigir a exposição a partir do conjunto do material, é preferível entrar em contato com o paciente depois de terminada a análise.

A observância rigorosa dessas regras éticas é a condição necessária para que casos clínicos ricos em ensinamentos continuem a favorecer a transmissão viva da psicanálise.

*Excertos das obras de
S. Freud e J. Lacan sobre
a idéia de "caso clínico"*

Seleta bibliográfica

EXCERTOS DAS OBRAS DE
S. FREUD E J. LACAN

*Os trechos em itálico que apresentam
as citações de Freud e Lacan são de J.-D. Nasio.*

Freud

Freud esteve sempre dividido entre o respeito deontológico pela intimidade dos pacientes e o dever incontornável de transmitir a todos sua experiência e teorizá-la, com vistas a fundar a nova ciência da psicanálise. As duas citações abaixo mostram esse antagonismo entre a preocupação de preservar o sigilo profissional e o desejo de constituir um saber universal.

"(...) É certo que os doentes nunca falariam, se pensassem na possibilidade de uma exploração científica de suas confidências, e é igualmente certo que teria sido inútil pedir-lhes autorização para publicá-las."[1]

❖

Entre a discrição e a divulgação, entretanto, Freud não hesitou: escolheu a publicação.

"(...) a discrição é incompatível com uma boa exposição da análise: há que não ter escrúpulos, expor-se, entregar-se como pasto, trair-se, portar-se como um artista que compra tintas com o dinheiro das despesas de casa e usa os móveis como lenha para aquecer seu modelo. Sem alguns desses atos criminosos, não se pode realizar nada corretamente."[2]

❖

Para Freud, a transmissão do saber era uma exigência moral.

"(...) O médico tem deveres não apenas para com o doente, mas também para com a ciência. Para com a ciência significa, no fundo, para com muitos outros doentes que sofrem ou virão a sofrer da mesma doença. A divulgação do que acreditamos saber sobre a causa e a estrutura da histeria torna-se um dever, e sua omissão, uma covardia vergonhosa."[3]

❖

Freud reconhecia haver travestido algumas circunstâncias da vida do paciente que permitiriam identificá-lo, embora deplorasse a censura ao mais ínfimo detalhe de sua história clínica. Com isso, fazia questão de favorecer a participação ativa do leitor.

"Antes de prosseguir em meu relato, cabe-me reconhecer que modifiquei as circunstâncias que cercam os fatos a serem estudados, de maneira a impedir qualquer identificação, porém não modifiquei mais nada. Aliás, considero um abuso deturpar os traços da história de um paciente no momento de sua transmissão, seja por que motivo for, mesmo o melhor deles, porque é impossível saber que aspecto do caso será guardado pelo leitor ao julgar por si mesmo, e, com isso, corremos o risco de induzi-lo em erro."[4]

❖

É preferível que o analista só redija o caso depois de terminada a análise.

"(...) Só submeter o material obtido a um trabalho de síntese depois de terminada a análise."[5]

❖

O estilo narrativo e necessariamente animado da observação clínica torna tão fácil sua leitura, que nos faz esquecer que a teoria encontra-se plenamente presente nela.

"Eu mesmo me surpreendo ao constatar que minhas observações dos pacientes podem ser lidas como romances e não trazem, por assim dizer, a chancela de seriedade que é própria dos escritos científicos. Consolo-me disso dizendo a mim mesmo que essa situação é atribuível, evidentemente, à própria natureza do assunto tratado, e não à minha escolha pessoal."[6]

❖

Freud ficava desolado ao constatar a imensa distância que separava o fato vivido do fato escrito, o fato real do fato narrado, e ao constatar o quanto a escrita, não conseguindo jamais descrever o real psíquico, só podia fornecer dele uma representação empobrecida.

"Que embrulhada quando tentamos descrever uma análise! Que lástima despedaçar o grande trabalho artístico que a natureza criou na esfera psíquica!"[7]

❖

Lacan

Assim como a beleza só é cognoscível pelo exemplo, algumas idéias analíticas só são realmente abordáveis pela encenação de um caso. Ao introduzir uma das lições de seu seminário sobre A ética, *Lacan convidou seus ouvintes a relerem a* Antígona, *de Sófocles, como o próprio exemplo da beleza.*

"Na categoria do belo, somente o exemplo, diz Kant (...), pode fundar a transmissão, na medida em que ela é possível e até exigida. Ora, sob todos os aspectos, esse texto [*Antígona*] merece desempenhar esse papel para nós."[8]

❖

Para Lacan, os Cinco casos de psicanálise *atestam, acima de tudo, a preocupação freudiana de obter do paciente a restauração de seu passado, restauração esta que consiste numa reintegração de sua história, ou seja, numa reinterpretação do passado a partir da vivência atual. Não apenas cada paciente tem uma história singular, como tem sobretudo uma interpretação singular de sua história. É precisamente essa maneira particular de reviver o passado que individualiza cada caso e faz existir a psicanálise.*

"Creio ter-lhes demonstrado que Freud partiu daí [isto é, da reconstituição completa da história do sujeito]. Para ele, trata-se sempre da apreensão de um caso singular. É isso que constitui o valor de cada uma das cinco grandes psicanálises. (...) O progresso de Freud, sua descoberta, está na maneira de tomar um caso em sua singularidade.

Tomá-lo em sua singularidade, que quer dizer isso? Quer dizer, essencialmente, que, para ele, o interesse, a essência, o fundamento, a dimensão própria da análise é a reintegração, pelo sujeito, de sua história, até seus últimos limites sensíveis, isto é, até uma dimensão que ultrapassa em muito os limites individuais."[9]

❖

Referências dos excertos citados

1. S. Freud, *Cinq psychanalyses*, Paris, PUF, 1973, p.2 (21ªed., 1999).
2. S. Freud, O. Pfister, *Correspondance (1909-1939)*, trad. Lyly Jumel, Paris, Gallimard, 1978.
3. S. Freud, *Cinq psychanalyses*, op. cit., p.2.
4. S. Freud, *Névrose, psychose e perversion*, Paris, PUF, 1973, p.209 (11ªed., 1999).
5. S. Freud, *La technique psychanalytique*, Paris, PUF, 1977, p.65 (13ªed., 1999).
6. S. Freud e J. Breuer, *Études sur l'hystérie*, Paris, PUF, 1981, p.127 (14ªed., 1999) [*Estudos sobre a histeria*, ESB, II, 2ªed. rev., 1987].
7. S. Freud e C.J. Jung, *Correspondance I, 1906-1909*, Paris, trad. Ruth Fivaz-Silbermann, Paris, Gallimard, 1975, p.317.
8. J. Lacan, *Le Séminaire, Livre VII, L'Éthique de la psychanalyse*, Paris, Seuil, 1986, p.299 [*O Seminário, livro 7, A ética da psicanálise (1959-1960)*, Rio de Janeiro, Zahar, 1988].

9. J. Lacan, *Le Séminaire, Livre I, Les écrits techniques de Freud*, Paris, Seuil, 1975, p.18-20 [*O Seminário*, livro 1, *Os escritos técnicos de Freud (1953-1954)*, Rio de Janeiro, Zahar, 1979].

Seleta bibliográfica

ALEXANDRE, B., "L'Étude de cas", in R. Samacher, *Psychologie clinique et psychopathologie*, Paris, Bréal, 1998, p.361-98.
ANSCOMBRE, J.-C. e O. DUCROT, *L'Argumentation dans la langue*, Paris, Mardaga, 1983.
ANZIEU, D., P.-L. ASSOUN, J.-L. DONNET, P. FEDIDA, J.-F. LYOTARD, J. PIGEAUD e D. WIDLÖCHER, *Nouvelle Revue de Psychanalyse*, "Histoire de cas", Paris, Gallimard, 1990, n°42.
CANGUILHEM, G., *Le Normal et le pathologique*, Paris, PUF, 1972.
CERTEAU, M. de, *Histoire et psychanalyse, entre science et fiction*, Paris, Gallimard, 1987.
COSTER, M. de, *L'Analogie en sciences humaines*, Paris, PUF, 1978.
FEDIDA, P. e F. VILLA (orgs.), *Le Cas en controverse*, Paris, PUF, 1999.
FOUCAULT, m., *Naissance de la clinique*, Paris, PUF, 1978, p.121-3.
FREUD, S.,
    Cinq psychanalyses, Paris, PUF, 1973.
    Correspondance Freud-Pfister (1910), Paris, Gallimard, 1978.
    Névrose, psychose et perversion, Paris, PUF, 1973, p.209.
    La technique psychanalytique, Paris, PUF, 1977, p.61-71.
    Études sur l'hystérie, Paris, PUF, 1981, p.127.
    Sigmund Freud, Carl-Gustav Jung. Correspondance I, 1906-1909, Paris, Gallimard, 1975, p.317.
International Journal of Psychoanalysis, "Qu'est-ce qu'un fait clinique?", in vol.75, n°5-6, 1994.

LACAN, J.,
Le Séminaire, Livre I. Les écrits techniques de Freud, Paris, Seuil, 1975, p.18-20 [*O Seminário*, livro 1, *Os escritos técnicos de Freud (1953-1954)*, Rio de Janeiro, Zahar, 1979].
Le Séminaire, Livre VII. L'Éthique de la psychanalyse, Paris, Seuil, 1986, p.299 [*O Seminário*, livro 7, *A ética da psicanálise (1959-1960)*, Rio de Janeiro, Zahar, 1988].
MIJOLLA-MELLOR, S. de, "Rendre compte d'une analyse", *Psychanalyse à l'Université*, n°40, 1985, p.549-72.
PARAIN-VIAL, J. de M., *La nature du fait dans les sciences humaines*, Paris, PUF, 1966.
PERELMAN, C. e L. OLBRECHTS-TYTECA, *Traité de l'argumentation*, Édition de l'Université de Bruxelles, 1976, p.471-88.
ROUDINESCO, E. e M. PLON, *Dictionnaire de la psychanalyse*, Paris, Fayard, 1997 [*Dicionário de psicanálise*, Rio de Janeiro, Zahar, 1998].
TOULMIN, E., *Les Usages de l'argumentation*, Paris, PUF, 1993.

❖

Diversos casos clínicos da literatura psicanalítica comentados por Lacan

Comentário de um caso de autismo (Dick) apresentado por M. Klein, in *Le Séminaire, Livre I. Les écrits techniques de Freud*, Paris, Seuil, 1975, p.81-3, 87-8, 95-103 [*O Seminário*, livro 1, *Os escritos técnicos de Freud*, op.cit.].

Comentário da "Observação de uma fobia" (1946), apresentada por Anneliese Schnurmann, in *Le Séminaire, Livre IV. La relation d'objet*, Paris, Seuil, 1994, p.59-77 [*O Seminário*, livro 4, *A relação de objeto (1956-57)*, Rio de Janeiro, Zahar, 1995].

Comentário de um caso de fobia apresentado por Ruth Lebovici, "Perversão sexual transitória no decorrer de um tratamento psicanalítico", in *Le Séminaire, Livre IV. La relation d'objet*, Paris, Seuil, 1994, p.77-92; *Le Séminaire, Livre V. Les formations de l'inconscient*, Paris,

Seuil, 1998, p.447 [*O Seminário*, livro 5, *As formações do inconsciente (1957-1958)*, Rio de Janeiro, Zahar, 1999], e ainda *Écrits*, Paris, Seuil, 1966, p.610 [*Escritos*, Rio de Janeiro, Zahar, 1998, p.616].

❖

Comentário de um caso de neurose obsessiva feminina apresentado por Maurice Bouvet, "Incidências terapêuticas da conscientização da inveja do pênis na neurose obsessiva feminina", em *Le Séminaire, Livre V. Les formations de l'inconscient*, op. cit., p.387-92, 448-55, 487-90, 498-507 [*As formações do inconsciente*, op. cit.].

Observações psicanalíticas sobre as psicoses

L. Zolty

*Não existe "a" psicose,
mas "as" psicoses*

❖

*Para Freud, toda psicose
é uma doença da defesa*

❖

*A psicose permitiu compreender
o funcionamento normal da vida psíquica*

Todas as observações clínicas comentadas neste livro são casos de psicose. Sem retomar em detalhe a teoria psicanalítica do processo psicótico, faremos um esboço de suas linhas gerais.

Não existe "a" psicose, mas "as" psicoses

O título deste livro, *Os grandes casos de psicose*, poderia levar a crer que as histórias de pacientes aqui apresentadas, de pacientes gravemente enfermos, não passariam de diversas faces de uma mesma entidade, como se a psicose fosse uma categoria clínica homogênea, com uma etiologia e um perfil psicopatológico únicos.

Ora, se é verdade que a psicanálise mostrou, com precisão cada vez maior, os mecanismos comuns a todos os estados psicóticos, contrastando-os com os mecanismos neuróticos e perversos, é forçoso constatar, atualmente, a extrema heterogeneidade das formas clínicas da loucura, cada uma das quais abrange por si só uma entidade. De fato, numerosos trabalhos psiquiátricos e psicanalíticos modernos, dedicados à esquizofrenia, à psicose maníaco-depressiva ou aos delírios, incitam-nos a pensar que a categoria "psicose" será, nos próximos anos, objeto de uma revisão radical. A paranóia de Schreber é um mundo completamente diferente do mundo do autismo de Joey ou de Dick, e também muito distante do universo de loucura homicida das irmãs Papin. O conjunto dos casos clínicos apresentados neste livro, muito diferentes uns dos outros, ilustra a afirmação de que não existe a psicose como entidade única, mas existem apenas "as" psicoses.

Entretanto, além da grande diversidade das formas clínicas, a psicanálise pôde reconhecer traços comuns inegáveis nas diferentes afecções psicóticas.

❖

Para Freud, toda psicose é uma doença da defesa

As manifestações psicóticas como o delírio ou a alucinação não são efeitos imediatos de uma dada causa, mas conseqüências derivadas da luta travada pelo eu para se defender de uma dor insuportável.

O estado psicótico é, para Freud, uma doença da defesa; é a expressão mórbida da tentativa desesperada que o eu faz para se preservar, para se livrar de uma representação inassimilável, que, à maneira de um corpo estranho, ameaça sua integridade. Que tentativa é essa? Quais são os mecanismos de defesa do eu que, indiretamente, isolam-no da realidade e o levam à psicose? Primeiro, a *rejeição* violenta da representação irreconciliável para fora do eu. (Lacan, por sua vez, fala de significante do *Nome-do-Pai*, e J.-D. Nasio, de *foraclusão localizada*.) O eu expulsa para fora uma idéia que se tornou intolerável para ele, por ser demasiadamente investida, e, com isso, separa-se também da realidade externa da qual essa idéia é a imagem psíquica. "O eu", escreveu Freud, "*desprende-se* da representação inconciliável, mas ela está inseparavelmente ligada a um fragmento da realidade, de modo que o eu, ao praticar esse ato, separa-se também, no todo ou em parte, da realidade."[1] Assim, o eu fica impotente e, às cegas, amputa uma parte de si mesmo — a representação de uma realidade que lhe é insuportável. Que quer dizer "desprender-se", "expulsar para fora de si", "amputar de si" ou "foracluir a representação"? Significa que uma representação psíquica, já demasiadamente superinvestida pelo eu, fica subitamente privada de qualquer significação. A expulsão, metáfora espacial, equivale à retirada brutal da significação, metáfora econômica. Mas, quer empreguemos uma ou outra dessas metáforas, o resultado é idêntico: o eu é vazado em sua substância, e a esse furo no eu corresponde um furo na realidade.

Reconhecemos, assim, dois grandes momentos que pontuam o processo psicótico: *superinvestimento* pelo eu de uma representação psíquica que ele hipertrofia, assim tornando-a incompatível com as outras representações normalmente investidas, e *rejeição* violenta e maciça dessa representação e, por conseguinte, abolição da realidade da qual a representação era a cópia psíquica. A esses dois momentos, entretanto, cabe ainda acrescentar um terceiro, que é a *percepção* pelo eu do pedaço rejeitado, sob a forma de uma *alucinação* ou um *delírio*.

Se descrevêssemos esse mesmo processo em termos energéticos, diríamos: *superinvestimento* excessivo de uma representação, *retirada* violenta de todo o investimento feito nela, constituição de um ponto cego no eu, *renegação* completa da realidade correspondente e, por último, *substituição* da realidade perdida por uma outra realidade, ao mesmo tempo interna e externa, chamada delírio ou alucinação.[2]

Para Freud, portanto, o eu da psicose divide-se em duas partes: uma rejeitada e perdida, como um pedaço arrancado, e outra que alucina esse pedaço como uma nova realidade. Quando um paciente sofre de alucinações auditivas, a voz que o insulta é um pedaço errante de seu eu. Assim, o processo psicótico começa pela expulsão brutal de um pedaço do eu e culmina — e é aí que se formam os sintomas — com a percepção alucinada do pedaço rejeitado, transformado numa nova realidade, uma realidade alucinada. Foi justamente o estudo desse processo que levou J.-D. Nasio a formular sua tese de uma foraclusão localizada. Para retomar seu aforismo, diremos: "No lugar de uma realidade simbólica abolida aparece uma nova realidade, compacta, alucinada, que coexiste no mesmo sujeito com outras realidades psíquicas não afetadas pela foraclusão."[3] Acrescentamos que essa teoria de Nasio sobre uma localização dos distúrbios e uma pluralidade de realidades psíquicas nasceu, acima de tudo, de uma constatação clínica: o paciente psicótico não é globalmente afetado, pois, fora dos acessos delirantes, preserva uma relação perfeitamente sadia com seu meio. E, inversamente, o sujeito normal pode viver um episódio delirante, sem que por isso se deva qualificá-lo de "psicótico".

❖

A psicose permitiu compreender o funcionamento normal da vida psíquica

❖ *A teoria freudiana do narcisismo nasceu da observação psicanalítica dos perversos, das crianças e, acima de tudo, dos doentes esquizofrênicos e paranóicos.*

O termo narcisismo, originalmente escolhido por Näcke para designar a perversão que consiste em tratar o próprio corpo como se trata um objeto sexual, foi utilizado por Freud, a princípio (em 1911), para explicar a ruptura entre o eu paranóico e a realidade externa. O narcisismo é uma concentração da libido no eu, que priva o psicótico de qualquer vínculo com o mundo. A energia libidinal que superinveste o eu passa, então, a não mais ser empregada para produzir uma fantasia, como no neurótico, mas a desencadear um delírio de grandeza.

Alguns anos depois, em 1914, Freud estendeu o conceito de narcisismo ao campo mais amplo do desenvolvimento normal do eu, o que o levou a modificar radicalmente a teoria das pulsões. Foi justamente o narcisismo que levou Freud a abandonar a distinção "pulsões sexuais/pulsões do eu", dando preferência, em lugar dela, à oposição entre "pulsões de vida e pulsões de morte".

❖ *A teoria lacaniana do funcionamento normal do inconsciente foi concebida, em grande parte, graças ao estudo da psicose. Foi justamente o conhecimento da psicose paranóica que revelou a Lacan a lógica do inconsciente.*[4]

De fato, o conceito lacaniano de inconsciente estruturado como uma linguagem foi forjado a partir da compreensão psicanalítica do fenômeno psicótico. O jovem Lacan foi fortemente influenciado pela idéia de "automatismo mental", enunciada por seu mestre, G.-G. de Clérambault. Que é o inconsciente, afinal, senão o processo que, à maneira do automatismo mental do delirante, leva o sujeito a produzir, irresistivelmente, uma sucessão de pensamentos, palavras e atos que lhe escapam? Certamente, o ser falante que somos, psicótico ou não, é um ser falado: falado por um outro presente em nós, que nos transcende para além do nosso querer e do nosso saber conscientes. Lacan resumiu essa relação entre o sujeito e o Outro que fala nele através de uma formulação densa: "O emitente recebe do receptor sua própria mensagem, sob forma invertida." O emitente, isto é, o sujeito, ouve-se dizer suas próprias palavras como se viessem de fora, proferidas por um outro externo que falasse com ele. Um analisando, por exemplo, conta um sonho e, de repente, em meio a seu relato, pára, surpreso e confuso, porque acaba de "soltar uma palavra" que lhe revela seu desejo, ignorado até esse momento. É assim que fala o inconsciente: ele escapa ao sujeito, para voltar a seu ouvido e surpreendê-lo.

Ora, que acontece no paciente alucinado, às voltas com vozes acusadoras, senão que ele as ouve com a dupla *certeza* de que elas vêm de fora e só se dirigem a ele? Para o psicótico e para o neurótico, o movimento retroativo é o mesmo. Exatamente como o sujeito alucinado, o analisando neurótico ouve a voz de seu inconsciente, mas a vivência é radicalmente diversa. Enquanto o neurótico, surpreso, admite que seu inconsciente fala através dele e que ele é seu agente involuntário, o psicótico, por sua vez, repleto de certeza, tem a convicção dolorosa e inabalável de ser vítima de uma voz tirânica que o aliena.

Lacan condensou numa fórmula cativante a aproximação entre a psicose e o inconsciente: "o psicótico", escreveu, "é um mártir do inconsciente, dando-se ao termo mártir seu sentido de ser testemunha".[5] Com efeito, quem pode atestar melhor do que o psicótico a força irredutível — e, no seu caso, devastadora — do inconsciente?

Um caso de S. Freud:
Schreber ou a paranóia

A. Coriat
C. Pisani

A história do caso Schreber
Quem é Schreber?
O discurso delirante de Schreber

❖

Os móbeis teóricos do caso Schreber
*Uma tentativa de dar sentido a
uma experiência de desmoronamento*
Abordagem freudiana do delírio de Schreber
Os principais mecanismos em jogo na paranóia
O ponto de vista de Lacan sobre o caso Schreber

❖

Conclusão

❖

Seleta bibliográfica

> *Exortamos o leitor a ler este
> capítulo referindo-se ao texto de Freud.**

O caso do presidente Schreber ocupa um lugar particular entre as cinco grandes psicanálises. É que Freud nunca esteve com Schreber e só o conheceu através do livro que este publicou em 1903: *Memórias de um doente dos nervos*.

Freud estudou esse livro em 1909 e, um ano depois, publicou um comentário sobre ele. Schreber era psicótico. Ora, para Freud, o doente psicótico retirava dos objetos libidinais e do mundo em geral uma grande parte de seus investimentos; vivia em seu espaço interno e, por conseguinte, não podia ter acesso à psicanálise. A visão terapêutica, portanto, estava esvaziada desde logo.

Então, por que estudar o caso Schreber? Freud o fez por três razões, razões cujos móbeis eram puramente teóricos:

— embasar mais solidamente a teoria das pulsões;
— elaborar a teoria do narcisismo (já então em processo de construção, e que representa uma das partes essenciais da psicanálise, ou seja, o "eu" tomado como objeto libidinal);

---

* "Remarques psychanalytiques sur l'autobiographie d'un cas de paranoia", in *Cinq psychanalyses*, Paris, PUF, 1964, p.263-624 ["Notas psicanalíticas sobre um relato autobiográfico de um caso de paranóia (*Dementia paranoides*)", ESB, XII].

— construir uma teorização da psicose.
Com a análise do caso Schreber, Freud lançou, na verdade, as bases de nossa compreensão atual da paranóia.

Sem querer retraçar aqui o histórico desse conceito, convém sabermos, no entanto, que o termo "paranóia" já era utilizado pelos antigos gregos e significava "desarranjo da mente", sem que saibamos ao certo o que significava essa fórmula. Mais tarde, ele ressurgiu na Alemanha, em 1918, para englobar a totalidade dos delírios. Até o fim do século XIX, o conceito foi tão mal definido que serviu para descrever quase 70% das patologias encontradas nos manicômios. Foi somente no início do século XX que Kraepelin introduziu um pouco de clareza na definição da paranóia.

Mas, a partir de 1910, Freud apoderou-se resolutamente dessa patologia, e a contribuição que ele trouxe nada mais teve a ver com a clínica psiquiátrica da época. Aliás, os psiquiatras sentiam-se inteiramente desarmados diante do delírio do paranóico: este era o obstáculo intransponível, o limite de sua compreensão e o ponto final de sua ação. Para Freud, ao contrário, foi o ponto de partida para uma compreensão melhor. Ele demonstrou que o desejo era legível (embora o fenômeno se situasse num registro diferente do da neurose). Era legível desde que se dispusesse da chave certa, do código para decifrá-lo.

Assim, as "Notas psicanalíticas sobre um relato autobiográfico de um caso de paranóia" foram o primeiro grande texto de Freud dedicado à psicose, embora a unidade estrutural das psicoses já estivesse presente em seus escritos.

Por nossa parte, examinaremos primeiramente a história e o delírio de Schreber, antes de expor uma teorização do caso.

❖

A *história do caso Schreber*

Quem é Schreber?

Daniel Paul Schreber nasceu em 1842, numa família protestante burguesa. Seu pai, ilustre médico e educador, introduziu na Alemanha a ginástica médica e foi o promotor do movimento em prol dos loteamentos ajardinados para operários. Esse movimento, de inspiração social-democrata, continua até nossos dias.

O irmão mais velho de Daniel Paul Schreber, que sofria de uma psicose evolutiva, suicidou-se com um tiro aos 38 anos de idade. Sua irmã mais nova, Sidonie, morreu doente mental. Pessoalmente, Daniel Paul Schreber era um intelectual de primeira grandeza: doutor em direito e juiz-presidente da Corte de Apelação da Saxônia, era, evidentemente, um homem incomum, por sua grande cultura, sua curiosidade viva e sua capacidade inusitada de observação e de análise.

Aos 42 anos, foi hospitalizado pela primeira vez. Essa crise, que durou vários meses, foi qualificada de hipocondria grave. Recuperado, ele demonstrou imensa gratidão pelo professor Flechsig, que o havia tratado.

Já casado havia muito tempo, ele viveu oito anos com sua mulher depois dessa primeira hospitalização, anos estes que qualificou de "muito felizes" e cuja única sombra era o desapontamento de não ter filhos.

Em 1893, Schreber foi nomeado presidente da Corte de Apelação (estava então com 51 anos). Antes mesmo de assumir suas funções, sonhou diversas vezes que estava novamente enfermo. Certa manhã, em estado de semivigília, ocorreu-lhe a idéia de que *"seria muito bom ser uma mulher submetendo-se ao coito"*.[1] Essa idéia foi prontamente rechaçada, segundo suas palavras, com extrema indignação.

Meses depois da nomeação, um segundo desmoronamento anunciou-se, acompanhado por insônias que foram-se agravando e sensações de amolecimento cerebral. Depois, apareceram idéias de perseguição e de morte iminente, assim como uma extrema sensibilidade ao barulho e à luz. Mais tarde, surgiram alucinações visuais e auditivas: "*ele se via morto e decomposto, atingido pela peste e pela lepra, com o corpo submetido a manipulações repugnantes e sofrendo os mais assustadores tratamentos*". Essas manifestações o faziam mergulhar por horas a fio num estado de sideração e de estupor alucinatório. Schreber chegou a desejar a morte e, em várias ocasiões, tentou suicidar-se. Com o tempo, as idéias delirantes coloriram-se de misticismo: relações diretas com Deus e aparições milagrosas.

O discurso delirante de Schreber

As *Memórias de um doente dos nervos* são um texto absolutamente extraordinário, pois a loucura é descrita nele não pela vertente do observador, mas de dentro, pelo lado do delirante.

Sejam quais forem os temas do delírio (políticos, religiosos ou sexuais), todos giram em torno da pessoa do próprio Schreber, com os dois pólos clássicos da paranóia, como iremos constatar: idéias de prejuízo e perseguição e idéias de superestimação de si mesmo. Além disso, veremos que, apesar das contradições, às vezes flagrantes, o sistema delirante era sumamente engenhoso. Vez por outra, Schreber não deixava de destacar suas próprias ilogicidades, fornecendo em seguida os mais pertinentes comentários. Ao acompanhá-lo em seu delírio, evoluiremos de acordo com dois eixos temáticos principais: um que concerne à perseguição, e outro, a sua transformação em mulher.

❖ *Deus persegue Schreber.* Schreber começa explicando a ordem do universo: o ser humano, escreve ele, tem um corpo e uma alma. A alma situa-se nos nervos; quanto a Deus, é constituído tão-somente de nervos, uma quantidade infinita de nervos; Deus, portanto, é todo alma. Os nervos de Deus chamam-se "raios" e se encontram na origem de toda a criação. Por exemplo, quando Deus queria criar um homem, tirava alguns de seus nervos, e esses nervos divinos transformavam-se num ser humano.

A quantidade de nervos divinos não diminui nunca, pois Deus reconstitui sua reserva, reintegrando em si os nervos dos seres humanos que morrem. Cabe esclarecer que, uma vez concluída sua obra de criação do universo, Deus retirou-se para uma distância imensa, abandonando o mundo a suas próprias leis. Contentava-se em atrair para si os nervos dos defuntos (a parte espiritual do homem), não sem antes purificá-los.

Apesar disso, às vezes Ele intervinha na história do universo, através dos sonhos das pessoas adormecidas, ou para inspirar os grandes homens e os poetas. Nesses casos, fazia uma simples religação de nervos com essas pessoas. Era esse movimento circular que estava na base da ordem universal: Deus se despojava de uma parte de si para criar e, mais tarde, recuperava os nervos (as almas) dos mortos.

Todas as intervenções de Deus, boas ou más, são chamadas de "milagres". Mas Deus não é um ser simples: apesar de único, Ele se constitui de duas unidades: um Deus inferior (Ariman) e um Deus superior (Ormuzd). O Deus inferior prefere os semitas, e o Deus superior, os louros arianos.

Essa ordem do universo, entretanto, exibe uma falha: em algumas circunstâncias, por uma razão inexplicada, sucede aos nervos do homem vivo encontrarem-se num estado tão grande de excitação, que eles atraem para si os nervos de Deus, com tamanha força que estes não mais conseguem libertar-se, de modo que a própria existência de Deus fica comprometida. Na história da humanidade, trata-se de um caso raríssimo ou até único e, evidentemente, essa é a situação do próprio presidente Schreber.

Ameaçado em sua integridade, Deus fomenta um complô contra Schreber, visando a sua aniquilação física ou a sua destruição mental, ou, pelo menos, a desviar sua atenção, o que é a única maneira de Deus retirar seus raios da influência da atração de Schreber.

Aí temos Deus, portanto, ocupadíssimo em infligir a nosso homem as provações mais desumanas, seja por ação direta, seja por intermédio do professor Flechsig, seja, ainda, através de tudo o que cerca Schreber: animais, objetos ou outras coisas. Desse momento em diante, tudo o que acontecer em sua vida será um "milagre", já que toda intervenção divina (boa ou má) é milagrosa. Era assim que estava Schreber por ocasião da segunda crise, que começou com episódios de insônia e com a fantasia de ser uma mulher submetendo-se ao coito. "*Essa idéia indigna*", diz-nos ele, "*nunca me haveria ocorrido sem uma intervenção externa.*"

Depois, produzem-se outros "milagres": estalidos nas paredes do quarto de dormir e vozes que se dirigem a Schreber. Mais uma vez, ele é internado na clínica do professor Flechsig, agente divino, que tudo fará para levá-lo à ruína: Flechsig opera nele uma ligação nervosa e fala dentro de sua cabeça. Nas palavras de Schreber, o médico pratica nele um "assassinato de alma". Essa é uma expressão da "língua fundamental", a língua de Deus, que significa "*assenhorear-se da alma do próximo (dos nervos) e, à custa dessa alma, proporcionar-se uma vida mais longa, ou qualquer outra vantagem relacionada com a vida depois da morte*".

A prova de que as idéias de Flechsig não são puras, acrescenta Schreber, está em que "ele não conseguiu mais olhar-me nos olhos".

❖ *Schreber ameaçado em sua mente.* Esse fenômeno do "falar na cabeça" ou da "língua dos nervos" "*nada tem a ver com a fala normal*", escreve ele; "*são palavras que se intrometem na mente e nela se desenrolam, como quando se recita uma lição de cor. Contra essas palavras, a vontade não tem nenhum poder. Assim, podemos ser obrigados a pensar ininterruptamente*". Esse castigo divino talvez seja o que mais sofrimento impõe a Schreber. As vozes o insultam sem parar ou lhe anunciam o fim do mundo, através do descolamento do sol, da glaciação da Terra, já em andamento, ou da paralisação de todos os relógios do mundo, e muitos outros cataclismos cósmicos.

Mas, não nos esqueçamos de que Deus se compõe dos nervos dos defuntos (da alma dos defuntos). Assim, ao atrair para si os nervos de Deus, Schreber atrai, ao mesmo tempo, as almas dos mortos. Elas se acumulam em sua cabeça, sob a forma de homúnculos de alguns milímetros de altura. Em certas noites, eles formigam aos milhares em seu crânio, todos falando ao mesmo tempo, não poupando Schreber de nenhuma de suas palavras, numa cacofonia monstruosa.

Um dia, esses homúnculos começam a discorrer "sobre uma pretensa pluralidade de cabeças" em Schreber, insinuando que este possui várias delas, bem individualizadas, "*o que os faz*", segundo ele nos diz, não sem uma certa dose de humor, "*fugirem assustados, gritando: 'Céus, é um homem com várias cabeças!'*"

Em muitas ocasiões, revela-se a Schreber que a Terra está condenada à aniquilação, que ele será o único sobrevivente, e que as pessoas que o cercam não passam de simples formas humanas, imagens de homens despachadas às pressas para ele, por milagre divino, e que em seguida recebem ordens de se dissolver. Na "língua fundamental", elas são chamadas de "homens feitos às pressas".

Nos passeios, Schreber tem a sensação de estar andando não numa verdadeira cidade, mas num cenário de teatro ou num vasto cemitério, onde chega inclusive a ver a sepultura de sua mulher. Um dia, depara com um jornal onde é anunciada sua própria morte. Detecta nisso más intenções a seu respeito.

Com Deus, Schreber mantém relações feitas de uma mescla de adoração e revolta: acusa-o por todos os seus males, considera-o ridículo e tolo, mas, paralelamente, confere-lhe todas as virtudes e todas as glórias.

Deus e o sol, além disso, mantêm uma relação estreita. "*Podemos até identificar Deus com o sol*", escreve Schreber. Às vezes, Deus aparece para falar com ele com sua voz grave; noutras, o sol se dirige a ele com palavras humanas. Em certos dias, o sol se transforma, e seu disco se reduz ou se divide em dois. Schreber, de qualquer modo, é o único que pode fitá-lo sem baixar os olhos, e o sol empalidece diante dele.

Todos os sofrimentos que o atingem têm o objetivo de destruí-lo ou idiotizá-lo, ou, pelo menos, de desviar sua atenção, para que Deus possa introduzir-se em sua cabeça, a fim de recuperar seus raios e impedir que Schreber se aproprie deles. Para atingir esse objetivo, Deus o ensurdece com pequenos ruídos que se tornam enormes: cada palavra pronunciada em sua presença, cada passada ou cada apito de trem ressoa como uma pancada violenta, que provoca em sua cabeça uma dor intolerável.

Para escapar desses "milagres divinos", que tendem para sua aniquilação mental, Schreber adquire o hábito, no inverno, de enfiar os pés através das barras de uma janela e deixá-los sob a chuva gelada. Enquanto dura essa exposição e ele sente dolorosamente os pés, os milagres ficam impotentes para reduzir seu espírito. Mas, desconhecendo essas precauções, os médicos fecham as janelas, tornando-se, à sua revelia, instrumentos do plano que visa à destruição da razão de Schreber.

❖ *Schreber ameaçado em seu corpo*. Nenhuma parte de seu corpo é poupada. Ah, quanto ele tem sofrido! Reduziram sua estatura e introduziram um verme em seus pulmões, pulmões que depois se contraíram até quase desaparecer. Retiraram-lhe seus intestinos. Seu esôfago foi picado em pedacinhos. Suas costelas foram quebradas e ele engoliu parte da laringe. Seu estômago foi substituído pelo de um judeu. Os nervos da cabeça foram-lhe arrancados. Seus dedos paralisavam-se quando ele tocava piano e ele era obrigado a olhar noutra direção, para impedi-lo de acompanhar a partitura. Todavia, a mais abominável de todas as torturas era a "máquina-de-atar-cabeça": homúnculos comprimiam-lhe o crânio num torno, girando uma manivela.

Mas, de nada adiantava, pois, ao querer destruí-lo, Deus contrariava a ordem do universo, já que havia incumbido os raios de criar, e não de destruir. E a ordem do universo, mais forte que o próprio Deus, estava do lado de Schreber.

❖ *O milagre dos urros*. Às vezes, os raios aproveitavam um descuido de sua vigilância (quando ele cochilava, por exemplo, ou quando estava conversando) para fugir. Imediata e infalivelmente, produzia-se o "milagre do urro". Ao soltar seu urro, Schreber provava a Deus que não estava morto nem idiotizado (não havia perdido a cabeça). Vez por outra, ele despertava de um sono profundo para dar alguns gritos, a fim de mostrar a seu perseguidor que, mesmo dormindo, continuava dono da situação. Em certos dias, esses urros ocorriam centenas de vezes e podiam durar cinco a dez minutos, o que abalava dolorosamente seu cérebro. Durante esses acessos, os raios divinos eram tomados de angústia, gritavam "socorro" e refluíam docilmente para seu corpo.

Mas isso não deixava de inquietar seu meio. "*Aliás*", disse Schreber, "*uma testemunha ficaria convencida de estar lidando com um louco.*" Assim, ele tinha que mudar de tática, para mostrar a Deus que conservava toda a sua força espiritual: punha-se a contar durante horas a fio e, contando dessa maneira, podia renunciar a esse estratagema barulhento.

❖ *Pelo bem da humanidade, Schreber consente em ser mulher de Deus*. Chegamos, por fim, ao segundo dos dois eixos cruciais de seu delírio, ou seja, a sua transformação em mulher, por meio da emasculação. (A emasculação queria dizer que os órgãos masculinos retraíam-se para o interior do corpo, ao mesmo tempo que os órgãos internos se transformavam.) Nenhum outro aspecto do delírio foi tratado com tantos detalhes quanto essa metamorfose.

No início da doença, no auge da perseguição, sua emasculação destinava-se a humilhá-lo, destruí-lo, abusando sexualmente dele. Num primeiro tempo, o professor Flechsig foi o instigador disso e, mais tarde, o próprio Deus entrou no complô para assassinar sua alma e entregar seu corpo, como o de uma mulher, à prostituição.

A prova de que isso era para humilhá-lo, disse Schreber, era que os raios de Deus o chamavam de "*Miss* Schreber", ou então lhe diziam: "*Eis um presidente da Corte de Apelação que se deixa foder!*" Mas essa manobra fracassava, porque, como as outras, ia de encontro à ordem do universo.

Só mais tarde é que ele aceitou sua transformação em mulher como algo conforme à ordem do universo. A emasculação veio até a se tornar a solução do conflito entre Schreber e Deus e entre Schreber e ele mesmo. Assim, ele declarou abertamente que gozava da sensibilidade sexual de uma mulher e adotou uma atitude feminina em relação a Deus. Sentiu que era a mulher de Deus. A partir daí, seus nervos foram dotados de uma sensibilidade feminina, sua pele adquiriu a maciez particular do corpo feminino, e os nervos da volúpia concentraram-se especialmente em seu peito, no lugar em que ficam os seios na mulher.

Todas as vezes que se curvava, ele se imaginava dotado de um traseiro feminino. "*Honni soit qui mal y pense*",* acrescentava, em francês. "*Qualquer pessoa que me vir de pé diante do espelho, com a parte superior do corpo desnudada — sobretudo se a ilusão for corro-*

---

* "Maldito seja quem disto fizer mau juízo." (N.T.)

borada por algum acessório feminino —, terá a impressão indubitável de estar vendo um torso de mulher."

Em resumo, ele só começou a se reconciliar com a idéia dessa transformação quando lhe pareceu que era o próprio Deus que reclamava sua feminilidade, não para humilhá-lo, mas com um propósito sagrado. *"Portanto"*, escreveu ele, *"é meu dever oferecer aos raios divinos a volúpia e o gozo que eles buscam em meu corpo."*

E qual foi o objetivo sagrado em nome do qual Schreber aceitou ser mulher de Deus? Foi um projeto de escala universal: a criação de uma nova humanidade, depois que a atual fosse extinta. "Uma nova raça de homens, nascida do espírito de Schreber."

Apesar de seu estado grave e patente de perturbação, Schreber, um homem inteligente, conseguiu ter alta da clínica de Leipzig ao cabo de oito anos de internação e, ao mesmo tempo, obteve o direito de publicar suas memórias.

Em 1903, retirou-se com sua mulher para uma casa que havia mandado construir em Dresden. Entretanto, quatro anos depois, em 1907, voltou a ser internado no hospital psiquiátrico de Leipzig, onde passou quatro anos, até morrer. *"As provações que me foram infligidas"*, escreveu ele no decorrer de seu texto, *"no que eram as condições de minha vida, foram tais que nenhum homem terá passado por coisa semelhante."*

❖

Os móbeis teóricos do caso Schreber

É um personagem realmente curioso esse Schreber. Isso é o mínimo que se pode dizer, depois de mergulhar em seu universo. É compreensível o interesse que ele continua a despertar. Ainda em 1955, Hunter e Macalpine, que traduziram seu livro para o inglês, comentaram que ele era o doente citado com mais freqüência na psiquiatria.

"Fazer do velho o novo", diz a expressão popular. Isso talvez possa ser tomado ao pé da letra pelo analista. O desafio da análise é abrir-se para o novo, mas partindo do que já está presente; é criar a surpresa de uma fala que não era esperada. Só que o mecanismo temporal em jogo não é o da linearidade — antes, depois —, mas o da retroação. É no depois que o antes pode tornar-se novo. Esse foi também o desafio forçado ou imposto a Schreber, que se confrontou com o absolutamente novo, com o que nunca estivera presente. Assim, ele teve que se arranjar e descobrir um novo à altura daquilo que se impunha: seria o nascimento de uma nova humanidade, fim de mundo e redenção.

O que impressionou Freud acima de tudo foi a riqueza do texto de Schreber e a concordância dele com suas próprias investigações. Convém sublinhar em Freud sua mescla de orgulho e grande humildade, quando ele afirmou haver elaborado sua teoria da libido antes de ler Schreber. Orgulho por afirmar que tinha sido o primeiro, diante do próprio psicótico, mas humildade e honestidade por reconhecer nas teorias de um "louco" o prolongamento das suas, onde a maioria das pessoas teria repelido a própria suposição de qualquer interesse pelo delírio.

Antes de entrarmos nesse texto, proponho-lhes um fio condutor que Schreber também tentou seguir. Tratava-se, para ele, de atingir três objetivos correlatos:

— dar sentido a uma experiência de desmoronamento que, a princípio, deixou-o como que aniquilado;

— descobrir um vínculo possível com o outro, ali onde ele parecia haver desaparecido;

— restabelecer uma forma de temporalidade, ali onde o abismo extratemporal o deixara como que morto.

Freud abordou essa apresentação dos sintomas por Schreber como sempre fazia: restabelecendo a função da doença. É justamente esse o recurso do processo analítico. Assim como o inconsciente não é uma coisa qualquer, não é o indizível, mas obedece a uma lógica rigorosa, as manifestações clínicas — e a psicose não escapa disso — também obedecem a uma necessidade própria.

Enquanto Bleuler achava que não se podia confiar, de maneira alguma, nas afirmações dos doentes paranóicos, Freud, ao contrário, propôs a idéia de uma coerência específica a ser encontrada no delírio. Foi justamente por isso que introduziu uma ruptura também em sua abordagem da psicose.

Freud sustentou um ponto de vista teórico através de Schreber: o de sua teoria da libido. Já na discussão nosográfica, distinguiu-se de Jung e Bleuler, afirmando o interesse de uma separação entre o campo das paranóias e o das demências precoces. Contudo, julgou inadequado este último termo e propôs "parafrenia", num sentido particular: uma mistura de traços paranóicos e esquizofrênicos.

Para Bleuler, criador do termo esquizofrenia, Schreber era um esquizofrênico paranóide, sujeito a alucinações e dissociações. Para Freud, a evolução da doença através da sistematização do delírio e a predominância da projeção sobre a alucinação faziam de Schreber um caso de paranóia.

O que cabe sublinhar é o quanto já estava presente em Freud uma unidade estrutural das psicoses. No entanto, impunha-se prudência na abordagem do caso Schreber. Freud retomou apenas alguns elementos do texto schreberiano, um texto que já era uma reconstituição, ainda por cima censurada.

Uma tentativa de dar sentido a uma experiência de desmoronamento

Entretanto, podemos apresentar a doença de Schreber insistindo num ponto — escolha que poderíamos discutir —, ponto este que, a bem da clareza da exposição, suporemos como sendo o início da seqüência.

"*Um dia*", escreveu Schreber, "*de manhã, ainda deitado na cama (não sei mais se meio adormecido ou já desperto), tive uma sensação que me perturbou da maneira mais estranha, quando pensei nela depois, em completo estado de vigília. Foi a idéia de que deveria ser realmente bom ser uma mulher submetendo-se ao coito. Essa idéia era tão alheia a todo o meu modo de sentir que, permito-me afirmar, se me ocorresse em plena consciência, eu a teria rejeitado com tal indignação que, de fato, depois de tudo o que vivi nesse ínterim, não posso afastar a possibilidade de que ela me tenha sido inspirada por uma influência externa que estava em jogo.*"

É assim que Schreber, num segundo tempo — o da escrita, que já é um distanciamento —, presta contas desse momento de intrusão. Trata-se de uma representação que o surpreende — não, essa é uma palavra fraca: que se impõe, que cava realmente um buraco. Essa representação, mais do que inconciliável nos termos freudianos, é uma entrada invasiva de uma libido que o ultrapassa.

Se insisto nesse ponto, é porque, a partir desse suposto momento, começa a necessidade de resolver o conflito. Será preciso encontrar um modo de ligar esse elemento inassimilável, contrário à própria identidade de Schreber. É aí que a psicose se manifesta como uma tentativa de ligação. Mas esse trabalho será feito progressivamente e, a princípio, assistimos na doença a uma remissão para o lado de fora, como o exprime Schreber: "*Aquilo só podia vir do exterior.*"

Pouco tempo depois desse episódio, desencadeiam-se as alucinações auditivas: barulhos na parede o impedem de dormir, e Schreber começa a ver neles — necessidade de encontrar um sentido — uma intenção divina. Vem então a segunda hospitalização e o "ponto culminante" da psicose, segundo sua expressão. Nesse momento, Schreber parece haver perdido toda a ligação com os outros. Ele o exprime por intermédio de um desmoronamento temporal e o chama de "meu tempo sagrado": "(...) *era como se cada noite tivesse tido a duração de vários séculos, de modo que, durante essa imensidão de tempo, poderiam ter ocorrido as mais profundas transformações na espécie humana, na própria Terra e em todo o sistema solar.*"

A partir daí, Schreber confrontou-se com fenômenos tão estranhos que escapavam a todos os limites: escapavam até ao próprio Deus. Era o incomensurável, a singularidade extrema, como se ele estivesse diante de uma alteridade radical, descobrindo-se inacessível a si mesmo. Para restituir um sentido a essas experiências desconhecidas e restabelecer uma temporalidade, instaurou-se então um sistema delirante que levou a uma forma de conciliação.

Abordagem freudiana do delírio de Schreber

Todo o delírio schreberiano é uma tentativa de compreender. Poderíamos até dizer que Schreber restaura uma forma de temporalidade e de realidade, através da busca contínua do sentido a ser dado à experiência que o ultrapassa. Freud parte dessa idéia em sua abordagem das *Memórias*.

É comum censurar-se a psicanálise por sua complexidade, às vezes com justiça, quando ela abusa afetadamente da complicação. Mas o texto de Schreber, que pretende fazer a ciência progredir, mostra-nos que a complexidade é também, e de conformidade com o uso etimológico, uma maneira de estabelecer vínculos. O texto de Schreber é complexo porque ele tenta levar em conta dados incompatíveis, formar uma rede onde tudo parece disperso. Assim, foi com uma idéia que viria a marcar época — o delírio é uma tentativa de cura — que Freud leu esse texto abundante em detalhes.

O desmoronamento, a aniquilação do mundo em Schreber corresponde, para Freud, à retirada da libido do interesse pelos objetos. A reconstrução delirante é, portanto, um reinvestimento libidinal progressivo.

❖ *A figura de Deus e o fracasso do Édipo.* Em Schreber, a reconstrução passa por Deus. Freud vê neste um substituto paterno, sublinhando, aliás, que um pai como o de Schreber prestava-se com facilidade a uma transfiguração divina. A esse respeito, talvez nos surpreenda que Freud, apesar de ter conhecimento das teorias e práticas do pai de Schreber, só lhe tenha dedicado algumas alusões breves e, em especial, até o tenha considerado, aparentemente sem ironia, um pai excelente. Sem concordar com as teorias antipsiquiátricas, em particular com o livro *L'esprit assassiné*,[2] de Morton Schatzmann, que viu na doença de Schreber uma conseqüência direta da educação paterna, as práticas educacionais desse pai não podem deixar de intrigar-nos. Com efeito, elas chegavam à defesa do adestramento do corpo e da alma. No auge da doença, os homúnculos que apertavam a cabeça de Schreber lembravam, sem sombra de dúvida, os aparelhos que lhe tinham sido impostos pelo pai.

Voltemos à postura que faz de Deus um equivalente paterno. De fato, Freud constatou a ausência ou o fracasso da experiência da castração e do Édipo em Schreber. O caráter insustentável da irrupção feminina deve ser ligado à impossibilidade de inscrever psiquicamente a castração. A representação feminina, marcada pela ausência do pênis — que está no cerne da neurose e do desejo —, foi rejeitada em bloco nesse caso. Tratou-se da rejeição maciça de uma representação inconciliável, no dizer de Freud.

Em Schreber, a posição feminina não pôde ser elaborada à maneira neurótica da bissexualidade. A passividade em relação ao pai não assumiu uma forma edipiana, nem mesmo a do Édipo invertido. Para ele, essa feminilidade era radicalmente inaceitável. Não podia ser mediatizada. Seria prontamente chamada de uma feminilidade em ato, uma transformação real.

Ali onde se inscreve a passagem ao ato no esquizofrênico encontramos, em Schreber, um tratamento progressivo pelo delírio. Ele tentou elaborar uma construção no lugar da construção edipiana. O pai tornou-se cósmico — o Sol — e divino. A feminilidade só era possível se fosse absoluta: ser mulher de Deus. Para ele, essa era uma maneira de aceitar o que se impunha de fora para dentro, de encontrar uma razão para essa coerção, inscrevendo-a numa exigência universal e divina. No final das contas, continuava a ser uma maneira de recusar a falta.

Deus tinha sua língua, a "língua fundamental", que supostamente atestava uma experiência indizível na linguagem comum. Foi através dela que Schreber se ligou a Deus, aspecto a que retornaremos com Lacan.

❖ *A estabilização do delírio através da reconciliação e o tema da redenção.* Chegamos aqui aos dois temas que permanecem como o resultado do delírio, embora, como veremos, ele não possa ter fim. Esses dois temas são a transformação em mulher e a posição de mulher de Deus.

De ameaça insuportável, a princípio, a posição feminina transforma-se, com o trabalho do delírio, na saída benéfica. Não é que Schreber queira essa transformação, mas ela é desejada em nome da salvação da humanidade por um Deus que o escolheu como parceira. A redenção do mundo passa pela emasculação de Schreber, ou, mais precisamente, por sua desvirilização — pela inversão dos órgãos.

Essa saída, que ainda não havia ocorrido, restabeleceria para Schreber uma ligação com os outros, desde que houvesse a certeza de que um dia a emasculação se produziria. Freud fala, nesse ponto, numa realização assintótica do desejo, na qual Schreber aceitou esperar e continuar esperando, por estar seguro dessa saída salvadora. Lacan destacaria particularmente essa idéia em seu esquema da posição psicótica, fazendo do delírio uma metáfora estabilizada do futuro indefinido.

Depois de procurar compreender o delírio de Schreber, Freud tentou fornecer uma explicação mais global da paranóia e, acima de tudo, abriu caminho para a teoria do narcisismo, que ainda não fora elaborada. Esse foi o segundo grande aspecto do texto de Freud, que constituiu para ele um verdadeiro desafio teórico.

❖ *A paranóia é a expressão de uma fixação narcísica e também da luta contra essa fixação.* Foi para explicar o papel dos desejos homossexuais — expressão que caberia discutirmos — na gênese da paranóia que Freud introduziu a função do narcisismo. Ele propôs uma seqüência de desenvolvimento: auto-erotismo, narcisismo e amor objetal.

A escolha homossexual seria de natureza narcísica e precederia a escolha heterossexual: o sujeito, a princípio, toma a si mesmo como objeto amoroso. Essas tendências homossexuais são posteriormente desviadas para o investimento social: amizade, camaradagem, espírito corporativo. Os paranóicos se defenderiam da sexualização desses investimentos sociais, sempre ligados a uma proximidade narcísica muito acentuada.

Para explicar essa defesa, Freud declinou uma proposição em modos diferentes. Construiu uma espécie de gramática da paranóia. Trata-se de fórmulas que se tornaram célebres, quase caricatas, se aplicadas de maneira sistemática.

Eis a fórmula-matriz:

"*Eu* (um homem) *o amo* (a ele, um homem)." Todo o trabalho consiste em contradizer essa frase, de acordo com diversas modalidades.

1. Mudando o verbo: "*eu não o amo, eu o odeio*", o que se converte, por projeção — mecanismo a que voltaremos —, em "*ele me odeia*". É essa transformação que leva ao delírio de perseguição. "*Eu não o amo*", expressão de recusa, "*eu o odeio*", inversão no contrário, "*porque ele me persegue*", explicação.

2. Já não é o verbo que muda, e sim o objeto da proposição que é contradito. "*Não é a ele que amo, é a ela*", o que se transforma, também por projeção, em "*é ela que me ama*", instalando a posição erotomaníaca.

3. O que se contradiz é o sujeito da proposição: "*não sou eu que amo o homem, é ela que o ama.*" Vem então o delírio de ciúme.

4. A proposição inteira é rejeitada. "*Eu não o amo, só amo a mim mesmo.*" É o delírio de grandeza.

Além das reversões e das inversões projetivas nas fórmulas freudianas do "eu o amo", o importante está no tratamento da linguagem que se exprime nelas.

Para explicar os movimentos psíquicos na psicose, no delírio, Freud fez o sujeito falar, deu-lhe a palavra. Houve uma verbalização da posição subjetiva. Isso já foi uma tentativa de instalar uma troca possível. Por último, através das proposições, das frases, os lugares foram trocados e se estabeleceu uma circulação. Aqui reencontramos a função da rede. Voltaremos a esse ponto com Lacan.

Os principais mecanismos em jogo na paranóia

❖ *Projeção*. Freud utiliza com freqüência o termo projeção. Este aparece na etapa intermediária de cada uma das quatro modalidades do "eu o amo". Uma percepção interna vem de fora como percepção externa, mas também deturpada. Por exemplo, o amor pelo outro retorna sob a forma de um ódio — transformação do afeto — que ele sente por mim.

Num primeiro momento, Freud considera a projeção como o mecanismo formador do sintoma paranóico. Entretanto, se esse mecanismo é patente no texto de Schreber, não tem como ser suficiente para especificar o campo das psicoses. Na verdade, esclarece Freud, os mecanismos projetivos encontram-se em todas as configurações, patológicas ou não, ainda que percebamos na paranóia um caráter particularmente cego na imputação ao outro.

É por isso que convém usarmos de circunspecção ao empregar o termo projeção. Ele é ambíguo, mais apto a suscitar uma compreensão psicológica do que a formalizar uma problemática psíquica à maneira analítica.

❖ *Recalcamento e narcisismo*. Freud pôs à prova o mecanismo central que havia destacado na neurose, ou seja, o recalcamento. Mas sua teoria do recalcamento não se aplicava com a mesma pertinência à paranóia. Não obstante, ele construiu nesta uma teoria que mistura recalcamento e narcisismo.

Na paranóia, o recalcamento consistiria num desligamento da libido, parcial ou geral. A libido anteriormente ligada a objetos externos volta-se para o eu. Esse processo, qualificado de silencioso, seria a etapa do recalcamento propriamente dito, enquanto o delírio seria a expressão de um retorno do recalcado, reconduzindo a libido aos objetos que ela havia abandonado.

O que caracterizaria a paranóia não seria a retirada da libido, mas o retorno dessa libido para o eu.

Freud insistiu na fixação narcísica, que desempenha o papel de uma moção recalcada que atrai a libido que ficou livre. É essa fixação narcísica, aliada ao retorno da libido para o eu, que dá lugar à ampliação ilimitada do eu. O delírio megalomaníaco é sua manifestação clínica. Trata-se, nesse caso, de um eu que não leva em consideração a realidade, o outro, de uma espécie de "eu-eu", diríamos, de eu autogerado.

Na esquizofrenia, o retraimento da libido para o eu também seria o mecanismo constitutivo, exceto pelo fato de que, por um lado, o retorno se faria até a fase pré-narcísica, e, por outro, a alucinação seria o modo de retorno privilegiado, ao passo que, pela projeção, é o delírio que predomina na paranóia.

Retomemos nosso fio condutor à luz desses novos elementos. A catástrofe que rompe o vínculo com o outro, que obriga a responder, a encontrar um sentido, é a da retirada da libido. Freud esclarece que essa retirada não elimina o mundo externo, mas o despoja de interesse libidinal. Schreber continua a ver os outros, mas eles já não passam de sombras de homens "feitos às pressas". Toda a tentativa, todo o trabalho consiste em restabelecer as ligações libidinais. É isso que os raios do delírio exprimem. O delírio dispõe e combina: ele organiza.

O ponto de vista de Lacan sobre o caso Schreber

Numa extensão da análise freudiana, é importante mencionar, ainda que sucintamente, a contribuição de Jacques Lacan.

Certamente, a leitura que propusemos das *Memórias* de Schreber e do estudo de Freud já estava impregnada das formulações de Lacan. Isso é próprio do só-depois, do qual não escapamos.

Se Freud partiu da histeria, para só mais tarde encontrar a psicose, a princípio como um desafio teórico, Lacan, ao contrário, partiu do fato clínico da loucura, em particular da paranóia, que desde muito cedo despertara sua paixão. Desde sua tese de psiquiatria sobre o caso Aimée, esse interesse pela psicose nunca foi desmentido. A manutenção das apresentações de doentes, ao longo de todo o seu ensino, foi um testemunho disso. Mas foi ao comentar muito de perto o texto de Schreber e o de Freud que Lacan elaborou verdadeiramente sua concepção da psicose. O procedimento inicial foi idêntico ao de Freud: dar crédito, dar valor à palavra — no caso, ao próprio texto de Schreber. Fazer-se, como diz a expressão, "secretário do alienado".

Podemos até dizer que, se Freud encontrou em Schreber um teórico notável da libido, Lacan, tomando ao pé da letra as afirmações schreberianas, encontrou nelas um respaldo para sua teoria da função simbólica. Um ano inteiro de ensino (1955-1956) foi dedicado a Schreber. Por isso, não temos a pretensão de reproduzir aqui a riqueza dessa abordagem.

❖ *O delírio é uma fala necessária que faz sofrer*. Tentemos apenas destacar algumas pistas e, em seguida, formulá-las de acordo com o fio de nossa exposição.

O que impressionou Lacan foi o interesse de Schreber pela palavra. Enquanto Freud destacara a retirada do investimento libidinal do mundo externo, Lacan sublinhou a focalização nos fenômenos da fala. O psicótico demonstra atenção pelo registro da linguagem como tal. Na verdade, basta abrir o livro de Schreber para constatar que a linguagem é objeto de um tratamento particular.

Schreber confronta-se permanentemente com fenômenos da fala. Essas palavras não param, invadem-no, vêm de toda parte, mas, acima de tudo, concernem a ele, dirigem-se a ele. Os raios do divino, tela do delírio, são, antes de mais nada, raios que falam. Falam a "língua fundamental", que Schreber também chama de língua da eternidade, de caráter enigmático e externo. Essa língua ora exprime uma verdade absoluta e opaca, ora repete ritornelos, "refrãos" cansativos. O sentido sempre parece escapar. Às vezes, as frases são interrompidas pouco antes do término que viria fechá-las e lhes dar significação.

Um termo chave dessa "língua fundamental" é "assassinato de alma". Ele é simultaneamente essencial e inexplicável. É o que diz Schreber, que não sabe exatamente a que isso remete, mas tem certeza de estar implicado, de ser o alvo desse assassinato. Ele se ouve pronunciar palavras que sabe serem de importância capital, mas que não compreende: são palavras inspiradas.

Todavia — e é nisso que está, para Lacan, o fio de toda a problemática —, o importante para Schreber é que a fala se mantenha. Essa fala, muitas vezes, é a própria expressão de seu sofrimento. Ela nunca o deixa em paz, nunca lhe dá sossego, e, ao mesmo tempo, paradoxalmente, é absolutamente necessário que perdure.

Podemos reconsiderar aqui o nosso fio condutor, nos seguintes termos: o vínculo a ser reencontrado, o sentido a ser dado, só pode provir da fala. Há uma necessidade de dizer alguma coisa sobre a experiência atravessada.

É a fala que liga Schreber a uma forma de realidade, por mais perturbada que seja. A ligação a ser mantida com alguém, com o "ele" das fórmulas freudianas, é, sem dúvida, a ligação com Deus. É Deus quem fala. Quando a fala pára, Schreber se confronta com o vazio, com o horror, é "deixado largado". Largado pelo Outro, ele não é mais nada. O Outro da linguagem aparece aqui como tal.

É nesse ponto que sobrevém o que ele chama de "milagre do urro". Aí vemos exprimir-se ao vivo o que Lacan identifica como a necessidade de sobrevivência da fala como fundadora da existência humana. Sem ela, Schreber não existe mais. Já não passa de um urro, um apelo sem palavras, derradeiro grito antes do vazio, emitido justamente para invocar a fala. Ele fica obrigado à "ação contínua do pensamento", que é muito desagradável e desgastante, segundo nos diz. Fica ligado a uma pura cadeia discursiva.

❖ *O lugar da foraclusão*. A abordagem freudiana de Schreber levou Lacan a destacar um mecanismo particular que explicaria o fenômeno psicótico: a foraclusão.

Como Freud, Lacan reconheceu as dificuldades encontradas no momento em que se faz uma tentativa de aplicar a lógica do recalcamento à psicose. Partindo da alucinação, em particular, ele sublinhou seu caráter de *exterioridade*, muito conhecido pelos psiquiatras. O que se apresenta na alucinação é um elemento estranho, sem ligação com uma representação conhecida. Enquanto o retorno do recalcado, na neurose, abre-se para a surpresa, remetendo, apesar de tudo, a um saber latente, inconsciente, que permite estabelecer ligações, o retorno, na alucinação, é o de um elemento que nunca foi inscrito. Ele rompe todas as ligações.

Lacan viu nisso a marca de uma falha de inscrição anterior, de uma falta de inscrição simbólica. Um elemento não foi registrado: o elemento chave de uma cadeia, elemento regulador que Lacan chamou de significante do Nome-do-Pai. Na falta desse saber prévio, o inconsciente não conserva nenhum vestígio. O retorno se faz fora do simbólico, vindo de fora, no dizer de Freud: faz-se no real, prosseguiu Lacan.

A frase de Freud em seu texto sobre Schreber é "*o que foi abolido internamente volta do lado de fora*".

"*O que foi foracluído do simbólico volta no real*", retomou Lacan. Abolido do simbólico, jamais integrado na rede em que todo sujeito situa sua posição, em particular a posição homem-mulher. Num dado momento, nada responde ao apelo. A base não está lá, faltam elementos de resposta. Schreber não sabe dar conta de sua posição.

Irrompe então a função devastadora dessa fantasia. Não é o impulso homossexual que provoca esses efeitos, mas a ausência que ele revela, o confronto com uma função feminina num sujeito que não fora preparado por coisa alguma para recebê-la. Trata-se de uma função que se impõe como radicalmente nova. Não há reencontro, reapresentação, mas uma apresentação em bruto.

O rompimento dos vínculos libidinais com o objeto, sublinhado por Freud, seria uma ruptura de conexões simbólicas, provocando o susto inicial, bem como todos os esforços de tentar recompô-las.

A foraclusão do significante do Nome-do-Pai é correlata do fracasso da experiência de castração na psicose. Nasio esclareceu que se trata do fracasso de *uma* castração, pois não há apenas uma, e sim múltiplas castrações que coexistem num mesmo sujeito. Cada castração está no centro de uma realidade psíquica localizada (foraclusão localizada).

A foraclusão do Nome-do-Pai é uma construção necessária, teórica, mítica, em última instância, mas que explica esse processo. Não observamos a foraclusão, mas constatamos seus efeitos. O transtorno da distância em relação aos outros, quer eles se confundam com o sujeito, quer se tornem absolutamente estranhos para ele, está ligado a esse mecanismo que rompe as amarras.

❖

Conclusão

O delírio, como enunciamos em diferentes momentos, vem na posterioridade, para dar significação à falta de sentido inicial. Para o paranóico, não se trata apenas de compreender, mas de compreender *tudo*. Essa é a única saída que se oferece, e que não se fechará jamais. O delírio, mesmo que pareça estabilizar-se numa construção precisa e complexa, continua a ser uma construção imaginária, de equilíbrio precário; tem sempre que sustentar uma certeza.

A redenção da humanidade através da união com Deus passa a ser, para Schreber, o objetivo necessário, embora impossível de datar. É o prazo indeterminado e inultrapassável que mantém o delírio como tal.

Deixemos a conclusão com Schreber, que soube encontrar em seu delírio, precisamente, uma maneira de jamais concluir: "(...) *um homem que, como eu, em certo sentido pode dizer de si mesmo que a eternidade está a seu serviço, decerto pode deixar recair tranqüilamente sobre si qualquer absurdo, na certeza de que, um dia, chegará enfim o momento em que o absurdo terá sido atenuado e em que, por si mesma, terá lugar novamente uma situação racional.*"[3]

Seleta bibliográfica

FREUD, S.,

"Les Psychonévroses de défense", in *Névrose, psychose et perversion*, Paris, PUF, 1973, p.1-14 ["As neuropsicoses de defesa", *ESB*, III, 2ª ed., p.51-65].

"Nouvelles remarques sur les psychonévroses de défense", in *Névrose, psychose et perversion*, op. cit., p.72-81 ["Observações adicionais sobre as neuropsicoses de defesa", *ESB*, III, 2ªed., p.151-73].

"Remarques psychanalytiques sur l'autobiographie d'un cas de paranoïa (Le Président Schreber)", in *Cinq psychanalyses*, Paris, PUF, 1964, 263-324 ["Notas psicanalíticas sobre um relato autobiográfico de um caso de paranóia (*Dementia paranoides*)", *ESB*, XII].

"Pour introduire le narcissisme", in *La Vie sexuelle*, Paris, PUF, 1969, 81-105 ["Sobre o narcisismo: uma introdução", *ESB*, XIV].

"Extrait de l'histoire d'une névrose infantile", in *Cinq psychanalyses*, op. cit., p.384-85 e 389-90 ["História de uma neurose infantil", *ESB*, XVII].

"Névrose et psychose", in *Névrose, psychose et perversion*, op. cit., p.283-6 ["Neurose e psicose", *ESB*, XIX].

"La Perte de la réalité dans la névrose et dans la psychose", in *Névrose, psychose et perversion*, op. cit., p.299-303 ["A perda da realidade na neurose e na psicose", *ESB*, XIX].

"La Négation", in *Résultats, idées, problèmes, II*, Paris, PUF, 1985, p.135-9 ["A negação", *ESB* (sob o título de "A negativa"), XIX].

❖

LACAN, J.,

De la psychose paranoïaque dans ses rapports avec la personnalité, Paris, Seuil, 1980 [*Da psicose paranóica em suas relações com a personalidade*, Rio de Janeiro, Forense Universitária, 1987].

Le Séminaire, Livre III, Les Psychoses, Paris, Seuil, 1981 [*O Seminário, livro 3, As psicoses (1955-1956)*, Rio de Janeiro, Zahar, 2ªed. rev., 1988].

"D'une question préliminaire à tout traitement possible de la psychose", in *Écrits*, Paris, Seuil, 1966, p.531-83 ["De uma questão preliminar a todo tratamento possível da psicose", Rio de Janeiro, Zahar, 1998, p.537-90].

NASIO, J.-D.,

"Le Concept de forclusion", in *Enseignement de 7 concepts cruciaux de la psychanalyse*, Paris, Payot, 1992, p.221-52 [*Lições sobre os 7 conceitos cruciais da psicanálise*, Rio de Janeiro, Zahar, 1989, p.149-66].

"La Forclusion locale: contribution à la théorie lacanienne de la forclusion", in *Les Yeux de Laure, Transfert, Objet a et Topologie dans la théorie de J. Lacan*, Paris, Flammarion, 1995, p.107-48.

SCHREBER, D.P.,

Mémoires d'un névropathe, Paris, Seuil, 1975 [*Memórias de um doente dos nervos*, tradução e introdução de Marilene Carone, Rio de Janeiro, Paz e Terra, 1995].

❖

SCILICET 4,

"Une étude: la remarquable famille Schreber", Paris, Seuil, 1973, p.287-321.

Um caso de M. Klein:
Dick ou o sadismo

T. GARCIA-FONS
M.-C. VENEY-PEREZ

O encontro de Dick com Melanie Klein

❖

Quem é Melanie Klein?
Um itinerário movimentado
O encontro com a psicanálise
Um universo fantástico

❖

A história clínica de Dick
Uma história trágica
Um menino estranho,
de linguagem desabitada

❖

História da análise
Epílogo

❖

Os móbeis teóricos do caso Dick
A relação de Melanie Klein com a psicanálise
Comentário teórico sobre a análise de Dick

❖

Conclusão

❖

Seleta bibliográfica

*Exortamos o leitor a ler este
capítulo referindo-se ao texto de M. Klein.**

O encontro de Dick com Melanie Klein

Londres, 27 de janeiro de 1929.
Um menino de quatro anos, acompanhado pela babá, entra numa casa do bairro de Notting Hill. Atravessa um primeiro aposento e, depois, um segundo, menor e mais escuro.
    Uma senhora os recebe. A babá se retira. O menino não presta atenção. Cruzando uma porta dupla, ele entra num grande consultório: móveis sólidos, um lavabo, objetos e livros, brinquedos em caixas e uma presença humana... Ele não vê realmente nada disso.
    Talvez apenas seu itinerário por esse lugar desconhecido, as portas que ele atravessou, suas maçanetas e sobretudo a porta dupla, que cria um espaço escuro onde ele poderia instalar-se, intrigam-no e estabelecem algum contato. Ele repara apenas num trenzinho entre os brinquedos, mas não demonstra nada.
    Lá está a senhora a observá-lo. Ele sente isso, confusamente. É uma mulher alta, de cabelos grisalhos e olhos claros. Uma força estra-

---

* "L'Importance de la formation du symbole dans le développement du Moi", in *Essays de psychanalyse*, Paris, Payot, 1989, p.263ss ["A importância da formação de símbolos no desenvolvimento do ego", in Melanie Klein, *Contribuições à psicanálise*, São Paulo, Ed. Mestre Jou, 1970, p.295-313].

nha, quase ameaçadora, emana dela, mas há também uma meiguice acolhedora. Ela permanece em silêncio por um longo intervalo.

De repente, a mulher escolhe um trem numa caixa de brinquedos e um outro menor, e os coloca diante do menino. Então, sua voz enche o espaço e o menino escuta: "*Trem-papai*" e "*Trem-Dick*".

Dick — é esse o nome do menino — pega o trem menor e o faz rolar em direção à janela. Por sua vez, pronuncia uma palavra: "*Estação*". E a senhora: "*A estação é a mamãe. Dick está entrando na mamãe.*"

Que disse ela? O que quer? Dick, apanhado, larga o trem. Depressa, o espaço entre as duas portas. Refugia-se lá. E uma nova palavra lhe ocorre: "*Escuro.*" Entra e sai diversas vezes, e repete: "*Escuro.*"

E a senhora, outra vez: "*É escuro dentro da mamãe. Dick está dentro do escuro da mamãe.*" Alguma coisa se agita nele, transtorna-o e o apavora. Ele pergunta: "*Babá?*". "*A babá já vem.*" O menino se acalma.

Assim termina o encontro inaugural entre Dick e uma psicanalista chamada Melanie Klein.

Mas, quem é essa mulher capaz dessa coisa louca, impensável na época: não apenas psicanalisar crianças, porém, mais ainda, achar que pode estabelecer uma relação com um menino tão gravemente perturbado quanto Dick e analisá-lo?

❖

Quem é Melanie Klein?

Um itinerário movimentado

Dor, violência e paixão: esses três termos definem perfeitamente a vida de Melanie Klein.

Melanie Reizes nasceu em Viena em 1882, numa família judia. Foi a última de quatro filhos e, quando veio ao mundo, seu pai, que era médico, tinha 50 anos. Ele nunca demonstraria muito interesse pela filha caçula e não tardaria a mergulhar na senilidade. A mãe, Libussa, vinte anos mais moça que o marido, era um personagem complexo e onipresente. Bonita e culta, autoritária e insatisfeita.

Era uma família de grande riqueza intelectual, sem dúvida apaixonante, mas de relações passionais: o amor fusional, o ciúme e as censuras, as rejeições, as crises de fúria e a culpa ritmavam a vida dessa família exagerada, que logo teria de enfrentar as humilhações da falta de dinheiro e do anti-semitismo.

A pequena Melanie foi mergulhada num turbilhão de sentimentos e movimentos contraditórios, em cujo seio teve que se afirmar. Admirava os pais e os mais velhos. Venerava o irmão Emmanuel, tão talentoso que a iniciou em numerosos campos da arte e do pensamento, e sobre quem ela diria, tempos depois: *"Ele foi meu confidente, meu amigo, meu professor..."* Emmanuel deixou-se morrer, longe de todos, aos vinte anos. O luto foi ainda mais terrível para a família por repetir outro luto antigo: quando Melanie ainda não tinha cinco anos, Sidonie, uma irmã três anos mais velha do que ela, havia morrido de tuberculose. Mais tarde, Melanie renunciaria a seu desejo adolescente de se tornar médica e psiquiatra. Apenas faria, durante algum tempo, cursos de arte e de história.

Casou-se muito jovem com Arthur Klein, um amigo de seu irmão, apenas um ano depois do falecimento de Emmanuel. Um casamento sem amor. Melanie acompanhou o marido, que era engenheiro químico, muitas vezes indo para regiões isoladas. Levava uma vida de dona de casa e "atirou-se", em suas palavras, na maternidade. Teve três filhos: Erich, Hans e Melitta. Hans morreria num acidente de alpinismo, Melitta se tornaria psicanalista e se desentenderia com a mãe.

O encontro com a psicanálise

Voltemos ao ano de 1910. Melanie Klein ainda não era a célebre psicanalista, a personalidade forte que depois conheceríamos. Nessa época, sofria de depressão e passava temporadas em clínicas. Só depois dos trinta anos foi que descobriu a psicanálise, ao ler um livro sobre o sonho, de um certo Dr. Sigmund Freud. Foi uma revelação, assim como a esperança de que seus sofrimentos, aquilo que afetava suas relações e as de seus parentes, tivessem uma significação. E foi, acima de tudo, uma convicção imediata: seu destino a ligava ao futuro da psicanálise.

A partir daí, sua história pessoal e seu percurso analítico foram indissociáveis. No conturbado contexto político e social da época, ela emigrou sucessivamente para Budapeste, Berlim e Londres, havendo conhecido três grandes figuras da primeira geração de psicanalistas: em Budapeste, Sándor Ferenczi, com quem entrou em análise; em 1924, em Berlim, Karl Abraham, com quem empreendeu uma segunda etapa da análise, interrompida pela morte repentina do psicanalista; e por fim, Ernest Jones convidou-a a ir para Londres e a incitou a se instalar na cidade. Isso foi feito em 1926, com os filhos. Nesse ínterim, Klein havia-se divorciado.

Foram três encontros capitais e formadores com três discípulos eminentes de Freud, os quais, cada qual a sua maneira, não tardaram a reconhecer as qualidades excepcionais de Melanie Klein, os seus talentos, e que a incentivaram e apoiaram em sua vocação e suas investigações no campo analítico com crianças.

O encontro foi menos afortunado com Freud, que tomou o partido de sua filha Anna nas controvérsias que opuseram as duas mulheres. Sua única conversa com o fundador da psicanálise, no Congresso de Berlim, em 1922, foi profundamente decepcionante: ele não se interessou pelo que Melanie dizia.

Melanie Klein teve que batalhar muito para fazer com que suas concepções inovadoras fossem reconhecidas. Sempre se apoiou na experiência clínica, construindo, à medida que avançava sua prática com as crianças, concepções teóricas e uma visão do psiquismo infantil pelas quais se deixou penetrar profundamente.

A princípio, ela observou seus próprios filhos, e seu primeiro analisando foi seu filho Erich. Hoje em dia, isso pode nos parecer chocante, mas, na época dos primeiros balbucios da psicanálise de crianças, era uma prática extremamente corrente: analisavam-se os próprios filhos, os dos colegas ou amigos... e a domicílio. Aliás, hoje sabemos que os pais de Dick eram membros da Sociedade Britânica de Psicanálise.

No fim da década de 1920, Melanie Klein havia conquistado a maioria de seus colegas ingleses. Tinha ampliado sua clientela. Os conflitos com Anna Freud estavam temporariamente apaziguados. Para ela, esse foi um período criativo e, talvez pela primeira vez, sereno.

Um universo fantástico

Eis-nos de volta a Londres, em 1929, e a Dick. Contudo, antes de retomarmos o fio da análise do menino, façamos uma pequena digressão, para entrar no domínio musical. De fato, Melanie Klein, no artigo que precedeu o texto sobre Dick, havia comentado uma ópera de Ravel, *L'Enfant et les sortilèges*, por reconhecer nessa obra, de maneira enlevante, o universo íntimo da criança, tal como representado por ela. Qual era o tema dessa fantasia escrita por Colette? Um menino preguiçoso recusa-se a fazer seus deveres. A mãe o castiga: pão seco e chá! Então, ele dá livre curso a seu ressentimento, destrói objetos e persegue os animais, que se exaltam e se rebelam. Um frenesi fantasmagórico desencadeia-se no universo do menino, que passa do conto de fadas ao pesadelo. O menino fica aterrorizado e desesperado, mas, quando está prestes a desmaiar, corre em socorro de um esquilo a quem antes havia martirizado. A multidão enfurecida de animais e árvores acalma-se instantaneamente, enternecida, e canta a recuperação da bondade do menino. Este, por sua vez, solta um grito amoroso que encerra a peça: "Mamãe."

Estamos no palco de um teatro lúdico e assustador, projetado num mundo de pavor, destruição e desamparo, mas no qual podem nascer uma palavra ou um gesto de amor. Era exatamente esse mundo, esse universo infantil, que Melanie Klein trazia dentro de si. Foi essa mulher singular, habitada por esse universo fantástico profundamente alicerçado em suas construções teóricas, que Dick encontrou em seu caminho desolado e que lhe abriu um espaço novo e extraordinário.

Vamos ao encontro deles, portanto, na cena psicanalítica, depois de evocarmos a história de Dick.

❖

A história clínica de Dick

Uma história trágica

A vida de Dick foi dramática desde o começo. Sua mãe tentou amamentá-lo, mas não conseguiu. Persistiu por várias semanas, em meio à angústia, mas foi um fracasso. Dick por pouco não morreu de fome. O menino tinha sete semanas quando se contratou uma babá, que passou a lhe dar mamadeiras, mas ele se recusava a tomá-las. Foi preciso obrigá-lo. Além disso, Dick sofria de problemas digestivos.

O amor era estranhamente ausente nessa família: não havia calor humano em torno de Dick, nada de gestos de afeição por parte da babá nem de seu pai, nem sobretudo de sua mãe, desamparada diante desse filho que ela pressentira ser anormal desde o nascimento. Um "meio pobre de amor", relações imediata e profundamente perturbadas, sofrimentos corporais: foi esse o mundo hostil em que Dick se viu mergulhado e no qual continuou a se debater. Assim, aos cinco meses, defecar ou urinar eram uma tortura. Quando começaram a lhe oferecer alimentos sólidos, ele se recusou a mastigar e rejeitava tudo o que não tivesse a consistência de mingau.

Houve uma melhora aos dois anos: outra babá foi contratada e a avó dele o hospedou durante uma longa temporada. Essas duas pessoas, novas em sua vida, cercaram-no de afeição e ternura, pacientemente. Dick pareceu sair de seu marasmo e retomar o curso de uma vida mais harmoniosa e normal. Aprendeu a andar, adquiriu o controle dos esfíncteres e desenvolveu sua inteligência. Aparentemente, adaptou-se melhor à realidade e enriqueceu sua linguagem, aprendendo maquinalmente muitas palavras novas. Descobriu também a masturbação e, quando a babá o flagrou e o repreendeu — estava então com quatro anos —, sentiu medo e culpa. Tinha havido progresso e normalização, sem dúvida, mas, no fundo, nada estava resolvido, e os problemas essenciais persistiram.

Um menino estranho, de linguagem desabitada

O menino que se viu pela primeira vez diante de Melanie Klein tinha tudo de um extraterrestre. Era como se pertencesse a uma outra realidade; ficava ausente para as pessoas e objetos que o cercavam e que, para ele, eram como que transparentes, desprovidos de sentido.

Dick correu por toda parte, perdido. Não perguntou nada, não brincou e não exprimiu nenhuma emoção. Não reagiu, por exemplo, quando sua babá saiu, deixando-o com Melanie Klein. Não mostrou medo nem timidez, como faria a maioria das crianças na mesma situação.

Dick se havia detido em seu desenvolvimento. À semelhança dos trens de que tanto gostava, parecia estar abandonado na plataforma de uma estação e haver renunciado a qualquer desejo de descoberta do mundo e de si mesmo. Seu corpo desajeitado fazia lembrar um fantoche desarticulado. Por último, ele não sentia dor física e, curiosamente, não sabia utilizar facas nem tesouras.

O menino havia aprendido as palavras mecanicamente — um número restrito de palavras, que lhe permitiam formar frases elementares. Mas não havia realmente entrado na linguagem, que, para ele, era como uma casca vazia, uma casa rudimentar em que ele não morava e que não lhe interessava. Na maior parte do tempo, ele fazia "sonoplastia": emitia sons repetitivos, sem significação, que não se dirigiam a ninguém. Quando lhe sucedia falar mais normalmente, utilizar seu escasso vocabulário, era de maneira inadaptada e até num sentido de oposição. Assim, ele sabia muito bem pronunciar certas palavras, mas, se a mãe lhe pedia que as repetisse, deturpava-as por completo.

Dick estava encerrado num universo estranho e frio, terrivelmente negativo. Sem esperança? Felizmente, dois elementos positivos, como dois pontos possíveis, ligavam-no à realidade dos outros seres humanos: seu interesse e curiosidade pelos trens e estações, assim como pelas portas e suas maçanetas, por seu abrir e fechar.

Era assim que se apresentava o pequeno Dick: um menino retraído, inatingível, com apenas alguns pontos de ancoragem na realidade, e cujo muro de indiferença Melanie Klein procurou derrubar imediatamente.

❖

História da análise

O terceiro dia de encontro com Melanie Klein foi um dia de angústia para Dick. Desde a chegada ao consultório da Sra. Klein, ele estava agitado. Correu a se refugiar no entre-duas-portas, experimentou a antecâmara escura, mas não conseguiu desfazer-se de uma tensão insuportável. Quem sabe se atrás daquela cômoda grande? Decididamente, a coisa ia mal... Dick chamou a Sra. Klein e implorou pela babá. Sensibilizou-se para o fato de que a analista procurava tranqüilizá-lo, mas ficou aliviado sobretudo ao reencontrar a babá, no fim da sessão.

Que aconteceu durante essa terceira sessão? Havia um brinquedo novo: um carrinho carregado de carvão. Ele o apontou, pronunciando a palavra "cortar". A Sra. Klein entregou-lhe a tesoura, mas Dick não soube usá-la para atingir seu objetivo: separar os pedacinhos de madeira que representavam o carvão. A Sra. Klein o ajudou: surpreendente e assustador... Ele atirou longe o carrinho e seu conteúdo: "Foi embora!" E se enfiou entre as duas portas, passando a arranhá-las com as unhas. Mas, onde se esconder? Lá, no armário. Deslizou para dentro do estreito espaço escuro.

Quarto dia. Quando a babá saiu, Dick sentiu-se invadido por uma maré interna que se avolumou dentro dele e transbordou: e ele chorou.

Não conhecia essa emoção. Não queria reviver o que havia acontecido na véspera, e assim, afastou rapidamente o carrinho danificado. Mas nada escapava à Sra. Klein. Ela lhe sugeriu que o carrinho representava sua mãe. À guisa de resposta, Dick foi colocá-lo entre as duas portas.

Nesse dia, preferiu descobrir outros brinquedos e deixar escorrer a água da pia do lavabo, embora sentisse muito medo de se molhar, como quando urinava.

Os dias se passaram, sucederam-se as sessões. Ele gostava de reencontrar a Sra. Klein, fiel em seu posto. No consultório dela, era possível permitir-se muitas coisas, sem correr demasiado perigo. Podia-se brincar de comer ou de destruir. Um dia, por exemplo, ele pôs um boneco na boca, dizendo: "Chá papai!" Isso despertou muito interesse na Sra. Klein, que fez uma anotação em seu caderno. Às vezes, Dick tinha medo de se exceder, e então depositava o boneco que havia maltratado nos braços da Sra. Klein. Com isso, ele era recuperado.

Noutra ocasião, o menino viu umas raspas de madeira no colo da Sra. Klein, que estava apontando um lápis. Disse-lhe: "Coitada da Sra. Klein!" E ela anotou: "empatia prematura". Que quereria dizer?

Deixemos Dick com esse questionamento, num momento de sua análise em que ele ia de descoberta em descoberta e de emoção em emoção. A análise progrediu, de fato: aos poucos, Dick interessou-se por novos objetos, novos brinquedos. Procurou compreender como funcionavam e brincou de estragá-los. Alguns o inquietavam e, quando isso acontecia, ele fugia ou os punha de lado, voltava-se para outros, dizia seu nome, experimentava uma nova brincadeira, ficava com medo e assim por diante.

Por exemplo, durante um certo tempo, evitou aproximar-se do armário, dedicando-se a um exame detalhado da pia e do aquecedor. Arranhava-os, batia neles, salpicava-lhes água e os entalhava com um canivete. Mas a angústia era demais. Então, voltava ao armário e estudava suas dobradiças e fechaduras. Instalava-se dentro dele e perguntava à Sra. Klein o nome das diferentes partes que o compunham. Assim, o universo de Dick foi-se ampliando. Ele passou a se interessar mais pelas pessoas, pelas coisas e por seus nomes.

Melanie Klein interrompeu a narrativa da análise de Dick no momento em que esta vinha-se desenrolando havia seis meses. Sabemos agora que durou dois anos. Nesse momento, Dick havia fincado o pé na realidade. Falava. As coisas haviam adquirido sentido. Ele estabeleceu relações afetivas com a mãe e o pai.

Com Dick, Melanie Klein teve que dar um salto no desconhecido, antecipar-se às produções do menino a partir daquilo que já sabia. A aposta parece ter dado certo, sem dúvida ficando à altura da forte convicção e do desejo que a moviam: os de uma desbravadora, pioneira da prática e da teoria psicanalíticas.

Epílogo

Após sua análise com Melanie Klein, Dick foi tratado por outra analista, Beryl Sandford, que o achou inteligente e muito tagarela, mas ainda muito dividido. Possuía uma memória extraordinária e conhecimentos consideráveis no campo musical, pelo qual era apaixonado.

Phyllis Grosskurth, biógrafa de Melanie Klein, reencontrou Dick quando ele tinha quase cinqüenta anos. Pareceu-lhe simpático e meio infantil. Conseguira arranjar um emprego (ela não disse qual) que não implicava uma tensão excessiva. Sabia perfeitamente que era "Dick", porque Melanie Klein tivera o hábito de ler para ele as passagens que lhe diziam respeito em seu artigo. Ao relê-lo, reagiu em vários momentos: quando Melanie Klein falou do pênis incorporado pela mãe, comentou: "*Ela podia ter deixado para lá toda essa conversa mole!*" A propósito do "pênis agressor", exclamou: "*Eu não fiz isso!*" Quanto à urina como substância perigosa, disse: "*É verdade!*" Confirmou as brincadeiras com Melanie Klein e como costumava fechar-se no armário, "*para me vingar... dos meus pais*". E acrescentou: "*Se Melanie Klein estivesse viva, eu lhe telefonaria e diria: 'Agora já chega!' ('Enough is enough').*"

Concluindo, ele explicou que gostava muito de Melanie, que ela o consolava e tranqüilizava quando ele chorava. Dizia-lhe: "*A vida não é tão má assim.*"

❖

Os móbeis teóricos do caso Dick

A relação de Melanie Klein com a psicanálise

❖ *As posições psicanalíticas de Melanie Klein.* Foi depois de uma depressão que Melanie Klein fez sua primeira análise, com Sandor Ferenczi. Tinha 35 anos e passaria rapidamente da posição de analisanda à de analista.

Convencida pela psicanálise e estimulada por Ferenczi, empreendeu a educação de seu filho Erich. Nesse momento, para ela, tratava-se de livrar o menino de antemão das inibições intelectuais que pudessem entravar sua liberdade. Assim, situou-se numa perspectiva de educação psicanalítica de fins profiláticos. Não tardou, entretanto, a abandonar esse projeto educativo, criando um verdadeiro enquadre psicanalítico.

Hoje em dia, sabemos que se tratava de seu filho Erich, mas foi com o nome de Fritz que ela apresentou esse caso, em 1919. Essa primeira comunicação feita à Sociedade Psicanalítica da Hungria valeu-lhe a nomeação como membro da Sociedade, embora ela ainda não recebesse pacientes e sua própria análise só houvesse durado dois anos.

O contexto das idéias da época a respeito do tratamento psicanalítico de crianças era, essencialmente, o defendido por Anna Freud:

— Não pode haver psicanálise de crianças.

— A criança não produz associações verbais como o adulto.

— Não se pode interpretar o Édipo para as crianças: sendo o mundo infantil um mundo em constituição, ele depende mais de medidas propedêuticas e educativas do que propriamente analíticas.

Portanto, que vontade moveu Melanie Klein quando ela iniciou o debate contra as idéias de Anna Freud, assim desencadeando um conflito com a própria filha do mestre? Foi sua crença na existência de uma realidade psíquica desde a origem, na possibilidade de uma transformação dessa realidade e dos efeitos dessa realidade. Foi também sua convicção de que a análise libertava a criança, abria caminho para a manifestação de sua inteligência e aliviava os temores e inibições ligados às fantasias sexuais inconscientes.

Depois de Erich, seguiram-se outras crianças e outros tratamentos: tratava-se principalmente de crianças muito pequenas ou que apresentavam graves distúrbios de personalidade, o que era revolucionário na época. Cada tratamento foi uma oportunidade de confirmar hipóteses, levantar outras questões, realizar avanços técnicos audaciosos e produzir novas teorizações.

❖ *Onde estava Melanie Klein ao receber Dick, em 1929?* No começo, ela recebia seus jovens pacientes em casa e eles levavam seus próprios brinquedos. Muito depressa, entretanto, ao longo dos diferentes tratamentos, o dispositivo e o enquadre analítico precisaram-se, ganharam forma. Ela passou a receber as crianças num cômodo reservado para esse fim, com uma pia, paredes laváveis e uma caixa de brinquedos pertencente a cada criança, que ficava lá. O tratamento era feito à razão de cinco sessões semanais de cinqüenta minutos.

As intuições de Klein se confirmaram e, nesse momento, instauraram-se uma prática e um sistema de pensamento. Se sua prática pouco se modificou, ela introduziu muitas mudanças, ao contrário, em sua teorização.

❖ *Quais os aspectos técnicos fundamentais de sua prática em 1929?*

(a) A descoberta da técnica do brincar e da existência da transferência com as crianças. Na verdade, Melanie Klein afirmava que a análise da criança obedecia aos mesmos princípios da do adulto. Se a criança não produzia associações verbais como o adulto, ela brincava, mexia-se ou se imobilizava: manifestava-se através de diferentes modos de expressão, que Klein considerava simbólicos. No consultório da analista, essas demonstrações representavam "um discurso" que lhe era dirigido e que atestava um fenômeno transferencial. A brincadeira era uma atividade simbólica, que podia ser tratada como o sonho do adulto.

Para Melanie Klein, portanto, no consultório analítico, todas as produções da criança decorriam da transferência e podiam ser objeto de interpretação.

(b) A interpretação. Essa é a base do tratamento analítico. É a interpretação que permite ter acesso ao inconsciente, por intermédio das fantasias inconscientes. Como procedia Klein? Ela costumava esperar que a criança, através de suas representações simbólicas (em especial o brincar), repetisse um mesmo tema, antes de interpretar a fantasia inconsciente correspondente. Com Dick, Klein esbarrou numa dificuldade, pois tratava-se de uma criança que não brincava, donde ela teve que modificar sua técnica.

(c) A consideração da angústia está no centro do tratamento. Esse é o pivô da técnica. A angústia é um motor, mas é também um freio. Ora se trata de aliviá-la, ora de fazê-la emergir, através da interpretação, conforme ela esteja manifesta ou latente.

(d) Como último ponto, enfim, Melanie Klein fazia questão, antes de mais nada, de *instalar, construir a situação analítica*, estabelecendo, segundo suas próprias palavras, "contato com o inconsciente da criança". Para isso, intervinha na angústia, de um lado mobilizando-a pela interpretação, de outro modificando as angústias mais profundas,

sempre através da interpretação, a fim de manter o interesse da criança em seu tratamento.

Em resumo, os aspectos técnicos fundamentais de Melanie Klein são: a técnica do brincar e da transferência, a interpretação, o manejo e o tratamento da angústia e o estabelecimento da situação analítica.

❖ *Quais eram os aspectos fundamentais da teoria de Melanie Klein em 1929?* Quando conheceu Dick, Melanie Klein já havia elaborado uma concepção do desenvolvimento sexual da criança que se caracterizava por certos conceitos com que trabalhava. Entretanto, convém esclarecer que, nessa época, ela ainda não dispunha de todos os conceitos que hoje constituem sua teoria. Por exemplo, o conceito de *posição* — *posição depressiva* e *posição paranóide* — ainda não fora elaborado. Ela também não podia utilizar o conceito de *pulsão de morte*, que viria a desenvolver mais tarde.

Em 1929, Melanie Klein falava de *sadismo*, de *sadismo máximo* e de *situações ansiogênicas*.

❖ O *primeiro aspecto fundamental* de seu sistema de pensamento era a precocidade dos processos que atuam desde o primeiro ano de vida do bebê, em particular a do aparecimento do conflito edipiano e do supereu.

Melanie Klein situava-se e se afirmava como continuadora de Freud e de seus principais discípulos, em particular Abraham. Adotava uma concepção genética do desenvolvimento sexual da criança. Entretanto, se retomou a idéia freudiana das "fases", inverteu-lhes a cronologia, situando o aparecimento de alguns processos e do supereu muito mais precocemente do que Freud havia contemplado.

Recordemos rapidamente que as fases do desenvolvimento sexual, segundo Freud, ordenam-se a partir da fase oral, seguida pela fase anal e, por fim, pela fase genital, e que, para ele, o Édipo desenrolava-se entre os dois e os cinco anos de idade. Para Freud, além disso, o supereu era herdeiro do complexo de Édipo. Num texto fundamental, intitulado "Primeiras fases do complexo de Édipo", Melanie Klein situou o conflito edipiano no segundo semestre do primeiro ano de vida do bebê. E constatou nesse mesmo período o aparecimento de um supereu precoce e feroz.

❖ *Segundo aspecto fundamental*: o sadismo. De 1927 a 1932, toda a atenção de Melanie Klein voltou-se para explicar, na elaboração de sua teoria, uma "fase" que ela chamou de *apogeu do sadismo*, ou *sadismo máximo*.

Foi no texto intitulado "A importância da formação de símbolos no desenvolvimento do ego", onde foi relatada a análise de Dick, que essas idéias tornaram-se fundamentais, passando a permitir que ela compreendesse esse menino e conduzisse sua análise. O que Melanie Klein afirmou foram a extraordinária crueza e a agressividade da primeira infância, desde o primeiro ano de vida. Para ela, desde o começo, as pulsões destrutivas estão em jogo e o bebê é um "grande sádico" ou um "grande assassino", pelo menos em suas fantasias.

Freud havia insistido na sexualidade infantil. Já Melanie Klein insistiu na violência e na destrutividade do universo fantasístico da criança.

❖ *A relação do sadismo com as pulsões.* Melanie Klein foi formal quanto a esse ponto: o começo do sadismo máximo desencadeia-se por ocasião do desmame, com o desejo canibalesco de devorar o seio, o que é uma conseqüência da frustração sofrida pelo bebê.

De início, são as pulsões orais que se tornam pulsões sádicas orais e se caracterizam por fantasias de "morder", "devorar o seio"; depois vêm as pulsões sádicas anais, "tomar", "atacar", "destruir o seio da mãe", e por último, as pulsões sádicas uretrais. Essa fase de apogeu do sadismo caracteriza-se pelo fato de que todas as pulsões se concentram, reúnem-se em torno de uma mesma dominante, que é a dominante sádica.

O sadismo oral é o mais brutal, porém o auge do sadismo é atingido quando todas as pulsões verdadeiramente se somam, concentrando-se nos ataques sádicos dirigidos contra o seio, depois contra a mãe e, por fim, contra o ventre materno e seus conteúdos, que passam a constituir o objeto do sadismo máximo.

❖ *Qual é esse estranho objeto sobre o qual se exerce o sadismo?* Melanie Klein fez intervir nesse mesmo momento uma outra pulsão muito precoce, uma pulsão particular que iria servir de objeto das pulsões sádicas: a pulsão de saber. Essa pulsão, cujo objetivo primário é o voyeurismo, conjuga-se com as pulsões destrutivas e se associa aos objetivos sádicos de "apoderar-se" ou "destruir", "morder, rasgar, triturar, cortar em pedaços". O objeto fornecido ao sadismo por essa pulsão é um objeto compósito, unificado, feito da mãe e do pai; em outras palavras, do ventre da mãe, que contém todos os objetos, inclusive o pai inteiro, segundo a fantasia do coito parental na qual o pai é incorporado pela mãe.

Assim, para Melanie Klein, o bebê fica às voltas, nesse momento, com a mais aterrorizante das situações ansiogênicas: a que é desencadeada pelos ataques imaginários que visam não somente ao seio, mas também à mãe e, no ponto culminante do sadismo, ao objeto compósito que ela chama de "pais combinados".

❖ *A idéia de situação ansiogênica*. A situação é ansiogênica porque, no bebê, a angústia é desencadeada pelo sadismo, e também porque ele imagina, sob o efeito do medo das represálias, que a ação agressiva e destrutiva que dirigiu aos objetos se volte contra ele. A criança sente-se ameaçada pelas mesmas armas que ela própria utiliza, segundo a lei de talião.

A angústia nascida nessa fase pode ser esmagadora e paralisante — como veremos a propósito de Dick —, ou, ao contrário, constituir o motor do investimento da realidade. De fato, é o eu, constituído desde a origem e apesar de rudimentar, que sente a angústia e se protege dela através de mecanismos de defesa. É também o eu que é levado a criar relações objetais, sob a pressão da angústia.

❖ *O sadismo participa da constituição da realidade*. Desde seus primeiros trabalhos, Melanie Klein atribuiu grande importância ao desejo de saber, à curiosidade e àquilo que os entrava.

O caso de Dick permitiu-lhe atribuir toda a sua importância ao interesse que a criança tem pelo mundo externo, pela constituição desse mundo para ela, em termos de realidade, através do *simbolismo*.

Para Melanie Klein, o sadismo (isto é, as pulsões destrutivas sob cuja ação a criança deseja destruir os conteúdos do ventre materno) está diretamente ligado à constituição da realidade como tal e ao simbolismo. O simbolismo está ligado ao sadismo porque a criança que tem de criar a realidade, isto é, simbolizá-la, primeiro tem que procurar destruí-la, atacá-la em suas fantasias. São as fantasias sádicas que, para Melanie Klein, constituem a primeira relação com o mundo externo e se acham na base da atividade de sublimação. É a angústia que é seu motor, pois ela é o agente da identificação e a desencadeadora de uma formação abundante de símbolos e fantasias.

A realidade primária da criança, portanto, é fantasística, constituída de um universo em que, a princípio, todos os objetos são equivalentes, por um lado, e objetos de angústia, por outro. Nessa realidade, os conteúdos imaginários do ventre materno constituem os protótipos de todos os objetos externos, enquanto o corpo materno é o protótipo do mundo.

É a partir dessa *realidade irreal* (nas próprias palavras de Melanie Klein) e graças à atividade do eu, em sua aptidão para suportar e tratar as primeiras situações de angústia, bem como para manter a relação sádica com os objetos, que se constitui a *imagem da realidade externa*.

"*Como a criança deseja destruir os órgãos (pênis, vagina, seio) que representam os objetos, ela passa a temê-los. Essa angústia a impele a assemelhar seus órgãos a outras coisas. Por causa dessa equivalência, tais coisas, por sua vez, tornam-se objetos de angústia e, desse modo, a criança é forçada a estabelecer ininterruptamente novas equações, que constituem a base de seu interesse por objetos novos e do próprio simbolismo.*"

Comentário teórico sobre a análise de Dick

Justamente, Dick não é capaz de simbolizar, não está dentro dessa dinâmica: está paralisado, detido, e o objetivo da análise é fazer com que seja retomado o processo de simbolização.

No início da análise, Dick não consegue brincar, porque a defesa do eu, empregada contra o sadismo, que é excessivo e demasiadamente precoce, impede nele qualquer relação sádica ou agressiva com os objetos e, portanto, qualquer produção de fantasias sádicas.

❖ *Por que instaurar tal defesa?* Pautada em sua experiência anterior com outras crianças, Melanie Klein considerou que o interesse de Dick por "trens", "fechaduras" e "portas" significava que esses objetos representavam as entradas e saídas do corpo materno, enquanto as maçanetas das portas correspondiam ao pênis de seu pai e ao dele. Esse fascínio tem uma origem comum, qual seja, a penetração do pênis no corpo da mãe. O que sustentava esse interesse único em Dick era também o que paralisava nele a formação simbólica, por medo das represálias que ele sofreria do pênis paterno depois de penetrar no corpo materno. O desejo de agressão ao pênis paterno, imaginado no interior do ventre materno, sob a forma de "comê-lo" ou "destruí-lo", voltava-se contra Dick.

Ele teve então de enfrentar um medo duplo: o do pênis paterno introjetado, que constituía um supereu primitivo e maléfico, e o de uma mãe vingativa, punindo-o por havê-lo roubado. Ameaçado pelos objetos externos e pelos objetos internos, ele se tornou presa de uma angústia latente incomensurável. A partir daí, foi obrigado a empregar a defesa excessiva e prematura, que consistia em bloquear qualquer agressividade de sua parte e em suspender qualquer elaboração de seu sadismo, por medo de destruir os objetos e ser destruído por eles.

Assim, Dick ficou impossibilitado de exprimir em fantasias a relação sádica com o corpo materno, que constitui a primeira relação com o mundo externo. O mundo, para ele, ainda era um ventre povoado de objetos perigosos e inquietantes.

Melanie Klein esclareceu ainda que, para Dick, "*os ataques sádicos ao corpo da mãe eram não apenas seguidos de angústia, mas também de piedade, bem como do sentimento de que era preciso devolver o que ele havia tirado*". Em decorrência de uma identificação empática com o objeto e do aparecimento de mecanismos de restituição prematuros, Dick não podia empenhar-se em verdadeiras condutas reparadoras. Só podia proibir a si mesmo qualquer aproximação da mãe.

❖ *Por que os mecanismos de defesa bloquearam o desenvolvimento de Dick?* Dick exibia *uma inibição excepcional do eu*: nele, de maneira aparentemente constitucional, o eu era incapaz de suportar a angústia. Assim, o menino era obrigado a utilizar uma defesa desproporcional e antecipada.

Havia um segundo elemento em jogo — *a entrada prematura em atividade da fase genital do eu*: as pulsões genitais, suscitando preocupações quanto a seu objeto peniano, provocaram o desencadeamento demasiadamente precoce da culpa e dos mecanismos de reparação.

Em resumo, três fatores foram decisivos na interrupção do desenvolvimento de Dick:

— uma inibição excepcional do eu, incapaz de suportar a angústia, e, como conseqüência disso, o desencadeamento de uma defesa excessiva;
— a entrada prematura em atividade das pulsões genitais;
— uma empatia excessivamente precoce.

❖

Conclusão

Melanie Klein foi uma analista perseverante, que trabalhou ardorosamente pelas crianças, utilizando a riqueza de sua imaginação, a partir do material produzido, para conduzir um processo duplo de experimentação e conceituação.

Em algumas semanas de encontros com esse menino enigmático e de contato tão particular que era Dick, ela não apenas foi capaz de modificar sua técnica habitual, como também de se formular perguntas que lhe permitiram inventar os conceitos necessários à compreensão dos mecanismos que estavam em ação, e conduzir a análise.

Afirmando desde o início que não se tratava de uma criança neurótica, mas de um menino psicótico, ela estabeleceu e desenvolveu as idéias que viriam a se transformar nos fundamentos de sua teoria da psicose infantil. A teorização que ela propôs a partir do "caso Dick" foi de importância considerável e realmente constituiu uma descoberta na história da psicopatologia infantil.

Hoje em dia, Dick é considerado por muitos especialistas um menino autista. Observe-se, de passagem, que só quinze anos depois é que Leo Kanner veio a descrever essa entidade clínica.

Para Melanie Klein, tratava-se de esquizofrenia, o que remetia a uma fixação precoce num estádio arcaico do desenvolvimento. Do ponto de vista genético, tratava-se de uma fixação, e não de uma regressão.

Por último, Melanie Klein deixou claro que, a seu ver, nessa época, tal afecção era muito mais freqüente nas crianças do que se costumava admitir e, muitas vezes, assumia a máscara do retardo mental.

Era preciso ampliar esse conceito, porque "*uma das tarefas principais da psicanálise consiste em desvendar e tratar as psicoses infantis*".

Estávamos em 1930...

Seleta bibliográfica

KLEIN, M., *La Psychanalyse des enfants*, Paris, PUF, 1978 [*Psicanálise da criança*, São Paulo, Ed. Mestre Jou, 1975].
Essais de psychanalyse 1921-1945, Paris, Payot, 1989 [*Contribuições à psicanálise*, São Paulo, Ed. Mestre Jou, 1970].

❖

ANZIEU, D., "Jeunesse de Melanie Klein", in *Melanie Klein aujourd'hui* (vários autores), Ed. Psychanalyse, CLE, Lyon, 1985.
GROSSKURTH, P., *Melanie Klein, son monde et son oeuvre*, Paris, PUF, 1990.
LACAN, J., *Le Séminaire. Livre I. Les écrits techniques de Freud*, Paris, Seuil, 1975 [*O Seminário, livro 1, Os escritos técnicos de Freud (1953-1954)*, Rio de Janeiro, Zahar, 1979].
PETOT, J.-M., *Melanie Klein, premières découvertes et premiers systèmes. 1919-1932*, Paris, Dunod, 1979.
SEGAL, H., *Introduction à l'oeuvre de Melanie Klein*, Paris, PUF, 1987 [*Introdução à obra de Melanie Klein*, Rio de Janeiro, Imago, 1975].
THOMAS, M.-C., "Introduction à l'oeuvre de Melanie Klein", in J.-D. Nasio (org.), *Introduction aux oeuvres de Freud, Ferenczi, Groddeck, Klein, Winnicott, Dolto, Lacan*, Paris, Rivages, 1994, p.195-259 ["Introdução à obra de Melanie Klein", in J.-D. Nasio, *Introdução às obras de Freud, Ferenczi, Groddeck, Klein, Winnicott, Dolto, Lacan*, Rio de Janeiro, Zahar, 1995, p.133-75].
TUSTIN, F., *Le Trou noir de la psyché*, Paris, Seuil, 1989.

Um caso de D.W. Winnicott:
A pequena Piggle
ou a mãe suficientemente boa

F.-X. Moya-Plana
A.-M. Arcangioli

Uma menina num momento caótico
Piggle apresentada por seus pais
Início da análise
*Comentário teórico: elaboração
da fantasia da "mamãe preta"*

❖

***Exploração das representações que
estavam na origem das angústias***
A continuação da análise
*Comentário teórico: da "mamãe preta"
à mamãe "suficientemente boa"*

❖

A resolução dos distúrbios clínicos
O término da análise
*Comentário teórico: a capacidade
de reparação e a resolução da transferência*

❖

Conclusão

❖

Seleta bibliográfica

Exortamos o leitor a ler este capítulo referindo-se ao livro de D.W. Winnicott.*

O texto sobre a pequena "*Piggle*" compõe-se da reprodução literal das anotações feitas por Winnicott ao longo de todo o tratamento. Essas notas e comentários descrevem o tratamento, à medida que ele se vai desenrolando. Trata-se de uma narrativa em que vemos duas pessoas trabalhando e brincando com muita intensidade e prazer, sem nunca esquecerem o objetivo a ser alcançado. Esse documento evidencia o refinamento clínico de Winnicott e sua maneira sumamente criativa de conduzir essa psicanálise de criança.

Os pais entraram em contato com Winnicott em janeiro de 1964, quando a menina tinha dois anos e quatro meses; ao final do tratamento, ela estava com cinco anos. Portanto, a análise estendeu-se por dois anos e meio. Piggle morava longe de Londres, e por isso os encontros entre os dois — dezesseis consultas, ao todo — foram espaçados por intervalos durante os quais os pais escreviam ou telefonavam para o analista, a fim de lhe comunicar o estado da menina. Os pais, pertencentes a

---

* *La petite "Piggle". Traitement psychanalytique d'une petite fille*, Paris, Payot, 1980 [*The Piggle. Relato do tratamento psicanalítico de uma menina*, Rio, Imago, 1979].

um meio de intelectuais, tinham conhecimento do campo psicoterapêutico. A propósito do trabalho com eles, Winnicott observou: "*Os pais nunca perderam a confiança e não interferiram.*"

O tratamento analítico começou em 3 de fevereiro de 1964. Levando em conta o material abundante proposto por Winnicott, não é viável fazermos uma apresentação exaustiva da análise. A partir de uma representação centrada na "fantasia da mamãe preta", escolhemos três momentos decisivos: seu aparecimento, sua evolução e seu desaparecimento.

Na evolução deste trabalho analítico destacaram-se três partes:

— A primeira, que testemunha o estado caótico particularmente intenso em que se encontrava a menina. Nosso comentário teórico se apoiará nos seguintes temas: o objeto transicional, a elaboração da fantasia da "mamãe preta" e a dinâmica da análise.

— Numa segunda parte, poderemos apreciar o empenho com que Gabrielle se implicou num trabalho sobre ela mesma, e como, com a ajuda de Winnicott, empenhou-se na exploração das representações que eram fontes de angústia. O comentário dirá respeito à técnica terapêutica de Winnicott na análise, para ajudar Gabrielle a se livrar da "mamãe preta" em prol de uma mãe suficientemente boa.

— Numa terceira parte, poderemos acompanhar Gabrielle na resolução de seus distúrbios psíquicos, que caminhou *pari passu* com sua capacidade de se separar de Winnicott e, com isso, pôr um ponto final na análise. O comentário teórico insistirá nos processos psíquicos que entram em jogo nessa fase terminal do tratamento.

❖

Para situar brevemente o percurso profissional de Winnicott, convém lembrar que, a princípio, foi como pediatra que ele trabalhou, antes de se orientar para a psicanálise. Em articulação com sua prática de psicanalista, ele ocupou durante quarenta anos, num serviço hospitalar, o cargo de consultor em pediatria e, mais tarde, em pedopsiquiatria.

Ao longo de sua carreira, Winnicott foi freqüentemente solicitado a fazer conferências diante de platéias variadas: médicos, assistentes sociais e professores. Fez também uma série de programas de rádio na BBC a respeito das crianças.

Sua atividade profissional, muito densa, não o impediu de se interessar pelas artes e pela vida social e política. Ele ainda estava em plena atividade ao morrer, em 1971, aos 74 anos de idade, cinco anos depois de haver terminado o tratamento analítico da pequena Piggle.

❖

Uma menina num momento caótico

Piggle apresentada por seus pais

Em 4 de janeiro de 1964, os pais de Gabrielle escreveram a Winnicott uma carta da qual fornecemos aqui alguns excertos gerais: "*O senhor tem tempo para ver nossa filha Gabrielle, de dois anos e quatro meses de idade? Ela tem preocupações que a mantêm acordada à noite e que, às vezes, parecem afetar sua vida em geral e seu relacionamento conosco, embora isso nem sempre aconteça.*

Aqui estão alguns detalhes. É difícil descrevê-la quando bebê. Ela sempre pareceu muito mais uma pessoa formada, dando a impressão de dispor de grandes recursos internos. Não há muito a dizer sobre seu aleitamento, que transcorreu de maneira fácil e natural; o mesmo com relação ao desmame. Ela foi amamentada no seio materno durante nove meses. (...) Desde muito cedo demonstrou sentimentos muito apaixonados em relação ao pai e uma certa arrogância em relação à mãe.

Nasceu-lhe uma irmãzinha (atualmente com sete meses) quando ela estava com vinte e um meses, o que considerei cedo demais para ela. Isso, e também nossa ansiedade a esse respeito, parece ter-lhe causado uma grande transformação.

Ela se aborrece e fica deprimida com facilidade, o que não se notava antes (...). A angústia intensa e o ciúme manifesto da irmã não duraram muito tempo, não obstante a grande intensidade de sua angústia. (...) Com relação à mãe, cuja existência ela antes parecia quase ignorar, Gabrielle demonstra maior afeição, se bem que, às vezes, também maior ressentimento. Tornou-se claramente mais reservada com o pai.

Não tentarei dar-lhe maiores detalhes a respeito, mas apenas contar-lhe as fantasias *que a fazem gritar por nós até altas horas da noite.*

A primeira é: ela tem um papai preto e uma mamãe preta. A mamãe preta vem atrás dela à noite e diz: 'Onde estão os meus mamás?' (...) Às vezes, a mamãe preta coloca-a dentro da privada. A mamãe preta, que mora em sua barriga e com quem se pode falar pelo telefone, está sempre doente, sendo difícil tratá-la.

A segunda fantasia, que começou mais cedo, refere-se ao 'bebê-car'. Todas as noites, ela pede, repetidamente: 'Me fala do bebê-car, tudo sobre o bebê-car.' A mamãe preta e o papai preto estão freqüentemente juntos no bebê-car, ou então, há um homem sozinho. (...)
(...) Desta vez, entretanto, pensamos em recorrer ao senhor, pelo receio de que ela venha a se acomodar e a se tornar insensível a sua angústia, como única maneira de enfrentá-la. (...)"

Início da análise

Winnicott tinha 67 anos, e Piggle, dois anos e quatro meses, quando se encontraram pela primeira vez. Ela chegou acompanhada de ambos os pais. O analista observou que era uma garotinha de ar sério, que obviamente estava ali para trabalhar.

Winnicott levou-os até a sala de espera e, em seguida, pediu a Piggle que o acompanhasse a seu consultório; ela hesitou e disse à mãe: "*Eu sou tímida demais!*", ao que Winnicott pediu que a mãe a acompanhasse e não fizesse nada para ajudar a filha.

Logo de saída, Winnicott situou a relação no seio de uma área de brincadeiras. Mal eles se reuniram na sala, Winnicott brincou muito com um ursinho de pelúcia que estava no chão, perto da escrivaninha, e em seguida foi instalar-se no fundo da sala, sentou-se no chão e pôs-se a brincar com os outros brinquedos, de costas para Piggle e sua mãe. Disse então: "*Traga o ursinho para cá. Quero mostrar os brinquedos a ele.*" Piggle levou-o imediatamente, para lhe mostrar os brinquedos.

Passados cinco minutos de brincadeira, a mãe retirou-se discretamente e voltou para a sala de espera.

Assim se estabeleceu o contato entre Winnicott e Piggle. A menina começou a brincar com os brinquedos desarrumados e dizia, a cada vez que apanhava um deles, denominando-o: "*Eu tenho um...*" Foi então que repetiu várias vezes: "*Aqui está outro, e aqui, outro*", pegando os vagões de carga dos trenzinhos.

Winnicott tomou isso como um início de comunicação e entrou no jogo: "*Outro bebê, o bebê Sush*" (era assim que Piggle chamava a irmãzinha, Susan). Diante desse comentário, ela começou a lhe contar suas lembranças da época em que a irmã caçula viera ao mundo, sem conseguir estabelecer uma diferença entre ela mesma e Susan: o bebê que comia e dormia no berço era, ao mesmo tempo, Piggle e Susan.

Depois, Piggle apanhou uma pequena lâmpada elétrica em que estava desenhado o rosto de um homem e disse: "Desenha homenzinho." Em seguida, começou a arrumar tudo dentro das caixas: "*Eu tenho que arrumar tudo, não posso deixar uma bagunça aqui.*" Depois de guardar tudo nas caixas, até o menor dos objetos, concluiu: "*Arrumei tudo.*"

E assim terminou essa primeira consulta.

— *Os pais escrevem a Winnicott.* No período seguinte à consulta, os pais escreveram a Winnicott para lhe comunicar os seguintes acontecimentos: Piggle vinha tendo muita dificuldade de dormir, por causa do "bebê-car"; andava muito mais "desobediente", esperneando e gritando na hora de se deitar.

Ela dizia coisas estranhas, como "*O bebê-car passou o preto de mim para você e por isso eu tenho medo de você*", "*tenho medo da piggle preta*" e "*eu sou má*". Sentia medo da "*mamãe preta*" e da "*piggle preta*" "*porque eles me fazem ficar preta*".

Pouco tempo depois, ela contou que a "*mamãe preta*" havia arranhado o rosto de sua mãe, arrancara-lhe os "*mamás*", sujara-a toda e a matara, sempre dizendo ter tido uma mamãe boazinha quando era bebê.

— *O bebê-car.* A segunda consulta ocorreu um mês depois. Piggle dirigiu-se diretamente para os brinquedos e tornou a pegar a lâmpada da vez anterior, onde estava desenhado o rosto, dizendo a Winnicott: "*Faz ela vomitar.*" Winnicott desenhou uma boca na lâmpada.

Piggle pegou um brinquedo redondo, perfurado no centro, e perguntou: "*O que é isso?*", e "*Você conhece o bebê-car?*" Por duas vezes Winnicott lhe pediu que dissesse o que era isso — "Será que é o carro da Piggle? Será o carro do bebê?" —, mas sem nenhum sucesso.

Winnicott propôs-lhe então uma interpretação: "*O bebê-car é o lado de dentro preto da mamãe. É de onde vem o bebê quando nasce.*" Aliviada, Piggle respondeu: "*Sim, é o lado de dentro preto.*"

Logo em seguida, ela pegou um balde e o encheu de brinquedos até transbordar, deliberadamente. Winnicott tentou várias interpretações, e a que pareceu ter mais sucesso foi: "*O balde é a barriga do Winnicott, e não um interior preto, porque a gente pode ver o que está lá dentro; os bebês são feitos quando se come com gula, mas isso faz adoecer.*"

Foi então que ganhou forma uma *brincadeira compartilhada*: Winnicott tornou-se o bebê de Piggle, um bebê muito voraz, que gostava muito dela, sua mãe. E que tinha comido tanto que estava vomitando.

Piggle aprovou e propôs uma encenação pessoal da voracidade: apanhou uma caixa onde havia animais de brinquedo, tirou os dois maiores, um carneiro e um veado de lã, e os pôs para comer os animaizinhos que haviam ficado na caixa.

Winnicott voltou à carga: "*Sou eu o bebê da Piggle, que vim de dentro da Piggle, nascido da Piggle, muito guloso, muito forte, que come os pés e as mãos da Piggle.*"

Pouco depois, ela foi ver o pai [na sala de espera]. Voltou depois de cinco minutos, encontrou Winnicott ainda sentado no chão, perto do balde repleto de brinquedos, e perguntou: "*Posso ficar com um brinquedo? Só um?*" Winnicott respondeu: "*Winnicott bebê muito voraz, quer todos os brinquedos.*"

Piggle tornou a ir ao encontro do pai, dizendo: "*Bebê quer todos os brinquedos*", e acrescentou, ao voltar: "*Agora o bebê Winnicott tem todos os brinquedos. Vou ficar com o papai.*" Nisso, Winnicott retrucou: "*Você tem medo do bebê Winnicott voraz, o bebê que nasceu da Piggle, que gosta da Piggle e quer comê-la.*"

A menina voltou para junto do pai, a quem Winnicott pediu que entrasse no consultório. Ele se sentou e pôs a filha no colo; uma nova brincadeira ia começar.

"*Eu também sou um bebê*", anunciou a menina, e desceu de cabeça por entre as pernas do pai, como se estivesse nascendo. Essa brincadeira deu margem a uma viva discussão entre Winnicott e Piggle:

"*Eu quero ser o único bebê. Quero todos os brinquedos*", disse Winnicott.

"*Você tem todos os brinquedos*", ela respondeu.

"*Sim, mas eu quero ser o único bebê, não quero saber de outros bebês*", insistiu Winnicott. (Enquanto isso, ela havia tornado a subir no colo o pai e "nascera" de novo.)

"*Eu também sou o bebê*", insistiu Piggle, por sua vez.

"*Será que é para eu ficar com raiva?*", perguntou Winnicott.

"*Ah, sim!*", respondeu a menina.

Imediatamente, Winnicott fez um estardalhaço, derrubou os brinquedos, deu socos nos joelhos e retrucou: "*Eu quero ser o único bebê.*"

Finalmente, Piggle endireitou-se e disse: "*Eu sou um leão*", e fez barulhos de leão. Era uma boa resposta para a voracidade do bebê Winnicott, que queria ter tudo e, ainda por cima, queria ser o único bebê.

A sessão terminou pouco depois, com Winnicott achando que Piggle havia encontrado o que fora procurar ao ir até lá.

Depois dessa segunda consulta, os pais assinalaram que a hora de dormir continuava inquietante: ela se sentia muito perseguida pela "mamãe preta", tinha pesadelos e só dormia altas horas da noite.

A *terceira consulta* compôs-se essencialmente da repetição das brincadeiras, de temas já abordados na sessão anterior.

Nos dias que se seguiram à terceira consulta, os pais transmitiram a Winnicott novas preocupações de Piggle.

De vez em quando, a menina praticava atos de agressão repentinos, como atirar uma pedra na cabeça da mãe ou bater com muita força na mão da irmã Susan, dizendo: "*Sua cabeça está quebrada, mamãe?*", "*A mão da Susan está doendo?*", ou então "*Me dá uma agulha para eu consertar meu cobertor*". A mãe lhe perguntou: "*Será que você quer consertar minha cabeça?*", e Piggle respondeu: "*Não posso consertar você, mamãe, você é muito dura.*"

Um mês e meio depois, Piggle voltou ao consultório de Winnicott; estava com dois anos e oito meses. Ao chegar, foi diretamente à pilha de brinquedos e declarou, espontaneamente: "*Eu vim por causa do bebê-car.*"

Durante algum tempo, brincou sozinha com os brinquedos e, um pouco depois, saiu da sala para ir pedir ao pai que a levasse embora. O pai se opôs e Winnicott lhe pediu que entrasse na sala com Piggle. Então, ela subiu no colo do pai, para repetir incansavelmente a brincadeira de ser um bebê que nascia do papai. Diante desse comportamento, Winnicott disse à menina que era importante que seu pai estivesse presente quando ela sentisse medo de ficar sozinha com seu terapeuta.

A menina mostrou-se muito confiante em relação ao pai, e Winnicott lhe assinalou que ela estava com medo por causa da brincadeira em que ele se transformava na Piggle zangada. E insistiu: "*Eu sou a Piggle com raiva, e Piggle é o bebê que nasceu usando o papai no lugar da mamãe.*" "*Não*", respondeu a menina. Nesse momento, Winnicott lhe disse: "*A Piggle quer o papai só para ela, de modo que a mamãe fica preta, quer dizer, preta de raiva.*"

Quando a sessão terminou, Piggle mostrou-se muito amável com Winnicott, estando muito contente e à vontade. Foi no fim dessa sessão que o analista se perguntou como chamá-la a partir desse momento; "*Gabrielle ou Piggle?*"

De volta a casa, a menina passou por momentos de depressão e destrutividade, alternados com momentos em que era equilibrada, muito limpa e arrumada. Teve um sonho, a propósito do qual contou: "*As sementes brotaram, mas só um pouquinho, por causa das coisas ruins do lado de dentro."*

Comentário teórico: elaboração da fantasia da "mamãe preta"

Como uma etapa prévia ao comentário sobre essas três sessões, pareceu-nos útil transmitir algumas reflexões sobre o *objeto transicional* que estão ligadas a esse caso clínico.

Depois de ler a história da pequena Piggle, ficamos surpresos com o fato de Winnicott não haver utilizado o termo "objeto transicional", quando todo o seu trabalho com as crianças baseia-se, justamente, na constituição de um espaço transicional. Ao explicar aos leitores por que esse trabalho com Piggle foi necessário, talvez possamos elucidar esse pequeno enigma.

Antes disso, proponho que voltemos às linhas gerais traçadas por Winnicott para descrever esse objeto.

❖ *O objeto transicional.* Tal como Winnicott no-lo apresenta, esse objeto aparece, a princípio, como um consolador. Consola a criança de sua separação recém-vivenciada da mãe. Representando a mãe, ajuda-a a suportar as ausências dela. É dotado das qualidades da mãe dos momentos de calma, é prestativo e benevolente. Sua existência tangível ajuda a criança a passar da representação de um objeto que ela controlaria em suas fantasias para um objeto que controla na realidade. Essa dominação do objeto real prepara a criança para aceitar que a realidade externa existe independentemente dela.

Munidos dessa definição do objeto transicional, como devemos compreender sua ausência na história de Piggle?

Foi o cruzamento dos dados teóricos fornecidos por Winnicott com a evolução patológica de Piggle que nos levou a formular a seguinte hipótese: cremos que, na época em que a menina tomou consciência de sua separação física da mãe, ela sentiu dificuldade de assumir essa separação e a viveu como um abandono. Assim, afastou-se da mãe, a quem "tratava com arrogância", e se voltou para o pai, que se tornou seu principal objeto de amor. Esse pai, a quem nos é dito que ela amava apaixonadamente quando bebê, tornou-se uma boa mãe substituta. Mas, ao fabricar um novo bebê, o pai a abandonou. A chegada da irmãzinha demoliu o arranjo psíquico construído por Piggle. Foi-lhe então impossível conservar a imagem de uma boa mãe. Ela se viu privada de seu substituto materno benevolente, ou de um objeto que pudesse simbolizar essa mãe benevolente. Foi nesse momento que resvalou para a elaboração de uma fantasia assustadora. Nessa fantasia, tratava-se sobretudo de uma mãe preta e, vez por outra, de um "bebê-car", isto é, de um continente preto.

Quando os pais lhe propuseram trabalhar com o Dr. Winnicott, este lhe foi apresentado como "alguém que entende de bebê-car e de mamãe preta". Para perceber a que ponto Winnicott entendia de bebê-car e mamãe preta, faremos referência a suas concepções sobre o desenvolvimento da criança no período dos seis meses aos dois anos. Esse esclarecimento teórico nos permitirá acompanhar o desvio patológico da pequena Piggle, isto é, a elaboração da fantasia da mamãe preta, as imagens maternas que ela comportava e a natureza da agressividade que exprimia.

Vejamos, primeiro, o que acontece com a evolução da criança. Quando uma criança chega a aproximadamente seis meses de idade, seu desenvolvimento psíquico e físico a leva a fazer descobertas. Duas destas encontram-se mais particularmente na origem de muitos transtornos de sua organização psíquica.

Nessa época, a criança se conscientiza de que ela e a mãe são duas pessoas diferentes, duas pessoas fisicamente separadas. Em seguida, reconhece que seu bem-estar depende da mãe. Por razões que estão ligadas ao nível de desenvolvimento da criança, essa mãe, que se distinguiu dela, passa a ser objeto, em sua mente, de três representações. Três imagens maternas diferentes predominam em seu pensamento, alternadamente, cada qual correspondendo à dinâmica psíquica do momento.

❖ *As três imagens maternas*. A *primeira imagem* representa uma mãe satisfatória, prestimosa e disponível — em suma, viva e saudável. Ela predomina nos momentos de calma, de tranqüilidade, e também nos momentos em que a criança pequena sente uma tensão pulsional em que não há agressividade implicada.

A *segunda imagem* representa uma mãe má, frustrante e persecutória. Uma mãe que censura o bebê por obter satisfações à custa dela e por fazê-la adoecer. Essa imagem predomina nos momentos de tensão pulsional em que a agressividade da criança está implicada, em particular na hora das refeições, quando a criança pequena imagina que a satisfação de sua fome acarreta uma deterioração do corpo da mãe.

A *terceira imagem*, a mais complexa, representa uma mãe dotada de qualidades contrastantes, isto é, às vezes boa e gratificante, às vezes má e frustrante. Essa terceira imagem é o resultado da integração das duas imagens anteriores numa só.

Dito isto, voltemos à pequena Piggle. Em seus roteiros fantasísticos, figurava em primeiro plano uma "mamãe preta".

Examinemos esses roteiros, para discernir mais de perto as imagens maternas que eles comportam e a natureza da agressividade que exprimem. Para isso, sigamos Piggle no relato de suas fantasias.

❖ *Os roteiros fantasísticos da pequena Piggle.* A mamãe preta arranha a mãe da realidade, puxa seus "mamás" (seios), suja-a e a mata. Às vezes, essa mamãe preta reclama seus "mamás", que se encontram perfurados por buracos e jogados nas privadas. É como doente que a mamãe preta vive na barriga de Piggle, e é difícil fazê-la melhorar. Os personagens pretos contaminam e enegrecem quem se aproxima deles.

Essa é a essência dos relatos de Piggle.

Se tentarmos discernir as *imagens maternas* com que a menina se confronta, constataremos que duas imagens de mãe se sucedem de maneira caótica. A primeira a se impor é a imagem de uma mãe má, alternadamente perseguida e destruída, depois perseguidora e destruidora. Vez por outra, há uma tentativa de elaboração de uma imagem de mãe unificada, mas as coisas correm mal. A mãe má que é posta em contato com outras imagens, como a da mãe da realidade, por exemplo, contamina todo o mundo, e essas outras imagens, por sua vez, tornam-se destrutivas ou destruídas.

No que concerne à *natureza da agressividade* que está em pauta, os roteiros sobre os seios roubados e destruídos fornecem-nos elementos suficientes para considerarmos que essa agressividade é de natureza oral, e podemos até dar-lhe um nome: "*a voracidade*". É por esse caminho explicativo que Winnicott enverada.

Detenhamo-nos por um momento nessa idéia de voracidade. Ele nos informa que a voracidade é a marca de um desejo imperioso, insaciável, representado numa fantasia de esvaziar, esgotar, devorar o seio materno. Os roteiros fantasísticos construídos por Piggle constituem grandes indicadores para supormos que ela foi inteiramente tomada por uma voracidade intensa.

Essa voracidade, com suas conseqüências destrutivas, era impossível de reconhecer, de assumir. Somente uma fantasia de valor defensivo pôde ganhar forma, representando a destruição de Piggle e de seu meio. Foi a essa fantasia que Piggle pôde aceder no nível consciente, uma fantasia que a aterrorizava e lhe estragava a vida.

Como impedir esse desastre? Era esse o problema que Winnicott iria ajudá-la a resolver.

❖ *A exploração da voracidade nas consultas*. No decorrer das consultas, Piggle pôs em cena situações em que se exprimia uma intensa voracidade: os animais grandes comiam os pequenos, a lâmpada adoeceu por causa de sua boca enorme e o balde transbordava de brinquedos.

A voracidade tornava intolerável a idéia de dividir algo com outra pessoa, no caso, um bebê. Por isso, em suas brincadeiras, Piggle assenhoreou-se do nascimento potencial dos bebês com quem seria obrigada a dividir a mãe. Nas brincadeiras com o pai, os bebês nasciam a seu bel-prazer e, ao mesmo tempo, ela podia ser todos os bebês que nasciam.

Enquanto deixava a menina agir, Winnicott também tomou algumas iniciativas. Por exemplo, inventou uma brincadeira em que, por sua vez, ele se transformava num bebê voraz: um bebê que queria todos os brinquedos e a mamãe só para ele, um bebê que gostava tanto da mãe que chegava até a comê-la. Ao abrir esse espaço lúdico, Winnicott provocou a agressividade de Piggle e lhe mostrou um bebê voraz e, portanto, agressivo. A menina entrou na brincadeira de bom grado e, para enfrentar o bebê voraz, primeiro transformou-se em leão e, depois, pediu a proteção do pai.

A maneira como Winnicott conduziu o trabalho analítico permitiu que Piggle, através das brincadeiras, começasse a vislumbrar o desejo contrariado, situado no ponto de origem da "mamãe preta". A posição subjetiva, que consistia em ela se alimentar vorazmente da mãe, impedia a partilha com um outro. Nesse contexto psíquico, a chegada da irmãzinha foi vivida como uma catástrofe. A frustração então sentida por Piggle foi intolerável e desencadeou nela uma agressividade intensa, que, em sua mente, só podia ter conseqüências dramáticas para ela e para a mãe. Tão dramáticas que foi inevitável fazer surgir uma mamãe preta que fosse responsável por toda a agressividade — a de Piggle, sem dúvida, mas também a de todos com quem ela se relacionava.

Quando terminou essa primeira parte da análise, Piggle reconheceu que Winnicott a havia ajudado e, em suas próprias palavras, "*guardei a mamãe preta*". Assim se evitou a contaminação provocada pela mamãe preta, mas o problema criado pela destrutividade não foi completamente resolvido.

Embora, num sonho, as forças de vida houvessem feito uma tímida aparição — "*as sementes brotaram, mas só um pouquinho, por causa das coisas ruins do lado de dentro*" —, permaneceu intocada a questão de saber onde Piggle havia guardado a mamãe preta.

❖

Exploração das representações que estavam na origem das angústias

A continuação da análise

— "*Olá, Gabrielle.*" Foi assim que Winnicott recebeu a menina e passou a chamá-la desse momento em diante. Ela estava com três anos e três meses. A sessão começou com uma série de amabilidades dela: "*Isso é bom. Eu podia ter vindo aqui de tarde, não é? Ia ser bom*" ou "*Eu tenho um sapato novo bonito*"; e então, de repente, ela encadeou um dito sobre sua irmã Susan, que era chata e a atrapalhava o tempo todo. Gabrielle gostaria de um novo bebê que não chegasse perto e não levasse suas coisas. Continuou a falar de Susan, dizendo que as duas choravam quando ficavam com raiva, e Winnicott lhe disse que elas precisariam de quartos separados ou casas separadas, para evitar as brigas.

Então, Gabrielle pôde reconhecer que tinha medo da "*Susan preta*". "*Aqui eu brinco com os brinquedos do senhor. Odeio a Susan. É, eu odeio ela muito, só quando ela pega os meus brinquedos. Esta casa é muito bonita.*" A isso, Winnicott respondeu: "*Você odeia e gosta da Susan ao mesmo tempo.*"

Pouco depois, Gabrielle notou o retrato de uma menina de seis ou sete anos, no consultório: "*Olha que quadro lindo*", disse; "*é uma menina maior do que eu; ela é maior do que eu como eu sou maior do que a minha irmã Susan. Agora ela sabe andar sem segurar em nada e sabe levantar*" (e fez a demonstração, enquanto falava). O analista comentou: "*Então, agora ela não precisa da mamãe o tempo todo.*"

A sessão estava chegando ao fim e Gabrielle disse a Winnicott: "*Hmm... o senhor quer que eu arrume tudo?*"

E Winnicott lhe respondeu: "*Pode deixar por minha conta.*"

Gabrielle foi embora com o pai, deixando toda a desordem para Winnicott arrumar. Foi a primeira vez que se sentiu segura de que ele tinha a capacidade de suportar a bagunça e a sujeira.

De volta a casa, a "mamãe preta" se acalmou, mas apareceu uma "Susan preta": "*Ela vem me procurar de noite*", disse Gabrielle, "*porque gosta de mim, mas ela é* preta." Era evidente que o novo prenome que Winnicott lhe dera lhe convinha, e ela o demonstrou num comentário feito com os pais: "*Eu queria dizer ao Dr. Winnicott que meu nome é Gabrielle, mas ele já sabia.*" E o disse com muita satisfação.

— *Nona consulta*. Gabrielle entrou no consultório e se dirigiu sem hesitação para os brinquedos, deixando o pai na sala de espera. Estava com três anos e quatro meses.

Começou dizendo, a propósito da mamãe preta: "*Ela vem toda noite. Não posso fazer nada. Ela é muito exigente. Vem pra minha cama. Não posso encostar nela. Não, essa é a minha cama. Eu tenho que dormir nela. Papai e mamãe estão na cama num outro quarto. Não, essa é a minha cama, essa é a* mamãe preta."

Em seguida, imaginou uma história a propósito da irmã. Susan ficara triste porque Gabrielle ia a Londres. "*Oh! Quando a minha irmã grande vai voltar? A Susan precisa de mim para usar o peniquinho. Hoje de manhã (...) ela queria que eu tirasse uma coisa dela para ela fazer cocô. Eu fico muito preocupada toda noite. É a mamãe preta. Ela não toma conta das filhinhas.*"

Depois dessa longa confidência, Winnicott lhe disse: "*Você está falando da sua mãe e de como ela não sabia cuidar de você.*"

E Gabrielle exclamou: "*A mamãe sabe, sim. É a mamãe de rosto preto, horroroso, que não sabe.*"

"*Sua mamãe não entendia nada de bebês quando teve você, mas você lhe ensinou a ser uma boa mãe para a Susan*", disse-lhe Winnicott.

Dias depois, os pais telefonaram para Winnicott para lhe comunicar uma enorme mudança em Gabrielle: ela se tornara uma criança mais expansiva. Brincava com a irmãzinha e se sentia menos perseguida. Também se tornara mais carinhosa com a mãe e brincava com ela com freqüência.

— *Décima consulta*. Gabrielle estava com três anos e meio. O prazer de se separar da irmã e, portanto, de ter Winnicott só para si a angustiava, e ela expressou isso. Falando de Susan, disse: "*Eu quero destruir quando construo alguma coisa. Mas ela não quer fazer isso. Ela tomava mamadeira com um bico. Primeiro, eu comecei a dar a mamadeira a ela, mas ela ia embora e não deixava. Ela é um bebê bonzinho.*"

"*Essa é razão de você gostar de vir aqui, para ficar longe dela*", retrucou Winnicott.

E Gabrielle prosseguiu, dizendo: "*Desculpa eu ter chegado cedo, mas eu não agüentava mais ficar em casa, porque estava com vontade de ver o Sr. Winnicott.*"

Pouco depois, ela pegou o veadinho de pelúcia que chamava de cachorro e retirou da barriga dele, tanto quanto pôde, a serragem que lhe servia de enchimento.

"*Olha só*", exclamou: "*ele fez muito brrrrrh na cesta e no tapete, o senhor se incomoda?*"

"*Não*", respondeu Winnicott.

Gabrielle pegou todos os brinquedos e os juntou numa pilha, ao que Winnicott lhe fez este comentário: "*Agora estão todos em contato uns com os outros, e nenhum está sozinho.*"

A propósito do veadinho esvaziado, ela disse: "*Seja bonzinho com ele, deixa ele beber o leite todo e comer toda a comida. Eu tenho que ir embora, vou deixar o senhor sozinho com toda a sujeira.*"

Comentário teórico: da "mamãe preta" à mamãe "suficientemente boa"

Optamos por fazer uma exposição bastante longa das consultas dessa segunda parte da análise, a fim de mostrar a riqueza das explorações feitas e o trabalho considerável de reorganização psíquica que se realizou.

Entretanto, para o comentário teórico, retomaremos a imagem da mamãe preta, que constitui nosso fio condutor. Essa imagem nos parece estar no cerne do núcleo patogênico que tanto fazia essa menina sofrer.

A consulta que deu início a essa segunda parte da análise foi marcada por um acontecimento. Winnicott recebeu a menina chamando-a por seu verdadeiro nome: *Gabrielle*. Cremos que, para ele, isso foi uma maneira de informá-la de que havia recebido a mensagem a propósito da "mamãe preta".

— A "*mamãe preta*" *foi guardada*. A "mamãe preta" foi guardada e Piggle, que havia ficado preta, foi ao encontro dela. As duas moravam num lugar psíquico dissociado da personalidade de Gabrielle. Nessa rearrumação, Piggle representava a parte má e destruída de Gabrielle, da qual era preciso separar-se. Através de seus ditos, Gabrielle confirmou essa explicação. Afirmou que todo o mundo era bonito, todo o mundo era bonzinho, inclusive ela, é claro.

No entanto, essa visão ideal de si mesma e dos outros revelou-se precária, e os medos ligados à destruição voltaram ao centro de suas preocupações. De fato, embora a "mamãe preta" tivesse sido guardada, não havia desaparecido do mundo de Gabrielle.

❖ *A "nova mamãe preta"*. Nessa ocasião, a "mamãe preta" aparecia de noite, para lhe tirar sua cama, e se apresentava como uma mãe muito ruim. Não sabia cuidar da filhinha e não entendia nada de bebês nem de crianças, mas, como esclareceu Gabrielle, a mãe dela sabia cuidar das filhas.

O lugar e o poder da "mamãe preta" modificaram-se. Essa mamãe ameaçadora passou então a pertencer ao domínio do sonho. Já não tinha uma influência nefasta no círculo de relações de Gabrielle. Seu poder de perseguição fora reduzido e canalizado. No entanto, não percamos de vista que a "mamãe preta" era o detalhe que encobria o conjunto e, no caso, a Gabrielle agressiva. Uma Gabrielle que enfim se manifestou abertamente. Aliás, numa das consultas, ela se entregou a uma atividade deliberadamente destrutiva.

❖ *Winnicott aceita a destrutividade*. Depois desse ato destrutivo, Winnicott lhe garantiu que não havia problema e que se arranjaria com os estragos que ela havia feito. Observe-se que, nesse momento, ele atribuiu um valor positivo às manifestações agressivas de Gabrielle. Para Winnicott, estas eram um sinal da confiança que a menina depositava nele e, portanto, ele pôde aceitá-las sem ser afetado pela sujeira e pela confusão que Gabrielle deixara. Segundo suas próprias palavras, Winnicott "*sobreviveu à destruição*". Obviamente, isso significa que continuou vivo, mas comporta também outras significações. Sobreviver era tolerar a agressividade de Gabrielle, não ser afetado por ela, mas era também não se ausentar por um tempo que ultrapassasse a capacidade da menina de manter uma representação viva dele; era ainda não praticar represálias, isto é, continuar a ter a mesma qualidade de presença em relação à menina. De fato, a análise continuou e Winnicott manteve sua atenção e sua disponibilidade. Continuou pronto a ajudar Gabrielle nas empreitadas difíceis, quer se tratasse da manipulação de coisas, de idéias ou de sentimentos.

❖ *A mãe suficientemente boa*. Winnicott mostra-nos aqui um terapeuta que se porta como uma mãe *suficientemente boa*, isto é, uma mãe que sobrevive à agressividade dos filhos. Como a mãe pode fazer na realidade cotidiana, Winnicott, através de sua atitude, ajudou Gabrielle a reconhecer seu ódio e a assumir a culpa acarretada por ele. Ajudou-a a imaginar que ela podia restringir e até reparar os efeitos de sua destrutividade, mediante fantasias positivas e atos construtivos, reparadores.

Todavia, o relato clínico da terceira parte nos mostrará que, em sua função de "mãe que sobrevive", Winnicott revelou-se parcialmente falho.

❖

A resolução dos distúrbios clínicos

O término da análise

Depois de quatro meses de interrupção, Gabrielle voltou ao consultório de Winnicott pela décima segunda vez. Estava com quatro anos e um mês.

Dessa vez, o terapeuta estava sentado na cadeira, e não no chão, como de hábito. Gabrielle deu-lhe mostras de grande confiança ao aceitar essa mudança e, sentando-se no chão, foi a ilustração viva da capacidade de ficar sozinha na presença de alguém.

Winnicott abordou o tema do **preto**: "*Será que preto é o que você não vê?*"

"*Eu não consigo ver o senhor, porque o senhor é preto*", respondeu ela.

E o terapeuta replicou: "*Quer dizer que eu sou preto quando estou longe e você não consegue me ver? Então, você pede para vir me ver, e olha bem para mim, e eu deixo de ser preto.*"

"*Quando eu vou embora e olho para o senhor, o senhor fica todo preto, não é, Dr. Winnicott?*" indagou Gabrielle. E Winnicott lhe explicou: "*Por isso, depois de um certo tempo, você tem que me ver para me fazer ficar branco outra vez. Quando o intervalo é grande, você começa a se preocupar com a coisa preta que sou eu, depois de ficar preto, e não sabe mais o que é a coisa preta.*"

"*Sim*", respondeu ela, em tom convicto.

Depois dessa sessão, a mãe enviou ao analista uma carta ditada por Gabrielle, que nos mostra que, a partir daí, o Winnicott ausente deixou de ser um Winnicott ausente. Eis o conteúdo da carta:

"*Nós vamos mandar uma faca para o senhor cortar seus sonhos, e vamos mandar nossos dedos para levantar as coisas, e vamos mandar umas bolas de neve para o senhor lamber quando a neve chegar, e vamos mandar uns lápis de cor para o senhor desenhar um homem. Vamos mandar um terno para o senhor usar quando for para a faculdade.*

Lembranças para as suas flores e as suas árvores e os peixes do seu aquário.

Com carinho, Gabrielle."

— Décima terceira consulta. Assim que chegou, Gabrielle pôs-se a trabalhar, isto é, a brincar. Enquanto manipulava os trenzinhos, disse: "*Olhe, isso soltou do trem, eu sei consertar sozinha*", e foi o que fez.

Winnicott lhe respondeu: "*Você sabe consertar as coisas, e agora não precisa de mim para consertá-las. Então, eu sou o Sr. Winnicott.*"

Gabrielle, continuando a separar os vagões de trem do amontoado em que eles estavam, explicou: "*O gancho soltou desse aqui. Eu estou consertando. Agora eu consigo mesmo botar ele no lugar de novo.*" Winnicott confirmou: "*Gabrielle também sabe consertar as coisas.*" Ela prosseguiu: "*Papai sabe consertar as coisas, nós dois somos espertos. A mamãe não é nada esperta. Na escola, eu fiz um trator pra mim. (...) Faz muito tempo que eu não vejo o senhor, e também não vou ver o senhor amanhã.*"

"*E você fica triste com isso?*", perguntou Winnicott. "*Fico. Eu gosto de ver o senhor todo dia, mas não posso, porque tenho que ir à escola. Preciso ir à escola.*"

"*Em geral, você vinha aqui para ser consertada, mas agora vem porque gosta. Quando vinha para ser consertada, você vinha, mesmo que tivesse de ir à escola, mas agora tem dentro de você um Winnicott que conserta, que você carrega de um lado para outro.*"

— Décima quinta e penúltima sessão. Passaram-se vários meses. Gabrielle está com quase cinco anos. Durante essa consulta, há um grande momento de brincadeira compartilhada, que será decisivo para o encerramento da análise. É Gabrielle quem propõe a brincadeira, e Winnicott aceita prontamente o papel que ela lhe atribui.

Eis a brincadeira: ela pegou um brinquedo que representava o personagem paterno e começou a maltratá-lo.

"*Eu estou torcendo as pernas dele*", disse.

"*Ai, ai!*", exclamou Winnicott, entrando no papel que Gabrielle lhe atribuíra.

"*Estou torcendo mais, agora um pouco o braço dele, e também o pescoço.*"

"*Ai, ai!*", continuou a gemer Winnicott.

E ela acrescentou: "*Agora não sobrou nada. Ele está todo torcido, e está com a perna quebrada, e a cabeça também, e o senhor não pode mais chorar. Eu vou jogar o senhor fora. Ninguém gosta do senhor.*"

"*Então, eu nunca vou poder ver a Susan*", retrucou Winnicott, e prosseguiu: "*Assim, o Winnicott que você inventou era todo seu, e agora ele está acabado, e nunca vai poder ser de mais ninguém.*"

Ela insistiu em que Winnicott continuasse a chorar, mas ele protestou, dizendo que não havia sobrado nenhuma lágrima.

"*Ninguém nunca vai ver o senhor de novo. O senhor é médico?*"

"*Sim, sou médico, e poderia ser médico da Susan, mas o Winnicott que você inventou está acabado para sempre.*"

E Gabrielle exclamou: "*Fui eu que fiz o senhor.*"

Pouco depois, ela pegou uma folha de papel e espalhou cola no meio e em toda a volta, desenhando um quadrado.

"*Eu logo vou fazer cinco anos*", disse, querendo indicar a Winnicott que desejava terminar o tratamento enquanto ainda tinha quatro.

Winnicott respondeu: "*Eu também gostaria que nós acabássemos, para eu poder ser todos os outros Winnicott e não ter mais que ser esse Winnicott que você inventou para o tratamento.*"

Nesse ínterim, ela continuara a trabalhar com a cola, que se havia transformado numa uma espécie de "lápide" ou "monumento" para todos os Winnicotts que tinham sido destruídos e mortos.

Seguindo as instruções da menina, Winnicott pegou um pedaço de papel e desenhou uma Gabrielle, torcendo-lhe os braços, as pernas e a cabeça, e perguntou se estava doendo. Rindo, ela respondeu: "*Não, faz cócegas.*"

— *O último encontro entre Winnicott e Gabrielle*. Gabrielle já passava dos cinco anos quando chegou, três meses depois, para uma última consulta, que não transcorreu como as anteriores. Na verdade, mais pareceu a visita de uma amiga a um amigo.

Ela achou todos os brinquedos e se lembrou das brincadeiras passadas. Winnicott lhe disse: "*Você está se lembrando do que os brinquedos significavam para você quando era a pequena **Piggle**, em vez de uma **Gabrielle** grande.*"

Chegou a hora da partida, e Gabrielle estava pronta para ir buscar o pai. Era evidente que tinha gostado da visita.

À guisa de comentário final, Winnicott escreveu: "*Ela pareceu inteiramente natural ao se despedir, e tive a impressão de que era realmente uma menina de cinco anos, natural e normal no plano psiquiátrico.*"

Comentário teórico: a capacidade de reparação e a resolução da transferência

❖ *O Winnicott "preto"*. Durante essa parte final da análise, assistimos às últimas manifestações da "mamãe preta", representada na transferência para Winnicott. Constata-se, de fato, que o intervalo entre as consultas era longo demais para que Gabrielle guardasse uma representação de Winnicott vivo. Por conseguinte, ele se tornou preto, ou seja, destruído e destrutivo. No momento em que o Winnicott "preto" apareceu, o Winnicott analista forneceu a Gabrielle a chave dessa representação inquietante.

A carta então ditada por Gabrielle para o analista indica-nos que essa interpretação foi eficaz. Foi a um Winnicott bem vivo que Gabrielle se dirigiu, numa mensagem cheia de ternura e poesia.

❖ *A capacidade de reparação*. A consulta que se seguiu mostra que as dificuldades em função das quais Gabrielle fora ver Winnicott haviam encontrado uma solução. A menina passara a confiar em sua própria capacidade de reparar, de consertar. Assim, pôde reconhecer sua agressividade sem experimentar uma angústia intolerável, pois sabia restaurar o que havia danificado. Para consertar, não precisava mais do Dr. Winnicott. Além disso, dispunha de um Winnicott consertador que estava sempre a sua disposição, um Winnicott transformado num objeto muito bom, que era parte integrante de sua psique.

❖ *A resolução da transferência*. Por fim, assistimos ao que podemos considerar uma grande cena final, na qual Winnicott e Gabrielle se entregaram de bom grado a uma brincadeira que representava a resolução da transferência e da contratransferência. Acabaram com a vida de um Dr. Winnicott e de uma Gabrielle doente. Esses assassinatos recíprocos aconteceram sem remorso, sem culpa. No contexto da brincadeira, os dois deram livre curso a sua destrutividade. Ambos sabiam perfeitamente que as representações de uma Gabrielle doente e seu médico não tinham mais razão de ser, pois estava terminado o trabalho analítico.

Gabrielle tornou a ver Winnicott uma última vez, para se despedir. Eles evocaram lembranças dos tempos de Piggle e se separaram como bons amigos.

❖

Conclusão

Para encerrar esta exposição, parece-nos oportuno fazer um breve comentário aos leitores do livro *The Piggle*. As descrições clínicas e os instrumentos teóricos propostos por Winnicott aparecem ali em estado bruto.

Na verdade, somente uma leitura aprofundada pode tornar esse texto vivo e interessante. Assim, o leitor atento será amplamente recompensado pela riqueza do material clínico, teórico e técnico proposto nesse notável diário de uma análise que é *The Piggle*.

Em nosso estudo, escolhemos um eixo teórico-clínico que nos pareceu valorizar um aspecto do pensamento de Winnicott, qual seja, a acolhida da destrutividade do paciente pelo terapeuta, a fim de desativá-la através de sua simbolização.

Naturalmente, o relato de Winnicott comporta muitos outros temas, a partir dos quais se pode elaborar uma reflexão fecunda. A rigor, cada leitora ou leitor pode abrir para si um caminho pessoal nesse texto extremamente denso.

Seleta bibliográfica

WINNICOTT, D.W.,

De la pédiatrie à la psychanalyse, Paris, Payot, 1969 [*Da pediatria à psicanálise*, Rio de Janeiro, Francisco Alves, 1988].

Processus de maturation chez l'enfant, Paris, Payot, 1970 [*O ambiente e os processos de maturação*, Porto Alegre, Artes Médicas, 1983].

La Consultation thérapeutique et l'enfant, Paris, Gallimard, 1971 [*Consultas terapêuticas em psiquiatria infantil*, Rio de Janeiro, Imago, 1984].

Fragments d'une analyse, Paris, Payot, 1975.

Jeu et réalité, Paris, Gallimard, 1975 [*O brincar e a realidade*, Rio de Janeiro, Imago, 1979].

La Petite "Piggle". Traitement psychanalytique d'une petite fille, Paris, Payot, 1980 [*The Piggle — Relato do tratamento psicanalítico de uma menina*, Rio de Janeiro, Imago, 1979].

La Nature humaine, Paris, Gallimard, 1990.

La Crainte de l'effondrement et autres situations cliniques, Paris, Gallimard, 2000.

❖

ARCANGIOLI, A.-M., "Introduction à l'oeuvre de Winnicott", in J.-D. Nasio (org.), *Introduction aux oeuvres de Freud, Ferenczi, Groddeck, Klein, Winnicott, Dolto, Lacan*, Paris, Rivages, 1994, p.261-99 [*Introdução às obras de Freud, Ferenczi, Groddeck, Klein, Winnicott, Dolto, Lacan*, Rio de Janeiro, Zahar, 1995, p.177-201].

CLANCIER, A. e J. KALMANOVITCH, *Les Paradoxes de Winnicott*, Paris, Payot, 1985.
DAVIS, M. e D. WALLBRIDGE, *Winnicott*, Paris, PUF, 1992.
GEETS, C., *Winnicott*, Paris, Éditions Universitaires, 1981.
LAURENT, E., "Lire Gabrielle et Richard à partir du Petit Hans", *Quarto*, n°1, Bruxelas, Éditions J.-P. Gilson, 1981, p.3-20.
MANNONI, M., *La Théorie comme fiction. Freud, Groddeck, Winnicott, Lacan*, Paris, Seuil, 1978.
L'ARC, n°69, 1977.

Um caso de B. Bettelheim:
Joey ou o autismo

A.-M. Arcangioli
M.-C. Veney-Perez

História do caso clínico
*A chegada de Joey à Escola Ortogênica
Como curar Joey?
Um ano depois:
a instauração de uma ordem humana
Joey estabelece relações com seu meio
Dois anos depois:
"Eu me dei à luz"
Epílogo:
Em busca do tempo perdido*

❖

Os móbeis teóricos do caso Joey
*Autismo e esquizofrenia segundo Bettelheim
A origem do autismo segundo Bettelheim
A evolução de Joey durante a primeira infância*

❖

Conclusão

❖

Referências bibliográficas

❖

Seleta bibliográfica

> *Exortamos o leitor a ler este capítulo referindo-se ao livro de B. Bettelheim.**

A fortaleza vazia é um livro que expõe um trabalho terapêutico e uma reflexão sobre o autismo. Bruno Bettelheim nele registrou três casos, ou melhor, de acordo com sua expressão, três "histórias de caso". Três histórias de caso, três histórias de vida no cotidiano da Escola Ortogênica de Chicago, que descrevem o caminho percorrido por três crianças durante sua internação e atestam uma terapêutica específica empregada na Escola.

Disse Bruno Bettelheim: "*Num dos casos, nossos esforços foram abortados; o segundo, apesar de progressos notáveis, foi um fracasso em larga medida. O terceiro foi um sucesso relativo.*" Trata-se, respectivamente, de Laurie, Marcia e, por último, Joey.

É de Joey que falaremos aqui, embora, ao apresentar o citado livro, não nos encontremos apenas com Joey, mas também com Bruno Bettelheim: na verdade, é ele quem dá vida a Joey, é ele quem nos convida a acompanhar, um por um, os "fios condutores de seu desenvolvimento", e a "confiar em nossa empatia por Joey" para estabelecer vínculos e reconstruir a história.

---

* *La Forteresse vide*, Paris, Gallimard, 1967, p.301-418.

Como Bruno Bettelheim, tentaremos dar vida a Joey, conhecer *o Joey de Bettelheim*, obviamente através de uma nova história, mas com a presença viva das palavras do analista, suas expressões e suas próprias descrições.

Será um longo trajeto pelo tempo de vida de Joey, escandido em três momentos:

— sua chegada, aos nove anos e meio, à Escola Ortogênica, onde ele passou nove anos;

— sua partida, por volta dos dezoito anos e meio, a pedido dele, para ir morar com os pais;

— sua volta, três anos depois, para visitar a Escola.

Assim começa a história...

❖

História do caso clínico

Estamos nos anos sessenta. Hoje é um grande dia: três anos depois de a haver deixado, Joey, um rapaz de 21 anos, volta à Escola Ortogênica de Chicago para fazer uma visita ao médico e a todos os seus amigos. Ganhou esse presente dos pais, por ter-se diplomado na Escola Técnica.

Bruno Bettelheim o recebe.

"B.B.: *Diga-me, o que você sente ao rever a antiga escola?*

Joey: *Oh... eu me lembro de alguns momentos realmente maravilhosos, e também de momentos muito sofridos.*

B.B.: *E a vida? Ela não foi sofrida demais para você depois de nos deixar?*"

Joey fez a viagem sozinho para rever todos os que o haviam acompanhado durante aqueles longos anos. Lou, seu professor? Sim, ele pode vê-lo, que alegria! Lou ainda está na Escola. E Barbara, sua orientadora? Ah, não, não é possível... Infelizmente, ela se mudou para a Califórnia. E Fae, sua orientadora preferida, a primeira pessoa que conseguiu fazê-lo expressar seus sentimentos? Sim, Fae tem mesmo um lugar especial em suas lembranças. Ela não está mais na escola. Casou-se e teve um filho. Mas está morando em Chicago. Uma visita? Sim, é claro, isso pode ser arranjado, agora mesmo!

"B.B.: *E então, o que você sentiu ao rever a Escola?*

Joey: *Senti prazer e um bocado de angústia com a idéia de ter ido embora há tanto tempo...*
B.B.: *Você se lembra?*
Joey: *Sim, eu me lembro...*"

A chegada de Joey à Escola Ortogênica

Doze anos antes, na década de 1950, um menino de corpo franzino chegou à Escola Ortogênica; era pequeno para seus nove anos e meio, tinha os olhos negros carregados de tristeza e seu olhar vago não se detinha em nada... Era Joey.

Na época, era um menino desprovido de tudo o que consideramos como características infantis; também não tinha um comportamento vegetativo: cada gesto que fazia evocava a tensão de um cabo de aço prestes a se romper. Como um robozinho, ele parecia ser acionado por controle remoto. Mas era um robô habitado por um desespero total. Era preciso um esforço significativo, consciente e voluntário para considerá-lo uma criança: um instante de desatenção e ele escapulia para o nada.

Esse "menino-máquina" só tinha presença enquanto estava funcionando; quando parava, parecia não ter existência alguma. Enquanto estava "ligado", Joey tinha a faculdade de prender, de fascinar os que o olhavam em seu vazio, de monopolizar a atenção de todos e convencê-los de que era uma máquina. No instante seguinte, o mecanismo parava, tragava-o no nada, na inexistência, e depois recomeçava e passava para um regime cada vez mais acelerado, até o desfecho da seqüência, sob a forma de uma explosão pulverizadora.

Várias vezes por dia, a máquina se acelerava dessa maneira, e esse frenesi terminava no estouro em mil pedaços de uma válvula de rádio ou de uma lâmpada elétrica. Aliás, Joey tinha uma habilidade especial para furtar lâmpadas dos aparelhos da Escola, sem que ninguém percebesse.

"Craque! Explosão!", gritava. Chegado o momento de fazer "o mundo explodir", tudo estourava, desintegrava-se, extinguia-se: Joey, o mundo, a existência... Depois, não havia mais vida, mais nada.

Em muitas ocasiões e desde muito cedo, ele ia ao aeroporto, antes mesmo dos dezoito meses de idade. Seu pai estava partindo ou chegando, as hélices dos aviões giravam... aterrissagens, decolagens, trepidações, o ronco ensurdecedor dos motores... E sua mãe, o que sentia? Por quem? Naquele trovão atordoante? Angústia e alívio misturavam-se naquela barulheira... Agressões misteriosas de todas aquelas máquinas que giravam, giravam... "Craque! Craque! Explosão..." E depois, mais nada, o vazio.

Havia também o ventilador, as pás do ventilador que os pais lhe tinham dado com um ano de idade. Aparelho que ele desmontava e remontava incansavelmente. Essa atividade, que Joey exercia com uma destreza surpreendente para um menino daquela idade, havia chamado a atenção de seus avós, quando ele tinha cerca de um ano e meio. Na época, a mãe estava morando com eles, enquanto o marido, militar, encontrava-se numa missão ultramarina. Os avós foram os primeiros a se inquietar com o comportamento de Joey, que já não se interessava senão pelas máquinas e por eles só demonstrava indiferença.

Recuemos no tempo, até o início dos anos quarenta, em plena Segunda Guerra Mundial.

A mãe de Joey vivia uma grande tristeza: um homem por quem estivera apaixonada havia morrido num ataque aéreo. Pouco tempo depois, ela conheceu um militar, também ele marcado por uma história de amor infeliz. Os dois se casaram e tentaram apagar essas provações, levando uma vida social agitada. Foi então que nasceu Joey, um bonito bebê, forte e saudável. Em pouquíssimo tempo, entretanto, o menino começou a sofrer de cólicas. Passou a bater violentamente com a cabeça e a se balançar ritmicamente, de frente para trás e de um lado para outro.

A mãe, esgotada, angustiada com a idéia de ser uma mãe precária, deixava-o sozinho no berço durante a maior parte do tempo. A gravidez e o nascimento do filho haviam provocado em sua vida transtornos que lhe eram difíceis de suportar. É claro que ela prodigalizava ao filho os cuidados essenciais à sobrevivência, mas não conseguia acompanhá-los de uma presença terna, afetuosa e humanizadora. Joey chegou a um estado de completo vazio afetivo. E foi nesse nada que viveu seus primeiros anos. De certa maneira, era o bebê ideal para essa mãe: ela podia simplesmente ignorá-lo.

Em pouco tempo, sua linguagem, que se havia desenvolvido normalmente, tornou-se abstrata, desligada, despersonalizada. Aos quatro anos, Joey foi entregue a uma clínica de orientação de crianças emocionalmente perturbadas. A professora da escola maternal é que fora alertada por seu isolamento e pela única atividade a que ele se dedicava: remexer maquinalmente nas coisas.

Na clínica, formulou-se o diagnóstico de autismo e foi proposto um tratamento psicoterápico para Joey, assim como para ambos os pais. Joey fez algum progresso nos três anos que passou ali, mas não abandonou suas atitudes autistas. Falava por opostos, às avessas, e nunca usava os pronomes corretamente. Apesar de tudo, voltou a poder empregar o "eu" e a chamar a terapeuta e algumas crianças pelo nome.

Por volta dos seis anos, dois acontecimentos marcaram a vida do menino:

— sua saída da escola maternal especializada (ele havia ultrapassado o limite etário), sendo transferido para um severo internato religioso, onde passou cerca de três anos;

— o nascimento de uma irmãzinha, que veio coroar o novo equilíbrio do casal parental e a quem eram prodigalizados cuidados atenciosos.

Durante os três anos passados no internato, aniquilado pelo clima repressivo reinante, Joey perdeu grande parte de suas conquistas anteriores. Voltou para um mundo despersonalizado, renunciou a se servir dos pronomes pessoais, não falou mais das pessoas chamando-as pelo nome, e passou a se dirigir apenas à mãe, aos murmúrios.

Construiu novas defesas, invalidantes e obsessivas, às quais dava o nome de "suas precauções". Desse momento em diante, os medos e desejos só se expressariam através de máquinas, máquinas-anteparo entre ele e o mundo. Comer, beber, dormir e eliminar excrementos passaram a só se realizar com a ajuda de sistemas complexos. As "precauções" invadiram todos os campos de sua vida. Daí por diante, Joey ficou ligado num outro circuito, diferente do das relações humanas, do qual retirava sua energia: o circuito elétrico.

Seu estado deteriorou-se a tal ponto que ele teve de voltar para casa, enquanto aguardava ser admitido na Escola Ortogênica. A deterioração foi tamanha que Joey não conseguia mais dizer "mamãe". A palavra "papai" tornou-se impronunciável, a não ser soletrando: "Diga ao p.a.p.p.a.i. que...".

Ele ainda falava com a mãe aos sussurros, para tentar chamar sua atenção, mas em vão: ela dedicava todos os seus cuidados à filha caçula. Uma raiva destrutiva levou Joey a querer destruir a si mesmo, e ele cometeu uma grave tentativa de suicídio.

Como curar Joey?

Para Joey, a essa altura, ter afetos implicava o risco de ser destruído. Ele só poderia sobreviver defendendo-se de qualquer emoção. Essa insensibilidade vital lhe era assegurada exclusivamente pelo funcionamento das máquinas.

Portanto, foi uma máquina que foi recebida na escola, uma máquina tão fascinante que todos, inclusive as outras crianças e as serventes, respeitavam sua aparelhagem complicada e até a protegiam. Assim como um bebê tem que estar em contato com a mãe para mamar, Joey tinha que ser ligado na tomada para poder funcionar, em todos os momentos de sua vida.

Essa necessidade absoluta das máquinas mobilizava toda a sua atenção. Não apenas ele ocupava o espaço inteiro com suas peças mecânicas múltiplas e indispensáveis, como havia sempre uma ligação defeituosa e inadequada, que tornavam sua vida impossível. Na casa dos pais, sempre lhe forneciam os objetos necessários ao funcionamento de seu sistema. Na Escola, ainda que suas máquinas fossem levadas a sério, ele teria de enfrentar limitações sucessivas de suas exigências. Por exemplo, passadas algumas semanas, pediram-lhe que não mais levasse seu motor para o refeitório. Apenas uma lâmpada ou uma peça mecânica seria admitida, como testemunha representativa do aparelho completo.

Joey ficou desnorteado, enfurecido, mas teve que se render a uma evidência: as pessoas não cediam. Através dessa regra, provocou-se uma relação com os adultos, uma relação agressiva, é certo, mas que depois poderia tornar-se positiva. Tratava-se de encontrar para ele modos de agir que fossem menos perigosos e desgastantes, substituindo a utilização de seus aparelhos por ligações humanas. Mas Joey não renunciou às máquinas. Inventou outras, das quais se tornou dependente. Era absolutamente necessário que estivesse em contato com alguma coisa.

Muito tempo depois, quando sua confiança no ambiente estava consolidada, exigiram que ele se desfizesse de suas máquinas noutros momentos do dia; anunciaram-lhe que as lâmpadas quebradas não seriam substituídas e que ele não deveria mais explodi-las, se fazia questão de conservá-las.

Mas, ao cabo de dois meses, Joey não tinha mais lâmpadas. Passou então a fabricá-las, a partir de toda sorte de materiais: papel, cola, pedaços de barbante etc. Tornou-se ativo, um *homo faber*, criador dos utensílios e objetos de que precisava para sobreviver.

Um ano depois: a instauração de uma ordem humana

Nessa época, Joey admitiu que as lâmpadas também podiam lhe fazer mal, e que havia lâmpadas boas e ruins, úteis e nocivas. Pela primeira vez, instaurou-se uma certa ordem humana em seu universo de máquinas.

Reencontremo-lo em seu primeiro aniversário na Escola Ortogênica. Ele está aninhado nos braços de sua orientadora preferida, Fae, enquanto ela lhe dá de comer. Fala-lhe de seu acidente, de sua tentativa de suicídio. Pela primeira vez ele ousa falar de seus afetos com alguém, enquanto vivera até então no terror de ser destruído pelos outros, inventando ininterruptamente uma maquinaria mais complexa para afastá-los.

Dias depois, ao avistar sua orientadora, ele exclama: "Olhe, é a Fae!" É a primeira vez que chama alguém pelo prenome. Aproxima-se dela e até se permite querer que ela o trate como um bebê. Finalmente, aventura-se no mundo da relação!

Até esse momento, Joey não havia designado ninguém senão por expressões como "aquela pessoa", "a pessoa pequena" ou "a pessoa grande" (chamava a si mesmo de "a pessoa pequena"). Essas palavras eram inofensivas, ao passo que chamar alguém pelo nome era extremamente perigoso, como tudo o que lhe provocava emoções fortes.

Na época da Páscoa, Joey inventou uma brincadeira que chamou de "rastros de passagem": eram marcas de lama, pedaços de papel que ele sujava e depositava por toda parte. Essa brincadeira de pista inspirava-se no costume pascal norte-americano de as crianças seguirem pegadas de patas de coelho que as levam à descoberta de presentes.

Observe-se que o gesto simbólico de chamar a orientadora pelo nome ocorreu depois de um longo período de dificuldades de ele se separar de suas fezes. Quando Joey chegara à escola, essa função, desde que houvesse múltiplas "precauções", na verdade não criava problemas; estava mecanicamente ligada à da ingestão: comer servia para defecar, e a defecação estava a serviço da ingestão.

Ao longo dos meses, ele foi aos poucos renunciando a se considerar exclusivamente movido por máquinas e reconheceu a função de defecação como um processo natural. Isso não se deu sem uma angústia terrível acerca dos limites de seu corpo e de um medo pânico de perdê-lo durante a defecação. Joey passou a poder controlar o ato de evacuar, substituindo seus objetos onipotentes por uma simples lanterna de bolso, que ele acendia e apagava. Começou assim a experimentar a autoafirmação durante a defecação.

Durante meses, Joey arrastou por toda parte cestos de papel. Eles representavam privadas simbólicas, que ele utilizava como tais, ficando sentado neles durante horas antes de defecar, e que muitas vezes cobria de pontapés encolerizados. Ao mesmo tempo, expressava as fantasias que o habitavam, descrevendo-as, contando-as e desenhando-as: desde dinossauros que produziam fezes gigantescas até poços de petróleo de onde jorrava um líquido preto e viscoso, imensas diarréias que inundavam o mundo.

Suas fantasias eram acolhidas e escutadas pelas orientadoras, mas com uma restrição: suas brincadeiras ficavam circunscritas à tina de areia, na tentativa de limitá-las à manipulação de lama e areia, como nas brincadeiras infantis. Joey aceitou e brincava na lama, com ou sem sua orientadora, até a invenção da brincadeira dos "rastros de passagem".

Joey estabelece relações com seu meio

Nessa ocasião, ele passou a chamar pelo nome os três seres que lhe eram mais próximos: Fae, Barbara e Lou, suas duas orientadoras e seu professor. Em alguns momentos, considerava-os como pessoas, sentia-se atraído por eles e, por conseguinte, ameaçado. Protegia-se disso fingindo viver em Marte, Júpiter ou qualquer outro planeta, "a uma distância intersideral". Mas sentia-se capaz de estabelecer uma relação íntima com alguém e, assim, inventou "Kenrad".

"*Hoje aconteceu uma coisa: vi uma das pessoas pequenas no banheiro. Eu sabia o nome dessa pessoa pequena, dei uma espiada por baixo da porta. Enquanto ele fazia cocô, houve um grande clarão e uma explosão.*" Tratava-se de Ken, três anos mais velho do que Joey. Imediatamente, ele se tornou "Kenrad", nome que desde então passou a ser aplicado à lanterna e a Ken.

Kenrad, o menino-lanterna, era venerado por Joey, sendo a primeira "pessoa pequena" a quem ele se referiu pelo nome. O menino ficou envaidecido com essa súbita idolatria e se prestou a ela de bom grado. Mas o Ken da realidade não tinha muito interesse para Joey: o Kenrad imaginário é que foi seu deus durante seis meses.

Joey pôs todo o seu poder de destruição nas mãos de Kenrad, o que o poupou de ter que cometer, ele mesmo, atos de violência. Esse *alter ego* poderoso e destruidor esteve na origem de todos os acontecimentos — sobretudo os desagradáveis — que se produziram no mundo de Joey na escola. Diarréia? Ora, era do Kenrad! Quando faziam com Joey alguma coisa que lhe desagradava, era Kenrad que podia pôr fogo na escola, no mundo inteiro! À medida que os poderes de Kenrad aumentavam, Joey sentiu que estava começando a não prestar para nada. Desesperou-se com suas próprias insuficiências e admitiu melhor sua miséria extrema. Entretanto, era uma afeição sem futuro: as crianças não o deixavam manter uma relação humanizante e Joey ficou mais isolado do que nunca.

E então chegou Mitchell. Dessa vez, Joey teve um sonho: "*Eu estava no banheiro dos meninos com o Mitchell. Ele estava sentado na privada e fazia cocô, e eu estava ajoelhado na frente dele.*"

Decorrido algum tempo, um menino que vinha passando bem e que, aliás, estava se preparando para deixar a escola, foi muito gentil com Joey. Era Mitchell. Joey o chamou pelo nome e o considerou uma pessoa de verdade. Mitchell tornou-se onipotente a seus olhos, só distribuindo coisas boas, enquanto os poderes de destruição continuaram entregues a Kenrad. Houve então uma divisão dos poderes em "bom" e "mau", e havia lanternas boas e más: o mundo se diferenciou. Para Mitchell e para si mesmo, Joey criou uma família: os "Carr", ou seja, uma "família-automóvel". O carro tinha muito interesse, pois nele era possível ocupar lugares diferentes: motorista ativo e passageiro passivo. Mas, acima de tudo, era uma família boa, na qual não se produzia nenhum acontecimento nefasto. Assim, tendo adquirido uma boa família imaginária, Joey pôde lembrar-se melhor de sua verdadeira família e até criticar os pais, sem se sentir em perigo.

Mitchell foi a primeira pessoa de quem ele tirou forças, embora, é claro, sob a forma de energia elétrica, tocando certos objetos que supostamente galvanizavam Mitchell: seu prato, seu copo etc. Mais tarde, Joey comeu no prato de Mitchell, atreveu-se até a tocá-lo, subir nele ou afagá-lo.

Aos poucos, ele substituiu os circuitos elétricos pela intimidade humana. Começou a encontrar energia e segurança na alimentação, a ponto de substituir as lâmpadas por bombons que levava nos bolsos. Chegou até a falar de outras crianças dizendo "eles".

Joey afastou-se de Kenrad e se aproximou de Mitchell: queria vestir-se como ele, ser grande como ele. "O Mitchell ia gostar disso!..." Interessando-se mais por uma pessoa real, passou a se preocupar menos com diarréias e máquinas.

Depois da partida de Mitchell e uma vez passado o choque, a família Carr tornou-se cada vez mais o esteio de suas fantasias. Dessa vez, Joey inventou um companheiro imaginário chamado Valvus. "Esse menino como eu", dizia, não era bom nem mau, nem totalmente poderoso nem totalmente impotente. Podia abrir-se e se fechar como uma válvula, ou seja, regular a si mesmo!

Dois anos depois: "Eu me dei à luz"

Estamos agora no segundo aniversário da chegada de Joey à escola; ele tem onze anos e meio. É uma data importante, que dá ensejo a uma grande festa. Ele chega até a autorizar as outras crianças a usarem seu nome. Envia-lhes uma mensagem com seu "telégrafo" e a assina.

Chega outra vez a Páscoa. Joey fica muito interessado nos ovos de Páscoa: começa a falar de ovos de galinha e a imitar pintinhos. Até fabrica uma incubadora grande, a ser aquecida pelas lâmpadas boas. Fala e escreve cada vez mais através de enigmas. A seu ver, a palavra "*chickenpox*" torna-se a mais importante do mundo. "*Quero construir um ninho do seu lado, vamos construir um ninho aí embaixo*", diz para Fae, levantando-lhe a saia. Aceita ser alimentado por ela na mamadeira, como um bebê, e ser ninado.

Já faz algum tempo que ele vive como um *papoose*, isto é, um bebê indígena [norte-americano], enrolado, dissimulado embaixo de uma coberta, e faz inúmeros desenhos que o representam como o "*papoose* de Connecticut". Com isso, atesta que não é mais um conjunto de fios e lâmpadas de vidro, mas uma pessoa englobada e protegida pelo vidro — como um pinto pela casca do ovo —, simultaneamente ligado e desligado. "*É uma pessoa numa lâmpada de vidro com comida.*" No dia em que descreve essa fantasia, ele se masturba pela primeira vez. Confiando no modelo da galinha, do pinto e da casca, parece acreditar que pode renascer, para construir uma relação emocional com o mundo.

Haviam-se passado dois anos e quatro meses desde a entrada de Joey na escola quando sucederam os seguintes acontecimentos. Durante seis semanas, ele fez desenhos que mostravam a evolução do misterioso "*chickenpox*". Ao mesmo tempo, comportava-se cada vez mais como uma galinha excitada, cacarejando, sacudindo-se e batendo os braços como se fossem asas. Finalmente, revelou que *"chickenpox"* era uma caixa dentro da galinha, na qual os pintos saíam dos ovos.* *"Nós saímos da casca a bicadas quando nascemos"*, disse, referindo-se a seu nascimento e ao de Valvus. *"Eu me botei como um ovo, saí da casca e me dei à luz."*

Joey já não era um aparelho mecânico, mas uma criança humana. Quando se deu à luz, tinha quase doze anos; era um recém-nascido de doze anos, que havia perdido muito tempo e tinha muita coisa a recuperar, embora já houvesse superado inúmeros obstáculos.

Epílogo: Em busca do tempo perdido

Os anos seguintes poderiam ser chamados de *Em busca do tempo perdido*. Mas Joey não conseguiu recuperar todas as etapas de desenvolvimento que havia perdido.

Quando se tornou capaz de sentir emoções, quando desejou ser amado e quis ser ator de sua própria vida, ele formulou o desejo de voltar a morar com os pais. Fazia nove anos que havia chegado à Escola.

❖

"B.B.: *Mas, diga-me, a vida não foi muito sofrida depois que você saiu daqui?*

Joey: *Ah, eu senti um bocado de angústia para entrar numa vida nova e fazer as coisas por mim mesmo. Por exemplo, lembro-me da época em que eu achava que precisava de alguém para me ajudar a fazer amigos. Agora, eu me arranjo sozinho.*

(...) Em breve vou continuar os estudos, arranjar um emprego e ganhar meu próprio dinheiro. E vou comprar minhas próprias roupas e as coisas de que precisar.

(...) Eu realmente me tornei capaz de falar com as pessoas sobre os meus sentimentos com mais facilidade (...), na hora em que começo a ter um sentimento, e não depois de esperar uma porção de tempo.

---

* Ou seja, o termo seria uma corruptela do neologismo *chicken box* (caixa de galinha), e não propriamente *chickenpox*, que significa varicela ou catapora. (N.T.)

B.B.: *Bem, muito obrigado, Joey. Será que você quer me dizer mais alguma coisa? Não? Eu lhe agradeço muito, Joey.*
Joey: *Por nada.*
B.B.: *E espero que volte a nos visitar um dia desses.*"

Joey retirou-se da Escola, levando as duas coisas mais preciosas que fizera questão de mostrar a todo o mundo: seu diploma da escola técnica e um aparelho que ele mesmo havia construído, e que carregava triunfalmente. Era um aparelho cuja função era transformar a corrente alternada em corrente contínua.

❖

Os móbeis teóricos do caso Joey

Autismo e esquizofrenia segundo Bettelheim

Nos Estados Unidos, na época em que Bettelheim redigiu *A fortaleza vazia*, o diagnóstico de esquizofrenia era feito na maioria dos casos de psicose, quer se tratasse de crianças ou de adultos. Esquizofrenia era praticamente sinônimo de delírio e de insanidade aguda ou crônica. Bettelheim adotou esse uso extenso do diagnóstico de esquizofrenia. Mesmo sabendo que uma classificação nunca abrangia a complexa riqueza da realidade clínica, distinguiu três níveis na esquizofrenia:

— No nível mais baixo, o sujeito deixa de agir por si e também não reage a seu meio. Desinveste todos os aspectos da realidade interna e externa. É o caso da criança autista muda.

— No nível intermediário da esquizofrenia situa-se o sujeito que, até certo ponto, ainda age, embora seus atos não estejam de acordo com suas tendências inatas. Todos os seus atos são motivados pela angústia de morte, que é onipresente em sua realidade interna. Por outro lado, como ele retira o investimento da realidade externa, não pode haver uma interação com essa realidade. É o caso da criança autista não muda. Joey estava nessa categoria.

— No terceiro nível da esquizofrenia encontramos o sujeito que age sobretudo em função de uma realidade interna superinvestida, como prisioneiro de um combate extremamente violento com o mundo externo, que parece hostil e esmagador. Para Bettelheim, essa é a forma menos grave de esquizofrenia.

No começo de sua história, Joey encontrava-se no estágio intermediário; graças ao tratamento de que se beneficiou na Escola, atingiu esse terceiro escalão, chegando assim a uma cura relativa.

A origem do autismo segundo Bettelheim

Num primeiro momento, examinaremos as principais referências teóricas elaboradas por Bettelheim para pensar no autismo de Joey, mas não esperem a exposição de uma teoria muito desenvolvida. Em primeiro lugar, Bruno Bettelheim era um homem do trabalho de campo, mais clínico do que teórico: um clínico cuja prática inspirava-se sobretudo em princípios filosóficos. Além disso, ele tinha plena consciência dos limites de seu saber. Logo nas primeiras páginas de *A fortaleza vazia*, adverte o leitor para o fato de que, na situação atual dos conhecimentos de que se dispõe, é preciso aceitar o risco da ambigüidade e da contradição quando se aborda o autismo. E, de fato, veremos o pesquisador Bettelheim às voltas com dificuldades, quando tenta identificar uma etiologia psicogenética da doença.

Para esse autor, o autismo se origina no encontro defeituoso de um ser com o mundo externo, nos primeiros dois anos de vida. Durante esse período da vida, como sabemos, são os pais, e mais especialmente a mãe, que representam o mundo circundante aos olhos da criança. Para que a criança pequena sinta o desejo de se relacionar com esse mundo, e para que possa desenvolver sua personalidade, suas primeiras trocas e contatos devem colocar-se sob o signo da mutualidade.

Mas, que entendemos por mutualidade? Ela é tudo o que caracteriza uma relação em que cada um age relacionando-se com o outro. Segundo Bettelheim, é a falta de mutualidade no encontro com a realidade externa que constitui o fator principal do retraimento autístico, temporário ou crônico, da criança pequena. Assim, ele procura esclarecer os respectivos papéis desempenhados pelos dois personagens fundamentais nessa ausência de mutualidade: o bebê e a mãe. Num primeiro momento, Bettelheim extrai as conseqüências dessa falha pelo lado da mãe.

❖ *Falta de mutualidade.* Bettelheim mostra como, diante dessa falha materna, a criança pequena vive a experiência reiterada de que seus atos não exercem nenhuma influência no comportamento da mãe a seu respeito. Suas tentativas de transmitir seus afetos, manifestar suas necessidades e receber uma resposta apropriada são inúteis. Em geral, seu sorriso, seu choro e seus gestos deparam com a indiferença ou despertam respostas maternas não adaptadas. Essa atitude da mãe acarreta uma inibição dos esforços da criança para agir por si, isto é, segundo suas tendências inatas. Assim, ela pode vir a perder a esperança de influenciar o mundo externo para que este corresponda a suas aspirações. Perdida a esperança, a criança renuncia a agir sobre seu meio e entra numa posição de ensimesmamento autístico.

A história da primeira infância de Joey, tal como descrita por sua mãe, é uma boa ilustração dessa hipótese etiológica. De fato, ficamos sabendo que, por ocasião de seu nascimento, a mãe não queria vê-lo e pensava nele mais como uma coisa do que como uma pessoa. Por isso, ele foi acolhido sem amor, sem rejeição e sem ambivalência: foi simplesmente ignorado no plano afetivo. Só era tocado em caso de necessidade, nunca era embalado no colo e não se brincava com ele; quando tinha fome antes do horário previsto da mamadeira, deixavam-no chorar. O pai só intervinha para castigá-lo, quando ele se tornava incômodo demais.

Com o caso de Joey, encontramo-nos diante de uma história da primeira infância que parece vir ilustrar exemplarmente uma possível etiologia do autismo. Entretanto, apesar dessa aparente concordância entre teoria e clínica, Bettelheim expressou reservas, a propósito dessa etiologia, quanto ao papel da mãe e, em linhas mais gerais, dos pais: outras crianças têm histórias semelhantes à de Joey e nem por isso se tornam autistas. Por conseguinte, se a falta de mutualidade por parte do personagem materno pode ser considerada um fator predisponente à evolução autística, ela não pode ser considerada um fator suficiente por si só.

❖ *O encontro com uma "situação limite"*. Diante das dificuldades encontradas na concepção de uma etiologia do autismo, Bettelheim voltou à reflexão teórica que havia elaborado em 1960, em seu livro *O coração consciente*. Foi nesse livro, predominantemente dedicado a um estudo sobre os campos de concentração, que ele destacou a idéia de "situação limite", que descrevia as condições de vida dos prisioneiros: "*O que mais a caracterizava era o fato de que não se podia fugir dela; era sua duração, incerta mas potencialmente igual à da vida; era o fato de que não se podia prever nada que lhe dissesse respeito, de que a própria vida estava em perigo a cada instante, e não havia nada que se pudesse fazer (...)*."

Essa situação a que foram submetidos os prisioneiros havia provocado em alguns deles reações psíquicas e comportamentos de tipo psicótico. A partir dessa observação e raciocinando por analogia, Bettelheim formulou a hipótese de que a evolução autística de algumas crianças teria como origem uma *atitude do meio* ou um acontecimento, específico e diferente no caso de cada criança, que geraria nela a convicção de estar ameaçada de destruição total, e que suscitaria o sentimento de estar vivendo numa "situação limite". O que a criança pequena experimenta ao viver uma situação desse tipo pode apoiar-se, eventualmente, numa percepção objetiva de elementos extraídos da realidade externa.

Todavia, esse sentimento capta a subjetividade da criança e assume um caráter delirante. Para Bettelheim, é a *hipersensibilidade da criança* aos afetos negativos de seu meio que está na origem desse sentimento. A falta de mutualidade também está presente pelo lado da criança, que reage de maneira desproporcional e delirante às mensagens afetivas que consegue captar.

Assim, Bettelheim chegou à conclusão de que o autismo não é provocado, única e diretamente, pelas atitudes generalizadas dos pais, como a rejeição, a negligência ou as mudanças de humor repentinas, mas fundamenta-se numa posição de princípio, que é central em Bettelheim: o ser humano, seja qual for sua idade, sempre preserva uma parcela de autonomia, ou seja, sua evolução psíquica nunca é totalmente dependente do meio que o cerca.

Se insistimos tanto no problema delicado que a etiologia do autismo criou para Bettelheim, é, por um lado, porque houve quem o censurasse por culpar os pais das crianças autistas e, por outro — o que é mais importante —, porque a hipótese etiológica a que ele chegou serviu-lhe de base para construir uma teoria sobre a organização psíquica da criança autista, como no caso de Joey.

Agora reencontraremos Joey no contexto familiar já evocado.

A evolução de Joey durante a primeira infância

Durante a infância, Joey foi um menino que não se pode dizer que tenha sido ternamente amado. Sua vida desenrolou-se num relativo isolamento psíquico e físico; em alguns momentos, ele chegou até a conhecer a fome. Recebeu os cuidados corporais necessários ao crescimento, não foi fisicamente maltratado e, quando adoecia, os pais lhe prestavam os cuidados de que precisava. Se nos colocarmos num plano objetivo, diremos que Joey não correu perigo de vida. Entretanto, foi nesse contexto familiar que ele experimentou, segundo Bettelheim, o sentimento de estar vivendo numa "situação limite". E mergulhou progressivamente num processo autístico que comportava dois movimentos psíquicos principais:

— o primeiro correspondeu a *uma retirada dos investimentos feitos no mundo externo*;

— o segundo, à *criação de um mundo pessoal*, fechado e inteiramente privado.

A *retirada dos investimentos feitos no mundo externo* manifestou-se pela atitude de Joey, que deixou progressivamente de se interessar pela realidade externa, em particular pelos seres humanos que o cercavam. Deixou de utilizar a fala com o objetivo de se comunicar, manteve-se afastado das pessoas de seu círculo, não mais respondeu às solicitações delas e se recusou a partilhar sua vida e suas atividades com terceiros. Em conformidade com sua hipótese etiológica, Bettelheim interpretou esse desinvestimento do mundo externo como uma defesa contra a angústia de morte.

Por outro lado, Joey sentia-se impotente para agir sobre esse mundo perigoso a fim de transformá-lo num universo em que fosse possível viver e obter satisfações. Assim, viu-se precisando ignorar sua própria vida.

Mas, como tinha necessidade de um "lugar para sobreviver", Joey empenhou-se — e é esse o segundo movimento psíquico — na *criação de um universo inteiramente privado*. Esse universo, vamos estudá-lo a partir das três categorias segundo as quais, para Bettelheim, o ser humano constrói a experiência que tem de si mesmo e do meio. Trata-se do espaço, do tempo e da causalidade.

❖ *O espaço e o tempo no universo autístico*. Para Bettelheim, a criança autista, ao utilizar diferentes objetos e ao repetir certos movimentos, delimita uma fronteira que a protege das intromissões do mundo externo. Joey, com suas máquinas, materializou um espaço em que os outros não deviam introduzir-se. O espaço ocupado por sua cama, transformada em fortaleza por todos os aparelhos que asseguravam seu sono e sua respiração, é um exemplo disso.

Em estreita ligação com essa estruturação do espaço, instaura-se uma organização do tempo que atende a necessidades defensivas de caráter vital. A organização temporal desse mundo autístico visa afastar a ameaça sempre presente da destruição da vida. Tal destruição pode sobrevir a qualquer momento, donde é imperativo cristalizar o tempo, para que nada dessa ordem possa acontecer. É através de seqüências de comportamentos repetitivos que a criança detém o escoar do tempo. Assim, ela age como um condenado à morte que fumasse eternamente o último cigarro. Para deter o tempo, a criança autista tem que viver num universo imutável; essa é a principal coerção a que fica sujeita.

O comportamento de Joey ilustra essa sujeição. A princípio, ele concentrou seu interesse nos objetos que podia fazer girarem ou ver girando. Em particular, interessou-se por um ventilador cujas pás evoluíam de maneira imutável em torno de um eixo. Mais tarde, Joey organizou encenações estereotipadas com máquinas e lâmpadas ou lanternas. Dividiu os seres humanos em "pessoas pequenas" e "pessoas grandes". Dizer que uma pessoa era uma criança ou um adulto, que era mais moça ou mais velha, era insuportável para Joey, porque implicava um escoar irreversível do tempo.

❖ *A causalidade no universo autístico.* Ainda para atender a essa necessidade vital de imobilização, a criança autista inventa uma forma de causalidade. À sua maneira, ela ordena os acontecimentos que se produzem, estabelecendo uma lei particular de causalidade que não tem as características de uma lei humana. É uma lei absoluta, sem apelação, que prevê de uma vez por todas a ordem dos acontecimentos.

No caso de Joey, o menino-máquina, os acontecimentos eram determinados pela lei absoluta das máquinas de que ele dependia; toda a sua vida dependia do bom funcionamento delas e de Joey lhes estar ligado. Se uma máquina funcionava e Joey estava ligado a ela, era a vida. Se uma máquina ficava fora de controle ou uma lâmpada explodia, era o caos. Os dois tempos desse roteiro alternavam-se de maneira inexorável.

Como é fácil imaginarmos, os imperativos que regem a organização desse mundo autístico têm conseqüências invalidantes para a criança. Sua personalidade e suas aptidões só se desenvolvem nos campos que servem a suas operações defensivas.

Assim, Joey pôde associar sua compreensão de uma ação mecânica à utilização de uma motricidade fina, para desmontar e remontar um ventilador. Foi também capaz de adquirir um vocabulário complexo para designar os elementos desse mundo mecânico. Falava com muita propriedade de "pá da hélice", "correia do ventilador", "regulador", "voltagem" etc.

Com efeito, se o exame do universo da criança autista não afetada pelo mutismo evidencia uma construção relativamente sofisticada, os motivos que determinam essa construção criam um obstáculo à evolução da criança. Para manter à distância a angústia de morte, ela tem que manter a imutabilidade deste mundo.

❖ *Uma "cura parcial"*. Quando Joey, graças aos cuidados de que se beneficiou, aceitou retomar o contato com o mundo externo, sabia que este continuava a ser, para ele, sempre potencialmente destrutivo. Assim, viu-se na obrigação de abordá-lo de maneira agressiva. À frente de um impressionante exército de máquinas, travou um combate com o meio, para cobrir o mundo de matéria fecal. Também delegou seu poder de destruição a Kenrad, personagem onipotente e inteiramente maléfico. Kenrad seria o responsável por todas as coisas ruins que aconteciam no universo. A esse personagem odioso ele acabaria opondo um outro, este totalmente bom: Mitchell.

Essas novas encenações delirantes marcaram a saída de Joey do universo autístico. Constituíram uma das numerosas etapas da complexa evolução do menino para o que Bettelheim chamou de "cura parcial".

❖

Eis as últimas notícias sobre Joey, extraídas de uma carta de Bruno Bettelheim datada de 22 de janeiro de 1986, em resposta a um pedido de esclarecimento formulado por um dos autores deste capítulo:

"*Fico feliz em lhe dizer que ele tem-se saído bastante bem na vida. Infelizmente, embora saiba se arranjar, é uma pessoa muito solitária. Deseja relações de amizade, mas ainda há muitas esquisitices que persistiram em seu modo de ser. Por isso, aqueles com quem mais deseja relacionar-se afastam-se depois de algum tempo, o que é muito doloroso para ele.*

Entretanto, apesar das decepções desse tipo, ele continua a se manter."[1]

❖

Conclusão

Bruno Bettelheim, ao escrever *A fortaleza vazia*, quis elaborar uma representação do autismo a partir de uma perspectiva terapêutica e institucional.

Para ele, a criança autista está alienada numa lógica de sobrevivência. Entretanto, embora se porte como louca, ela não raciocina como alguém de cabeça fraca. O fechamento de seu espaço de sobrevivência a protege da extrema agressividade do mundo externo. O tempo que se cristaliza protege-a da morte iminente.

Para que a criança autista retome o contato com o mundo externo e se inscreva num tempo cronológico, ela precisa ter o sentimento de que pode, por um lado, combater o mundo sem correr o risco de ser destruída, e, por outro, modificar esse mundo em seu benefício.

Numa perspectiva terapêutica, portanto, trata-se de propor a essa criança um mundo em que ela possa entrar em pé de igualdade. Um mundo que se adapte a sua loucura e a seus sintomas, que são para ela uma necessidade vital.

É sob essa condição, segundo Bruno Bettelheim, que a criança autista pode viver a experiência de uma mutualidade que faltou no passado, encontrar razões para agir sobre o mundo e desenvolver sua personalidade.

Referências bibliográficas

O livro *A fortaleza vazia*, de Bruno Bettelheim, do qual foi extraída a história de Joey, foi publicado em 1967. Na época, o autor estava com 64 anos. Seu livro foi fruto de uma reflexão calcada numa experiência muito densa, mas também muito desgastante, de vida pessoal e profissional.

Bettelheim nem sempre viveu nos Estados Unidos. Nasceu em Viena, numa família judia da alta burguesia. Concluídos os estudos secundários, ele entrou na universidade para fazer um curso que passava pela literatura, pela história da arte e pela estética.

Sua tese de fim de curso traduziu seu interesse pela psicanálise. Nela, com efeito, ele procurou integrar uma abordagem psicanalítica da arte com uma interpretação filosófica do Belo. Mas esse interesse não foi unicamente teórico; em 1937, aos 34 anos, Bettelheim fez um tratamento psicanalítico com o Dr. Richard Sterba.

Mas, já a partir de 1932, e ligando-se a analistas vienenses que se interessavam pelo tratamento psicanalítico de crianças, ele hospedou em sua casa uma menina que, na época, era qualificada de débil mental, mas na verdade era autista. Esse tratamento domiciliar, que ele depois veio a chamar de "terapia do ambiente", foi interrompido pela invasão da Áustria pelas tropas alemãs, em março de 1938. Nesse mesmo ano, Bettelheim foi deportado para um campo de concentração, onde passou um ano. Essa experiência desumana de vida marcou-o profundamente, e podemos dizer que nunca se recuperou dela por completo.

Depois de ser libertado, ele foi morar nos Estados Unidos, onde, a partir de 1943, passou a dirigir a Escola Ortogênica, uma instituição para crianças autistas em Chicago. Esse estabelecimento acolhia crianças que sofriam de distúrbios afetivos graves, em especial crianças autistas. Bettelheim esteve na direção até 1973.

Nos anos que se seguiram, continuou muito ativo, escreveu diversos livros, fez conferências e participou de programas de rádio e televisão.

Problemas graves de saúde levaram-no a restringir consideravelmente suas atividades. Não mais suportando a diminuição de suas capacidades intelectuais e físicas e, a curto prazo, a ameaça de um estado de dependência completa, Bruno Bettelheim deu fim a sua vida em 13 de março de 1990.

Seleta bibliográfica

BETTELHEIM, B.,
    Le Coeur conscient, Paris, Laffont, 1960.
    La Forteresse vide, Paris, Gallimard, 1967.
    L'Amour ne suffit pas, Paris, Fleurus, 1970.
    Un lieu où renaître, Paris, Laffont, 1975.
    Le Poids d'une vie, Paris, Laffont, 1991.

❖

BERSIHAND, G., *Bettelheim*, Paris, Éd. Robert Jauze, 1977.
FISHER, D.J., "Avec et sur Bruno Bettelheim", *Nouvelle Revue de Psychanalyse*, n°43, primavera de 1991, p.313-33.
MILLER, D. e G., "L'Enfant machine", *Ornicar?* n°31, out-dez 1984, p.41-55.
SUTTON, N., *Bruno Bettelheim*, Paris, Stock, 1995.

*Um caso de criança
de F. Dolto:
A menina do espelho ou
a imagem inconsciente do corpo*

D. BERTHON
M. VARIERAS

A menina do espelho: aspectos clínicos do caso
Abandono e despedaçamento
Simbolização: a ligação com a fala
Um testemunho pelo desenho

❖

**Comentário teórico sobre o conceito
de imagem inconsciente do corpo**
A representação inconsciente em que se origina o desejo
Recalcamento da imagem do corpo na experiência escópica
A imagem inconsciente do corpo na transferência

❖

Restauração da imagem do corpo: histórias de casos
Léon, o menino sem costas
Agnès, ou a ausência da imagem do corpo olfativa
Comentário teórico

❖

Conclusão

❖

Seleta bibliográfica

> *Exortamos o leitor a ler este capítulo
> referindo-se ao livro de F. Dolto e J.-D. Nasio.**

A criança do espelho, assim chamado por J.-D. Nasio, é o título de um livro que relata suas conversas com Françoise Dolto a propósito da imagem inconsciente do corpo. Trata-se de uma menina tratada pela Sra. Dolto, mas o relato desse caso é pouco desenvolvido em seus livros.

Optamos por apresentar aos leitores o caso dessa criança e de duas outras tratadas por Dolto, que nos pareceram ilustrar exemplarmente a *imagem inconsciente do corpo*, conceito central de sua teoria.

Seu primeiro artigo sobre o assunto data de 1957.[1] No entanto, encontramos indícios desse conceito, oriundo de sua clínica com crianças — em particular as muito pequenas e as psicóticas —, em observações que ela nos fornece datadas do início dos anos quarenta. Durante o tratamento, o adulto fala e faz associações. Françoise Dolto percebeu com clareza, assim como outros, que essa forma de trabalho não era transponível para o tratamento de crianças. Aos poucos, ela foi elaborando seu instrumento analítico em torno do desenho e da modelagem,

---

* F. Dolto e J.-D. Nasio, *L'Enfant du miroir*, "Petite Bibliothèque Payot", Paris, Payot, 1992.

materiais que interpretava como os sonhos ou as fantasias produzidos pelo analisando adulto. *Mas não eram tampouco o desenho ou a modelagem em si que constituíam os verdadeiros instrumentos da análise, e sim o dito que lhes era associado*: o da criança, quando ela podia enunciá-lo, ou o proposto por Dolto, nos outros casos.

Ao elaborar o conceito de imagem do corpo, Dolto não falou do desenho, que não passa, assim como a modelagem, de sua transposição. Para compreender esse conceito, portanto, é preciso esclarecer que não se trata de uma imagem que possamos ver.

Convém acrescentar que *a imagem do corpo não é o corpo e, embora os dois estejam ligados, ela também não é o esquema corporal*. O esquema corporal é uma mentalização do corpo que se estrutura a partir do corpo biológico, material e objetivável. Está ligado à localização das sensações. É um processo neurológico que nos informa sobre o lugar de recepção das sensações. Quando tocamos na ponta do dedo, o esquema corporal indica a ponta do dedo como lugar de contato. Uma perturbação neurológica pode alterar gravemente o esquema corporal. "*A imagem do corpo é a fantasia das relações afetivas e eróticas com a mãe, das relações eróticas que foram castradas, cada qual a seu tempo.*"[2] A imagem do corpo não existe para uma única pessoa. Só se constrói e só existe na relação com alguém.

❖

A menina do espelho: aspectos clínicos do caso

A título de preâmbulo, eu gostaria de contar duas histórias de que fui testemunha ao preparar este trabalho.

A primeira história é a de uma gaivota e se passa na Bretanha, sobre o telhado de uma casa em frente a minha janela. Em dado momento, ouvi gritos particularmente insistentes de gaivotas... Intrigada, fui ver de onde vinham esses gritos e descobri uma cena surpreendente. Sobre o telhado plano, uma gaivota agitadíssima bicava um cano de chaminé de alumínio, ou melhor, bicava "sua própria imagem" nesse espelho improvisado. Decerto achava que se tratava de outra gaivota. Infelizmente, ela não conseguia entender nada e girava incansavelmente em torno da chaminé. A imagem girava junto com ela. O macho a acompanhava, mas se mantinha à distância. Essa manobra durou quase até o anoitecer. Na manhã seguinte, os gritos recomeçaram. E vi a fêmea chegar, trazendo minhocas no bico para alimentar esse suposto Outro. Evidentemente, nenhum filhote de gaivota se apoderou delas.

Essa manobra durou vários dias. O casal passava a maior parte do tempo no telhado. A fêmea chocava-se sem parar com a imagem. Achei que iria cansar-se, mas ela se chocava incessantemente com aquele engodo. Era terrível. Não havia uma linguagem comum entre nós, de modo que eu não podia lhe dizer nada.

A segunda história passou-se numa loja de roupas, na época do Natal. Havia diversas cabines de prova, cada qual com as cortinas abertas e tendo ao fundo um espelho. De repente, um garotinho (de uns dois anos e meio) que estava agarrado à saia da mãe — e que devia estar muito entediado — precipitou-se com toda a força contra um dos espelhos. Sem dúvida deve ter imaginado que havia encontrado um coleguinha de sua idade, e bateu no espelho com muita força. Parou, assustado. A mãe ouviu o barulho: *"Bem feito!"*, disse-lhe. Olhei para os dois. O menino olhou para a mãe e para mim. Mudei de posição, para não lhe esconder o reflexo da mãe no espelho. Ela entendeu meu gesto e se abrandou. Explicou-lhe: *"Ora, mas era você no espelho!"* Pensei comigo mesma: *"Ora se é!"*

O menino entendeu que havia alguma coisa acontecendo. Voltou devagar para o espelho, olhou para ele, olhou para mim e começou a brincar... Foi olhar os espelhos de todas as outras cabines. A mãe se "ausentara" de novo do filho, ocupada em experimentar suas roupas. Não sei se ele compreendeu que se tratava de sua imagem, mas deve ter compreendido, pelo menos, que não era outra criança "de verdade". Ao contrário da gaivota...

Decididamente, nessas duas histórias, alguém se choca com o espelho. Digo espelho [*glace*] deliberadamente, e não *miroir*, porque, para Françoise Dolto, os espelhos existem muito antes da descoberta do espelho plano.

Essa história mostra com clareza que o choque diante do espelho não é um ato solitário, mas é prontamente acompanhado pela percepção de uma testemunha presente, no caso, a mãe. E é o aspecto relacional e simbólico dessa experiência que importa. Caso contrário, *"Ele é um momento de abalo do sentimento de existir para a criança"*.[3] É assim que, procurando encontrar o Outro, a criança não encontra ninguém.

A falta da relação com o outro, quer se trate da mãe ou de outra pessoa mediadora, pode ser dramática para a criança. Isso é o que nos conta *A criança do espelho*.

Françoise Dolto expôs o caso da "menina do espelho" no livro escrito com J.-D. Nasio, mas também falou dele noutros textos, sem nunca fornecer uma versão completa do caso da menina e de seu tratamento.

Agora iremos apresentá-lo aos leitores, assim como os casos de Léon e Agnès, que também dão um testemunho da imagem inconsciente do corpo antes do encontro com o espelho.

Abandono e despedaçamento

Trata-se de uma menina de dois anos e meio, que chegou dos Estados Unidos com os pais para uma temporada de dois meses em Paris.[4] Havia também um bebê. A família hospedou-se num hotel e, enquanto os pais visitavam Paris, as crianças foram confiadas a uma babá francesa que falava algumas palavras de inglês, mas não conhecia o inglês norte-americano. E eis que lá estava essa menina, que fizera uma viagem longa e havia deixado seu ambiente familiar — avós, pessoas que cuidavam dela e com quem ela se sentia em segurança. Os cheiros, os barulhos, as presenças, as sensações, as idas e vindas e as separações cotidianas já simbolizadas, os objetos conhecidos, os espaços da criança que descobre e que se desenvolve, tudo isso estava ausente. E a ausência a ameaçava.

Ela se viu num país estrangeiro, imersa numa língua que não conhecia, tendo acabado de ganhar um irmãozinho ou irmãzinha e, portanto, tendo visto a mãe com o corpo transformado e, depois, ocupada com esse bebê; sem dúvida, estava internalizando seu novo lugar de irmã mais velha, entregue a uma babá que mal podia falar com ela e que cuidava muito do recém-nascido.

Os pais, portanto, ausentavam-se para visitar Paris. Quando voltava ao hotel, a mãe alimentava o bebê, certamente pouco disponível para a menina, que assim se viu entregue a si mesma, num quarto desconhecido. Ora, nesse quarto, todos os móveis e paredes eram recobertos de espelhos [*glaces*].

Imaginemos o que ela deve ter sentido, expatriada, sozinha, sem outras crianças e sem uma língua comum. No entanto, era invadida por uma multidão de outras "ela" que apareciam nos espelhos... crianças inteiras, fragmentos de crianças: a cabeça aqui, ali o busto, acolá a parte inferior do corpo, com pedaços de corpos de adultos que atravessavam esse campo de vez em quando. A menina ficou perdida, desmembrada, despedaçada em todo o espaço daquele quarto inquietante, sem nenhuma presença amiga que pudesse tranqüilizá-la. Não apenas encontrou ali a armadilha ilusória da relação com outra criança, como também, ao entrar nesse quarto, não podia escapar dela. E ninguém para lhe dizer: é sua perna que você está vendo no espelho, aquele lá é seu rosto, ali é sua mão. E ninguém, tampouco, para lhe falar da ausência dos pais. Ninguém, enfim, que representasse a mediação entre o espaço habitual e o espaço novo. Ela perdeu a tal ponto seus referenciais que, em dois meses, tornou-se esquizofrênica. Perdeu ao mesmo tempo a linguagem e a possibilidade de mastigar. À maneira das cobras, engolia os alimentos. Voltou a ser um bebezinho que já não sabia mastigar. O quadro foi dramático. Françoise Dolto disse ter visto fotografias da menina antes dessa viagem e, mais tarde, ter ouvido o testemunho dos avós nos Estados Unidos: era uma criança muito viva.

Dolto a recebeu para uma consulta quando a menina estava para fazer cinco anos, dois anos depois da experiência traumática com o espelho. A mãe contou que, desde aquela época, ela não pegava nada com as mãos. Quando lhe apresentavam um objeto que pudesse despertar seu interesse, ela fechava os dedos das mãos, dobrava as mãos sobre os antebraços e os antebraços sobre o peito, de tal maneira que suas mãos não tocavam no objeto. Tornara-se fóbica ao contato. Quando sentia fome, comia diretamente do prato.

Simbolização: a ligação com a fala

Françoise Dolto entregou-lhe a massa de modelar e lhe disse: "*Você pode pegá-la com sua boca de mão.*" Imediatamente, a menina pegou a massa de modelar e a levou à boca, com a ajuda do braço, que, em vez de ficar dobrado sobre o corpo, estendeu-se e permitiu que a mão segurasse, coisa que já havia meses que ela não fazia.

Françoise Dolto escreveu: "*Pus uma boca em sua mão, como se minha fala fosse uma ligação entre sua boca e sua mão.*"[5] E, mais adiante: "*As mãos são o lugar de deslocamento da zona erógena oral depois do desmame. Funcionam como bocas preênseis com os objetos. Como os dentes, como a pinça formada pelo maxilar e pela mandíbula, os dedos afundam-se nos objetos moles que estão a seu alcance, arranhando, despedaçando, apalpando, apreciando as formas. Os bebês gostam de brincar de rasgar com as mãos, com uma alegria lúdica. É essa a utilização da boca de mão.*"[6]

Agora, ouçamos Françoise Dolto dizer-nos como explica o sofrimento dessa menina: "*Era terrível ver como essa experiência do espe-*

lho, ou melhor, dos espelhos, havia dissociado e dispersado seu ser. E dizer que, no começo, os pais tinham ficado contentes, achando que aqueles múltiplos pedaços de espelho seriam muito divertidos para ela!"[7]

Um testemunho pelo desenho

Para mostrar a que ponto essa questão do espelho pode revelar-se importante numa psicanálise de criança, proponho-lhes o desenho de uma menina com quem eu mesma trabalhei. Considero que essa menina superou a experiência difícil do espelho e a contou à sua maneira, desenhando.

Eis o comentário da menina: "*É o quarto do hotel em Dinard... Minha irmã em frente aos três espelhos... A janela com a planta... A rua... A tevê... Uma mesa... Em cima, a cama coberta de bonecas...*" (Estariam todas sozinhas no quarto, talvez?) Portanto, ela desenhou sua irmã de costas, olhando-se. A imagem no espelho está de frente e só apresenta o busto. Não se vê a parte inferior do corpo.

Em geral, a imagem especular representa apenas a imagem frontal, ao passo que a criança sente seu corpo em todas as suas dimensões. É compreensível que ela se pergunte: "*E eu, como me vêem de costas? Porque eu vejo a minha irmã de costas!*"

Observe-se que essa representação das costas é encontrada em outros de seus desenhos.

❖

Comentário teórico sobre o conceito de imagem inconsciente do corpo

A representação inconsciente em que se origina o desejo

A imagem inconsciente do corpo não se deixa apreender com facilidade. Françoise Dolto fornece várias definições dela, mas nenhuma revela todos os seus aspectos. Tomaremos uma delas como introdução, para deixar bem marcada a orientação adotada no estudo desse conceito: "*A imagem do corpo é, a cada instante, para o ser humano, a representação imanente inconsciente na qual se origina seu desejo.*"[8] A incompletude de cada uma das definições não deve levar-nos a crer que a imagem inconsciente do corpo seja uma idéia simples, mas, ao contrário, obrigar-nos a trabalhar para reinseri-la no conjunto dos conceitos utilizados por Françoise Dolto.

Uma vez que escolhemos, para abordar a imagem inconsciente do corpo, a história de uma menina que viveu de maneira dramática o encontro desacompanhado com espelhos, optei por iniciar nosso trabalho pelo momento particularíssimo, para as imagens do corpo, que é a prova do espelho.

Nessa menina, podemos dizer que ver-se aos pedaços em espelhos múltiplos, sem ninguém para apoiá-la nesse momento, provocou uma regressão a uma imagem do corpo anterior, não adaptada a sua situação atual, e acarretou uma identificação "*com as múltiplas imagens visuais recortadas*".[9]

❖ *O risco de desumanização pela experiência não mediatizada.* O estádio do espelho, a experiência do espelho, é algo de que Françoise Dolto fala como uma prova, uma castração, isto é, como uma perda dolorosa — uma perda, certamente, mas que promove o sujeito a um lugar mais compatível com o estado da libido em sua idade. Ela esclarece, além disso, que toda prova comporta riscos.

A visão de seu corpo no espelho, portanto, é uma provação para a criança pequena. É uma provação porque, em vez da alegria de encontrar outra pessoa, o que lhe é remetido é uma imagem sem vida, uma imagem de um ser humano que não é humano, porque não é portadora de trocas, nem substanciais nem sutis. A criança vê-se na presença de um "aparente ser humano" que é desumanizante, quando não há um outro ser humano presente junto dela para desmontar a armadilha. Esse outro, numa comunicação de linguagem com a criança, lhe permite compreender que se trata apenas de uma imagem, e de uma imagem dela (ou deles). *Desumanizante* significa algo que coisifica ou animaliza, que faz sair do processo de intercomunicação que é específico do ser humano.

Até o encontro com o espelho, são as imagens do corpo da criança que respondem por ela para si mesma e, segundo ela acredita, para os outros. Ora, a revelação de sua imagem visual, a que ela acaba de descobrir no espelho, traz-lhe o "*choque de perceber que sua imagem do corpo não basta para responder*"[10] por ela para os outros. Antes de se reconhecer na imagem do espelho, a criança se vê no outro, nos outros. Ela é aquilo que vê dos outros, misturado com o que "sente" de si. É uma mistura de imagens visuais e mutáveis e de suas próprias imagens do corpo. No espelho, a criança descobre sua altura e sua aparência infantil, ao passo que seus espelhos anteriores — as outras pessoas de seu meio — ora lhe remetiam imagens de adultos, ora imagens de crianças. Sua imagem do corpo podia ser vivida como instável, sobretudo se não houvesse a fala de um adulto para lhe dizer alguma coisa a esse respeito, em particular nos momentos de angústia.

Em *A criança do espelho*, Françoise Dolto cita o exemplo de um menino que derruba voluntariamente um outro, menorzinho, "*para se certificar de não ter ficado idêntico a ele, caso contrário, perderia sua identidade*". Ela também conta que Jean, seu filho mais velho, por volta dos três anos de idade, recusava-se a se reconhecer num filme feito durante as férias, no qual tinha aproximadamente dois anos. Para Jean, ele era aquele homem a quem via no filme, que também se chamava Jean e que, na realidade, era irmão de sua mãe. Anos depois, ele disse a Dolto: "*Você se lembra, mamãe? Quando eu era pequeno, não queria acreditar que eu era eu.*" O menino não podia reconhecer-se sem perigo na imagem do menino de dois anos, pois sua libido tinha evoluído. Para a criança pequena, *identificar-se* faz com que se fique igual ao outro. Identificar-se com uma criança pequena é correr o risco de uma regressão insustentável. Ao contrário, ela pode ser "*o adulto para quem olha e que é admirável, do ponto de vista do estado atual de sua libido*".[11]

Os riscos de instabilidade da imagem do corpo aqui evocados são os riscos anteriores à prova do espelho plano. Essa prova, portanto, tem o benefício de trazer um apaziguamento para a criança, graças à identificação com a imagem de si que ela pode ver. Assim, ela fica aliviada ao constatar que a imagem que o espelho lhe remete não se modifica, por assim dizer.

O risco de desumanização através da experiência não mediatizada do espelho plano é real, mas nem todos nos confrontamos com ele. Ao contrário, a prova que todo o mundo tem que enfrentar é o encontro com a imagem de si no espelho, com a imagem que damos a ver aos outros.

Recalcamento da imagem do corpo na experiência escópica

A prova está na sensação de que a imagem que tínhamos de nós é insuficiente. Insuficiente para explicar aos outros e a nós mesmos o que somos. *A castração vivida na experiência do espelho provém desse choque.* A imagem do corpo garante a sensação de mesmice, de continuidade do ser; e eis que a criança descobre a aparência que tem para os outros. "Isso, o que ela vê ali, seria ela." Mas "isso" é tão diferente da sensação que a criança tinha de si mesma, que se produz um choque.

Que fazer com essas duas realidades: a de sua imagem do corpo, já formada nela, e a de sua imagem visual, que ela descobre no espelho, e entre as quais não há correspondência? O efeito benéfico dessa provação está em obrigar a criança, pouco a pouco, a aderir a sua representação na imagem escópica. Ela é obrigada a isso, porque tal imagem, ao mesmo tempo, vem expressá-la como *um* ser em meio à multidão. Essa aprendizagem é o advento de uma autonomia até então impossível. Nisso, a prova do espelho é primordial. Mas, para que a criança possa aderir a essa imagem visual de si, ela tem que rejeitar a imagem do corpo que garantia a continuidade de seu ser e que, agora, é incompatível com a representação escópica.

A imagem do corpo não é rejeitada nem perdida, mas radicalmente *recalcada*. A partir deste momento, poderemos falar mais explicitamente de *imagem inconsciente do corpo*. Depois da prova do espelho, a imagem do corpo fica definitivamente inconsciente. Mas, mesmo depois de se tornar inconsciente, seu papel não deixa de ser essencial. Ela continua, sem que o saibamos, a assegurar nossa coesão interna.

A imagem inconsciente do corpo na transferência

A imagem inconsciente do corpo não é visível. Não tem forma nem contorno definidos. Quando Françoise Dolto trabalhava com as crianças utilizando o desenho ou a modelagem, não via diretamente nisso imagens do corpo, mas representações codificadas delas. Assim como as imagens do corpo são criadas na relação com alguém, as representações que as crianças transmitiam delas só tinham sentido, para Dolto, na relação da criança com ela, isto é, na transferência.

A imagem do corpo, havendo-se tornado inconsciente, escapa-nos por completo, mas, quando fica em perigo — pelo fato de serem maltratados os laços com outrem que a constituem, sem que saibamos por quê —, alguma coisa se revela através do corpo. E, nesse momento, é nosso corpo que fala. Ele fala, através de metáforas, da imagem inconsciente do corpo maltratada. Alguma coisa é falada através dele. Às vezes, felizmente, a linguagem nos liberta dessa fixação. Uma metáfora de linguagem vem substituir a metáfora corporificada e, em vez de as costas se enrijecerem, dizemos que "estamos sobrecarregados"; em vez de sentir dor no estômago, dizemos que estamos fartos de alguma coisa. Do mesmo modo, na análise, uma metáfora lingüística pode libertar o corpo de sua invalidação. "*Você pode pegá-la com sua boca de mão*" devolve à mão a função dela, uma função que ela havia perdido, ao perder seu vínculo com a zona erógena oral.

Agora apresentaremos o caso de um menino, Léon, cuja história é exemplar por mostrar uma imagem de corpo maltratada e que fala através do corpo. Essa história ilustra também a maneira como Françoise Dolto permitiu, graças à análise, o restabelecimento de uma imagem do corpo sadia.

Esclarecemos que o caso de Léon não faz referência ao período do espelho, mas põe em jogo a imagem do corpo num momento mais precoce da relação dessa criança com seu meio.

❖

Restauração da imagem do corpo: histórias de casos

Léon, o menino sem costas

Vejamos, portanto, este outro caso de Françoise Dolto, sobre o qual ela escreveu mais longamente, com muitos detalhes, e que vamos resumir. Trata-se de Léon, um menino de oito anos.[12]

Léon não ficava de pé sozinho. Movia-se escorando-se nas paredes e, depois, apoiava-se na mesa com a mão para se sentar, ou melhor, para desabar na cadeira, com os braços e o tronco esparramados na mesa. Uma vez sentado, não conseguia ficar com as costas eretas. Precisava sempre de um apoio: móveis, paredes ou alguém que o segurasse. Só vivia sentado, estatelado. Os exames feitos não haviam revelado nenhuma causa neurológica. Ele ficava em grande desvantagem, é claro, em sua vida social e escolar; mostrava-se quase totalmente passivo. Era tido como débil mental. Seis meses de reeducação psicomotora não o fizeram progredir, ao contrário. No entanto, Léon mostrava-se cheio de boa vontade.

Foi nesse estado que chegou ao consultório de Françoise Dolto. Falava em tom monocórdio, escandindo as palavras num ritmo muito lento, desde a primeira infância, segundo contou sua mãe. Curiosamente, tinha a voz afinada e gostava de cantarolar as melodias que ouvia no rádio, mas sem conseguir cantar a letra. Isso surpreendeu Françoise Dolto. Como podia ele tirar sons da laringe, mas não palavras? Assim, pareceu-lhe que Léon era músico. Disse isso à mãe do menino, que o confirmou. De fato, um professor que morava no prédio deles ouvira-o cantar e se oferecera para lhe dar aulas de piano. Mas, para conseguir tocar, ele tinha que ficar apoiado no respaldar de uma cadeira, sustentado pelas axilas. Tinha dedos muito ágeis e se mostrava talentoso.

Françoise Dolto perguntou-se: "[Eis] *um menino de ritmos lentos na fala, na motricidade e na ideação, mas que canta com a voz afinada e tem ritmos digitais e laríngeos normais.*"[13] Que significava aquela falta de tônus, de origem não orgânica? Por que não sabia ele ler nem escrever nem contar, quando era tão habilidoso com os dedos, embora exclusivamente ao piano? Por que havia integrado o solfejo e conseguia decifrar a música com os olhos, mas sem saber dizer o nome das notas que lia? Nessa esfera... ele tocava no ritmo certo. Com todas essas perguntas na cabeça, Françoise Dolto interrogou a mãe sobre o começo da motricidade de Léon.

Ele se sentara no berço muito cedo, mas, também muito cedo, quisera chupar o polegar, e a mãe o havia impedido, prendendo-lhe a manga com um alfinete em sua roupa. Depois, a partir do momento em que ele pudera sentar-se, ela o havia instalado numa cadeira alta. Nesta, Léon passava dias inteiros, à altura da mesa de trabalho dos pais, que eram costureiros num ateliê de confecções da família. Ele os ficava vendo trabalhar, muito esperto, sorridente, sem criar problemas, sem incomodar. Havia-se adaptado a essa imobilidade e, sem dúvida, até extraía dela algum prazer. Da cadeira alta, a mãe o descia para uma cadeira baixa, que servia de "troninho" e à qual ele ficava preso por uma faixa larga na cintura. E assim Léon havia passado três anos, a olhar o pai e a mãe, afivelado, sem fazer nada com as mãos.

Sua irmãzinha, dois anos e meio mais nova, havia recusado completamente a cadeira baixa. Assim, a mãe havia desistido de prendê-la e, daí por diante, havia soltado Léon. Mas ele nunca engatinhou... Ficava sentado no chão, encostado na parede, sem tônus.

Para esse menino, as imagens do corpo haviam-se construído, ao mesmo tempo, a partir:

— *do olhar*: Léon introjetara o movimento habilidoso dos dedos e das mãos dos costureiros, o que lhe permitiu tocar piano;

— *da voz*: ele era capaz de cantarolar, por ter ouvido a mãe entoar cânticos religiosos em bretão e em latim no ateliê. Observe-se que não havia nenhuma coesão das imagens entre si.

Durante as sessões, Léon permanecia inerte. Não respondia às diversas solicitações da analista e fazia sempre o mesmo desenho.

Mas eis que, na quarta sessão, Françoise Dolto compreendeu que, na verdade, Léon respondia... só que de maneira adiada; respondia na sessão seguinte, isto é, com um atraso de oito dias. Ela lhe disse isso, felicitando-o por se dar tempo para refletir. Pôde-se então ler no olhar do menino, que até então não exprimira nada, a alegria de ter sido compreendido. Assim se iniciou a transferência.

Françoise Dolto pediu-lhe que fizesse uma modelagem, pedido este que ele só atendeu, portanto, na sessão seguinte. Modelou então quatro cilindros de tamanho rigorosamente idêntico. Alinhou-os e parou. Dolto o cumprimentou, ao mesmo tempo dizendo que ainda não compreendia, mas que percebia que ele estava querendo dizer alguma coisa.

Na sessão seguinte, Léon tornou a confeccionar os mesmos quatro cilindros, e depois outros dois, mais finos. Sempre arriado na mesa, tentou montar esses seis cilindros, "*sem que eu entendesse o que estava tentando fazer*",[14] escreveu Dolto, que tornou a lhe expressar seu desejo de compreender, dizendo que talvez "*vejamos melhor da próxima vez*".[15] Léon aquiesceu com o olhar.

A partir desse momento, ele passou a chegar às sessões sem se escorar na parede para andar nem na mesa para se sentar. Seu desenho tornou-se diferente. Ele continuava sem falar, mas retomou a modelagem, refez seus seis cilindros, montou-os e construiu uma cadeira, confeccionando uma placa a título de assento e outra à guisa de respaldar; em seguida, anunciou: "*É-u-ma-ca-dei-ra!*"[16]

F. Dolto: "*A cadeira está contente com a sorte dela? Você a fez para alguém?*"
Nenhuma resposta.
Na sessão seguinte, Léon levou o desenho de um barco, que a página não era suficiente para conter. Retomou a modelagem, completou-a e disse: "*Essa é a cadeira. Ela está contente de ser uma cadeira.*"
F. Dolto: "*Será que ela está esperando alguém?*"
Léon: "*Sim.*"
F. Dolto: "*Será que alguém virá sentar-se nela?*"
Léon modelou um boneco e o deitou diante da cadeira.
F. Dolto: "*É um homem? É você?*"
Léon: "*Sim.*"
F. Dolto: "*Você quer se sentar na cadeira?*"
Ele sentou o boneco na cadeira, apoiando-lhe as costas com muita força no espaldar.
F. Dolto: "*Será que o homem está contente?*"
Léon: "*Sim.*"
F. Dolto: "*Em que ele está pensando, esse homem? Ele é amigo da cadeira?*"
Nenhuma resposta.
F. Dolto: "*A cadeira está contente?*"
Léon: "*Oh, sim!* (com convicção). *Ela está mais contente que o homem.*"
F. Dolto: "*Ah, é?*"
Léon: "*É, sim, quando ele for embora, ela vai ficar com as costas dele, do homem, e ele não vai mais ter costas.*"
E Léon deu um sorriso sarcástico.
Françoise Dolto registrou nesse momento a virada da análise: com esse sorriso, Léon exprimiu o prazer passivo que havia extraído dessa posição, o que o tinha estimulado a viver.

❖ *Léon fala, depois que sua imagem do corpo lhe é devolvida.* Na sessão seguinte, Léon foi diretamente da porta até a cadeira e se sentou normalmente: nada de desenho, nada de modelagem. Falou com Françoise Dolto sobre seu pai, que tinha ido embora (o pai era um judeu polonês, e os alemães que tinham ido prendê-lo haviam mandado Léon tirar a roupa, para ver se ele era circuncidado. Mas a mãe, sem saber o que era circuncisão, não pudera explicar isso a Léon).
Françoise Dolto falou-lhe de sua modelagem da sessão anterior e do espaldar da cadeira, que queria ficar com as costas do boneco. Mais

uma vez, Léon contou toda a sua história, mas, desta feita, com palavras: "*Quando eu era pequeno, e minha irmã também, a mamãe queria que a gente ficasse no urinol e nos amarrava.*"[17]
Tornou-se então possível fazer perguntas e obter respostas a elas. Por que os alemães o tinham despido? Que significava a circuncisão? Em que consistia a diferença sexual? O ritmo de sua fala regularizou-se. Françoise Dolto anotou: "*Assistimos a um derramamento de palavras, como uma evacuação excrementícia, diríamos, a respeito de fantasias de imagens do corpo confusas e disparatadas. E tudo isso a partir de uma cadeira, um móvel e costas coisificadas.*"[18]
Depois disso, a família partiu para a zona livre. A mãe escreveu a Françoise Dolto, dizendo que Léon estava indo bem e aprendendo coisas na escola. Divertia-se, pulava num pé só, jogava bola e corria. Assim, tendo-lhe sido devolvida a imagem do corpo, que se tornara possível através das modelagens, ele não precisou mais dessa mediação e pôde se apropriar de sua fala.

❖ Esse caso fala, ao mesmo tempo, de Léon e de F. Dolto. Eu gostaria de sublinhar a maneira que tinha Dolto de se surpreender, de discernir prontamente o que se exprimia de essencial nas entrelinhas. Ela ouviu isto: "*O lugar doloroso... é nele que eu estou.*" Portanto, ela se punha à escuta com aquilo que era e com suas próprias imagens do corpo. Dirigiu-se a Léon, como sujeito de seu desejo, e não unicamente a seu corpo. Citemos o que disse: "*Meu trabalho de psicanalista era questioná-lo onde eu me sentia questionada.*"[19] Acima de tudo, tratava-se de não ser mais uma escora para ele.

A história da menina do espelho introduziu-nos num momento essencial do destino das imagens do corpo, o momento em que elas são recalcadas e se tornam inconscientes para sempre. A história de Léon mostrou-nos os estragos que acompanharam a constituição da imagem do corpo de um menino cujo desejo de motricidade foi proibido. O efeito disso, em seu esquema corporal, foi inibir "*potencialidades neurológicas sadias, mas que permaneciam intocadas*".[20]

Esclareceremos esse aspecto a partir do caso clínico que apresentamos agora.

Agnès, ou a ausência da imagem do corpo olfativa

O caso de Agnès é um exemplo que Françoise Dolto não se cansava de retomar. É muito esclarecedor quanto à ligação que a imagem do corpo constitui.

Agnès foi amamentada por cinco dias. Seus pais eram arrendatários de uma fazenda no interior. Infelizmente, a mãe logo teve que voltar ao hospital para uma intervenção ginecológica. Assim, deixou Agnès aos cuidados do papai e de uma tia que estava lá desde o nascimento. Assim separada da mãe, a menina recusou toda e qualquer alimentação: a mamadeira, a água na colherinha. Mas sofria visivelmente com a fome. O pai, desnorteado, consultou um médico, que reconheceu sua ignorância para tratar desse tipo de problema e o aconselhou a procurar Françoise Dolto. Mas estávamos em plena guerra e era difícil as pessoas se deslocarem; assim, o pai telefonou para ela.

Françoise Dolto disse que, na época, estava pensando na importância da imagem olfativa, que parecia preceder a imagem oral. Propôs ao pai que fosse ao hospital buscar uma camisola ou uma roupa de baixo usada por sua mulher, certificando-se de que essa peça preservasse todo o odor da mãe. Depois, ele deveria colocá-la em volta do pescoço do bebê ao lhe oferecer a mamadeira.

Foi o que ele fez. Mais tarde, o pai e a mãe telefonaram a Françoise Dolto para lhe anunciar que, para sua grande surpresa, o bebê havia devorado prontamente todo o conteúdo da mamadeira.

Comentário teórico

A boca de Agnès não podia mais funcionar, porque estava ausente o cheiro que a ligava à mãe. Na falta do odor, o que faltava era a imagem do corpo olfativa da menina, a imagem que servia de vínculo, nas primeiras mamadas, não com a mãe como tal, mas com a mãe como aquela que garantia sua segurança fundamental, sua própria vida.

A imagem do corpo é elaborada entre a criança e a mãe. É produzida pelo que Dolto chama de díade. O que faltava a Agnès para poder mamar não era a mãe, não era o seio, mas sim *a imagem-dela-mesma-mamando-no-seio-da-mãe*. A imagem do corpo olfativa estava ausente, assim como o estavam a imagem do corpo oral e digestiva. O cheiro da mãe, trazido pela peça de roupa, restabeleceu a imagem do corpo olfativa, isto é, o vínculo da díade mãe-bebê através do olfato. Com isso, a imagem do corpo olfativa restaurou a imagem do corpo-boca-e-aparelho-digestivo, bem como seu funcionamento.

❖ *Imagem do corpo, imagens do corpo*. Acabamos de falar em imagem do corpo olfativa, imagem do corpo oral. Em seus textos, Françoise Dolto fala com freqüência em imagens do corpo, no plural. Elas estão ligadas a cada momento da evolução da relação da criança com a mãe e com os outros. O destino dessas imagens do corpo, no plural, é serem submetidas a castrações, isto é, a proibições estruturantes que irão remanejá-las.

A díade mãe-bebê resulta da imaturidade biológica e relacional da criança. Sua incapacidade de bastar a si mesma condena-a, por assim dizer, a se relacionar com os outros, condena-a à troca substancial e sutil com os outros. A imagem do corpo, portanto, está inteiramente aprisionada nessa troca, a qual, em seu componente sutil, podemos dizer que é de "comunicação linguageira". Em outras palavras, *a imagem do corpo constitui-se na linguagem.*

Essa imagem também é habitada pelo desejo. Essa é a dimensão dinâmica da imagem do corpo, que Dolto chama de *imagem dinâmica.* Essa "*imagem dinâmica corresponde ao desejo de existir e de perseverar num futuro. Esse desejo, como fundamentalmente marcado pela falta, está sempre aberto para o desconhecido*".[21] Dolto insiste muito no termo desejo e, para falar da dinâmica do corpo, emprega a expressão *sujeito desejante.*

Na seqüência da elaboração do conceito de imagem do corpo, ela foi levada a evocar a imagem do corpo não mais no plural, embora mantivesse essa conceituação, porém através de três aspectos ou três modalidades de uma mesma imagem do corpo — a imagem basal, a imagem funcional e a imagem erógena —, modalidades estas que estão intimamente ligadas.

❖ *A imagem basal.* Trata-se da imagem do corpo em repouso, isento de tensões. É ela que permite que a criança — e, mais tarde, o adulto — sinta-se como sendo a mesma. É o lugar da continuidade tranqüilizadora. É o lugar privilegiado das pulsões de morte que permitem o repouso. A imagem basal origina-se na vida fetal e é reformulada depois do nascimento. O funcionamento vegetativo, respiratório e cardiovascular, assim como o peristaltismo intestinal, são os lugares privilegiados do corpo como esteio da imagem basal. *Quando essa imagem basal fica em perigo, a própria vida fica ameaçada.*

❖ *As imagens funcionais e erógenas.* As imagens funcionais e erógenas ora são apresentadas separadamente, como no livro *A imagem inconsciente do corpo*, ora juntas, como no artigo de 1961 intitulado "Personalogia e imagem do corpo".[22]

A imagem funcional visa à realização do desejo. É uma imagem do corpo em movimento, enquanto a imagem basal é uma imagem de estabilidade. A imagem funcional é oscilante como as tensões, é uma imagem descontínua. Se a imagem basal é o lugar das pulsões de morte, a imagem funcional é o veículo das pulsões de vida.

A imagem funcional anal tem uma dimensão de expulsão que se origina na expulsão dos excrementos. Ela permite a sublimação das pulsões anais. Pode exprimir-se, por exemplo, pela mão, no fato de atirar ou lançar, quer para livrar-se de alguma coisa, quer para enviar um objeto a alguém.

A imagem funcional oral da mão exprime-se, ao contrário, pelo fato de segurar, de guardar. A imagem funcional anal pode exprimir-se na expulsão agradável de um objeto parcial substancial e sutil: por exemplo, no fato de expelir o ar para falar, assobiar ou cantar.

Em todas as suas modalidades, a elaboração da imagem funcional enriquece o prazer, proveniente de uma zona erógena, nas relações com os outros. Na história da menina da boca de mão, era a imagem funcional da mão que tinha sido invalidada. A preensão não funcionava mais. A sublimação das pulsões orais pelo deslocamento para as mãos não podia ser feita.

A imagem erógena, como todas as dimensões da imagem inconsciente do corpo, é uma imagem que integra a relação com alguém. Mais precisamente, no entanto, ela liga, por assim dizer, o que há de prazeroso ou desprazeroso nessa relação com o lugar do corpo onde se concentra esse prazer ou desprazer.

"*O importante*", diz ainda Françoise Dolto, "*é descrever como esses três componentes da imagem do corpo se metabolizam, transformam-se e se reformulam, levando em conta as provações enfrentadas pelo sujeito e as limitações com que ele depara, sobretudo sob a forma das castrações simboligênicas que lhe são impostas; é descrever, portanto, como as vicissitudes de sua história permitem, no melhor dos casos, que sua imagem basal garanta sua coesão narcísica. Para isso, é necessário: 1. que a imagem funcional permita uma utilização adaptada do esquema corporal; 2. que a imagem erógena abra para o sujeito o caminho de um prazer compartilhado (...).*"[23]

❖ *As castrações, a castração.* Abordamos anteriormente a imagem inconsciente do corpo por meio da prova do espelho, e dissemos que Dolto falava desse momento particular como sendo uma castração, e uma *castração simboligênica: um choque — uma perda — um avanço.*

De fato, Dolto fala em efeito de castração todas as vezes que alguém depara, na vida, com um processo desse tipo. "*Em todos os seres humanos, existem momentos de mutação das modalidades do desejo: é a isso que, em psicanálise, chamamos castrações. Ocorrendo num momento oportuno do desenvolvimento, seu efeito suscita a eclosão das sublimações do desejo.*"[24]

A castração, com efeito, consiste em proibir, no momento adequado, aquilo que seria prejudicial à criança ou aos outros. As proibições de cada castração abrem caminho, portanto, para gozos maiores, e sobretudo para gozos que estejam mais de acordo com o estado da libido num dado momento.

Françoise Dolto falou numa série de castrações: castração umbilical, castração oral, castração anal, castração do espelho, castração primária e castração genital edipiana. Em todas essas ocasiões, a cada castração, as imagens do corpo são reformuladas. Visto que as modalidades do desejo mudam, a relação com os outros se modifica e a imagem inconsciente do corpo, que é resultante dela, também se modifica.

Há duas dimensões cruzadas no processo de castração: uma que poderíamos chamar de "interna", ligada à dinâmica do desenvolvimento da criança, e outra que está muito mais ligada à dimensão relacional desse desenvolvimento. No ser humano, com efeito, existe algo que o impele a crescer, a se desenvolver, a não permanecer onde está. Dolto fala de um *ir-se tornando*. Essa força está associada a uma outra, que o retém onde ele está, porque isso é tranqüilizador: pelo menos é algo que ele conhece. A angústia surge ao se sair dessa posição tranqüilizadora em troca de algo que não se conhece. A castração, nesse caso, está em abandonar essa posição, em perdê-la em prol de uma posição diferente, que leva a um avanço, sem dúvida, mas ao preço dessa perda. Ir em frente é uma necessidade, mas é angustiante. Ficar no mesmo lugar é tranqüilizador, mas é mortífero.

A outra dimensão é a dimensão relacional. O momento de mutação vivido pela criança é vivenciado numa relação com o meio, com os pais e também com os irmãos. Esse momento de mutação é vivido pelo meio com alegria ou com angústia. A alegria sustenta a transição e descortina para a criança prazeres mais importantes. A angústia traz o risco de fazer dessa mutação não um ganho, mas uma perda, uma mutilação.

De qualquer modo, o momento de mutação que a criança vive é angustiante para ela. Abandonar o que ela conhece, para enfrentar o desconhecido, é tão angustiante que ela não consegue arriscar-se a isso sozinha. Precisa do adulto. Precisa que o adulto a ajude a abandonar a maneira da qual extrai seu prazer nesse momento, em troca de outra mais adequada. Mas, ao mesmo tempo que impede a criança de permanecer onde está, o adulto lhe indica: "*Sabe, isso que te espera não é tão desconhecido assim, eu também passei por isso e prometo te apoiar, te acompanhar.*" É fácil perceber que, para impor a castração, proibindo a estagnação e apoiando a travessia, é preciso que o próprio adulto tenha passado por ela, isto é, que a tenha recebido. É preciso que ele tenha feito essa travessia, que tenha vivido esse momento angustiante em que se larga uma coisa, tendo como única esperança de agarrar uma outra a palavra daquele que diz: "*Vamos, ande!*" Naturalmente, essas palavras são fictícias; trata-se de uma verbalização do que os adultos exprimem em seu comportamento, seus atos e seus ditos.

A castração, como vemos, não é vivida pela criança sozinha, isolada dos outros. É vivida na ligação com o meio, no intercâmbio com o meio. Esses momentos de trocas, de encontros, são, para a criança, simbolizadores de seu ser/estar no mundo.

❖ *A imagem inconsciente do corpo: experiências na vida.* A teoria da imagem do corpo é complexa, difícil de apreender, uma vez que a imagem do corpo nos é inconsciente. Contudo, há algumas situações na vida que nos falam da imagem inconsciente do corpo e que podem permitir-nos apreender fragmentos dela. Eis uma que me parece particularmente eloqüente.

Trata-se da impressão que podemos ter quando estamos sentados num veículo parado e um outro veículo, também imóvel, ao nosso lado, começa a avançar lentamente. Temos então a impressão de que é o nosso que está se mexendo. Ora, nós, estando ao volante, não estamos fazendo nada para que ele se mova, donde isso nos escapa; e, nesse exato instante, é algo perturbador. A impressão que temos é puramente visual, não se liga à sensação interna — visceral, eu diria — que costuma ser provocada pelo fato de nosso corpo mudar de lugar.

Essa sensação é muito desagradável, porque, para lutar contra a desestabilização que nos invade, alguma coisa em nosso corpo vem colocar-se no lugar onde há uma ausência de sensação — um enjôo, que corresponde a uma inversão da imagem inconsciente do corpo. Esse enjôo desaparece em alguns décimos de segundo, tão logo conseguimos decodificar o que está acontecendo e perceber que foi o outro veículo que se mexeu. Nesse momento desagradável, que nos surpreende, a imagem do corpo visual desvincula-se da imagem do corpo em sua sensação de estabilidade ou de movimento. O conjunto deixa de ser coerente, a imagem do corpo deixa de ser coesa.

O que convém ressaltar é que a vivência inicial não tem sentido e, nesse aspecto, é desestruturante. A sensação de enjôo é uma tentativa de restabelecer o sentido. Esse tipo de experiência, que todos já tivemos, de uma maneira ou de outra, pode nos instruir sobre o que são a imagem inconsciente do corpo e seu funcionamento.

Há uma outra experiência, menos difundida, mas da qual temos inúmeros testemunhos: é quando uma pessoa enfrenta pela primeira vez um terremoto. Habitualmente, temos uma sensação de estabilidade do corpo sobre a terra firme, sensação esta com que não nos preocupamos e que nos escapa.

Todos os depoimentos que colhemos dizem que, de repente e por um instante brevíssimo, a pessoa é invadida por uma sensação desagradável, *ainda mais desagradável por não ter sentido*, uma sensação desestabilizadora. Tão logo a pessoa — que, mesmo sem ter tido essa experiência, sabe que o fenômeno existe — consegue dar nome ao acontecimento, dizendo "É um terremoto!", ela recupera sua coesão, ainda que continue com medo. A imagem basal volta a se formar. Na próxima vez que houver um novo sismo, a experiência corporificada na denominação permitirá, graças aos referenciais adquiridos e antes mesmo que o pensamento tenha tempo de se formar, que a imagem do corpo permaneça estável.

Inversamente, existem experiências que prejudicam de maneira duradoura a imagem do corpo; para ficarmos nos terremotos, podemos citar o caso da pessoa que, semanas depois do acontecimento, não consegue parar de tremer. É que a imagem basal foi afetada.

Outro exemplo é a mareação: certamente, existe nessa náusea algo de uma imagem do corpo que não consegue se estabilizar, ou seja, continuar a ser ela mesma em meio ao movimento. Assim, a imagem do corpo se inverte e provoca vômitos. A imagem do corpo, que tem sua origem na relação com alguém, orienta-se da boca para o ânus, uma vez que se alicerça no peristaltismo intestinal. Ela se inverte por completo quando engolimos mal, e provoca um enjôo que impede que sufoquemos.

A imagem do corpo também se orienta do topo do crânio para a planta dos pés, em razão dos efeitos da atração terrestre, que é continuamente sentida. Uma mudança de posição ou de sentido no deslocamento, quando é lenta e consciente (ou pré-consciente), orienta a imagem do corpo de uma outra maneira, mas preserva sua coesão. É a mudança brusca, inesperada, que perturba a imagem do corpo. Essa perturbação pode manifestar-se por uma inversão. Nesse caso, a inversão já é uma tentativa de restauração. Pode consistir numa regressão para uma imagem anterior. E também pode ser um despedaçamento.

Eis um exemplo de despedaçamento da imagem do corpo numa criança pequena; trata-se de um distúrbio que vemos com freqüência, de uma forma ou de outra, na Maison Verte: uma criança pequena, que mal consegue ficar sentada e ainda não tem motricidade suficiente para mudar de posição a seu critério, é derrubada por outra, maior, para quem nada constitui obstáculo. A criança cai de repente e não necessariamente sente dor, podendo estar sentada num tapete macio, mas começa a chorar. Um adulto que está por perto a reergue e tenta acalmá-la, mas os gritos continuam e até aumentam. Essa pessoa, que a criança não conhece particularmente, é incapaz de consolá-la. Chega a mãe ou o pai, pega-a no colo e lhe diz algumas palavras. Imediatamente, a criança pára de soluçar, sua respiração se acalma e ela recupera a serenidade.

Françoise Dolto dizia que, no momento em que cai subitamente, a criança é como um quebra-cabeça que se desfaz. Ela perde sua coesão, suas imagens do corpo dissociam-se de seu esquema corporal. A pessoa que é estranha para a criança não pode fazer muita coisa por ela, porque a imagem do corpo não lhe está ligada sob nenhum aspecto. Ao contrário, a coesão da criança instaura-se, originalmente, na ligação com a imagem do corpo da mãe e do pai. Quando ela reencontra a voz, o cheiro e o toque do corpo deles, a imagem do corpo que os liga também volta para o lugar e a criança recupera sua coesão.

Quando evocamos um despedaçamento, como um quebra-cabeça que se desfaz, não se trata de o corpo se despedaçar. Também não é a representação visual que se despedaça: o que há é uma dissociação entre as *imagens do corpo* e o esquema corporal.

❖

Conclusão
A imagem do corpo: relacional,
inconsciente, maltratada e restaurável

Para concluir, se tentarmos resumir o que salientamos sobre a imagem inconsciente do corpo, diremos:

— A imagem do corpo só se constitui e só continua a existir na relação com alguém.
— Ela se constrói com várias pessoas e pode ser diferente, conforme as pessoas.
— A imagem do corpo é uma montagem de múltiplas imagens parciais do corpo, articuladas umas com as outras.
— A imagem basal garante a segurança e a continuidade do sujeito.
— A imagem dinâmica é portadora do desejo.
— A imagem funcional e a imagem erógena visam a realização do desejo.
— As imagens do corpo são modificadas pelas castrações, para se tornarem mais compatíveis com o estado da libido num dado momento.
— A imagem do corpo é recalcada pela experiência do espelho. Torna-se então definitivamente inconsciente.
— Quando uma imagem do corpo é ameaçada, o sujeito pode regredir e se fixar numa imagem do corpo arcaico, que o captura como que numa armadilha.
— Quando uma imagem do corpo é ferida, ela pode exprimir-se através do mau funcionamento do corpo biológico.
— A imagem inconsciente do corpo pode dissociar-se do esquema corporal, quando não está suficientemente consolidada para suportar uma provação.
— A imagem inconsciente do corpo só pode ser decifrada na relação com alguém e, mais precisamente, na transferência com o analista.
— E é na transferência que a imagem inconsciente do corpo, maltratada, pode ser restaurada.

Seleta bibliográfica

DOLTO, F.,
Le Cas Dominique, Paris, Seuil, 1971 [*O caso Dominique*, Rio de Janeiro, Zahar, 1981].
Psychanalyse et pédiatrie, Paris, Seuil, 1971 [*Psicanálise e pediatria*, Rio de Janeiro, Zahar, 3ª ed., 1980].
Au jeu du désir, Paris, Seuil, 1981 [*No jogo do desejo*, São Paulo, Ática, 2ª ed. rev., 1996].
Séminaire de psychanalyse d'enfant, I e II, Paris, Seuil, 1982 e 1985.
L'Image inconsciente du corps, Paris, Seuil, 1984.
Correspondance, 1913-1938, Paris, Hatier, 1991.
Les Étapes majeures de l'enfance, Paris, Gallimard, 1994.
Les Chemins de l'éducation, Paris, Gallimard, 1994.
Sexualité féminine, la libido génitale et son destin, Paris, Gallimard, 1996.
DOLTO, F. e J.-D. NASIO, *L'Enfant du miroir*, Petite Bibliothèque Payot, Paris, Payot, 1992.

❖

HALMOS, C., "La Planète Dolto", in *L'Enfant et la psychanalyse*, Esquisses psychanalytiques, CFRP, 1993.
NASIO, J.-D.,
"L'Image du corps: un concept psychanalytique", in *Thérapie psychomotrice et recherches*, 1993, n°97, p.4-17.
"Un témoignage sur la clinique de Françoise Dolto", in *Introduction aux oeuvres de Freud, Ferenczi, Groddeck, Klein, Winnicott, Dolto, La-*

can, op. cit. ["Um testemunho sobre a clínica de Françoise Dolto", *Introdução às obras de Freud, Ferenczi, Groddeck, Klein, Winnicott, Dolto, Lacan*, Rio de Janeiro, Zahar, 1995].

"L'Image inconsciente du corps", intervenção (inédita) nos Seminários Psicanalíticos de Paris, 5 de abril de 1995.

"Comment écouter un enfant? L'Image Inconsciente du Corps", conferência inédita, 1999.

ROUDINESCO, E., *Jacques Lacan. Esquisse d'une vie, histoire d'un système de pensée*, Paris, Fayard, 1993 [*Jacques Lacan: Esboço de uma vida, história de um sistema de pensamento*, São Paulo, Companhia das Letras, 1994].

❖

OBRA COLETIVA, *Quelques pas sur le chemin de Françoise Dolto*, Paris, Seuil, 1988.

Um caso de adolescente de F. Dolto:
Dominique ou o adolescente psicótico

Y. François

***O caso Dominique
na obra de Françoise Dolto***

❖

Os móbeis teóricos do caso Dominique
*As hipóteses fundadoras
Imagem do corpo e castrações simboligênicas
Psicose, imagem do corpo e castração simboligênica
Teoria da análise*

❖

O desenrolar da análise

❖

Conclusão

❖

Seleta bibliográfica

> *Exortamos o leitor a ler este capítulo*
> *referindo-se ao livro de F. Dolto.* *

Dominique tinha quatorze anos. Ao longo dos anos, havia-se encerrado progressivamente em si mesmo, tornando-se cada vez mais indiferente ao que o cercava. Além disso, vivia "noutro planeta". Fazia muito tempo que só se ocupava de desenhar, e sempre as mesmas coisas: automóveis, aviões. Também fazia modelagens de personagens filiformes e grotescos, sempre os mesmos. Condutas estereotipadas, diziam.

Mas, e se considerássemos que a atividade plástica compulsiva de Dominique constituía, justamente, a prova última, incessantemente exibida, por nunca ser reconhecida, de que ele estava tentando desesperadamente sobreviver como Sujeito? Foi nisso que apostou Françoise Dolto, numa análise cuja narrativa tornou-se emblemática: *O caso Dominique*.

No que diz respeito ao conhecimento da obra de Dolto, o interesse do *caso Dominique* é insubstituível. Para começar, ele nos mostra Dolto em atividade: ali descobrimos seus diálogos com Dominique,

---

* *Le Cas Dominique*, Paris, Seuil, 1971 [*O caso Dominique. Relato exaustivo do tratamento analítico de um adolescente*, Rio de Janeiro, Zahar, 2ªed., 1981].

suas reflexões pessoais durante as sessões e as reproduções dos desenhos e modelagens do adolescente, acompanhadas dos comentários da analista. *O caso Dominique* é também um texto de imenso interesse teórico: ao lado de suas hipóteses fundamentais a respeito do Sujeito e do desejo, Dolto dá a sua teoria da imagem do corpo e das castrações simboligênicas todo o peso que ela tem. Por último, *O caso Dominique* é uma introdução extraordinária ao lugar das realizações plásticas nas análises de Dolto com crianças.

Cabe ainda acrescentar a tudo isso que *O caso Dominique* nos faz mergulhar no pensamento de Dolto, até seus limites: entre a psicanálise, a filosofia e uma certa forma de espiritualidade. Uma mesma convicção, com efeito, sustenta suas hipóteses sobre a psicose e seu trabalho com bebês e crianças pequenas: todo ser humano é, irredutivelmente, um ser de linguagem, quer sua fala seja louca, quer ele ainda não fale. Ao enunciar que "tudo é linguagem", Dolto fez uma espécie de síntese de suas convicções éticas mais fundamentais. O ser humano, para ela, está "sempre já" do lado da unidade e do lado da triangulação; está, por natureza, tanto na ordem do "um" quanto na do "três":

— ao "um" corresponde a idéia de uma unidade primária da pessoa, efetivamente realizada e anterior ao estádio do espelho, indissociável da simbolização do corpo que Dolto chamava de *imagem inconsciente do corpo*;

— ao "três" está ligada a afirmação de que a estrutura ternária que encontra sua assunção na triangulação edipiana é anterior a esta. Dolto veio a desenvolver essa idéia graças ao conceito de *castração simboligênica*, assim estendendo o impacto estruturante da angústia de castração aos primeiros estádios.

Foi no *caso Dominique* que Dolto nos ofereceu uma fórmula emblemática, que é uma espécie de síntese de seu pensamento sobre a origem: "*O ser humano é a encarnação simbólica de três desejos: o do pai, o da mãe e o seu, todos três sendo seres de linguagem.*" Essa foi uma perspectiva que teve o efeito de estender consideravelmente o campo da análise ao impensável dos primórdios da vida, ao impensável das primeiras feridas narcísicas, ao impensável psicótico. Para Dolto, o móbil, portanto, foi construir e conceituar uma prática psicanalítica capaz de assimilar o pré-verbal e o pré-especular.

Todavia, não devemos crer que Dolto tivesse por objetivo refutar a existência da loucura. Encontramos a melhor prova disso em seu diálogo inaugural com Dominique, no primeiro encontro dos dois: "Ora, é verdade que você faz maluquices!", disse-lhe Dolto. Mas, ao acrescentar que, juntos, eles tentariam compreender o que o havia deixado assim, ela reconheceu Dominique como um Sujeito completo, precondição e postulado fundadores de sua clínica e de seu sistema teórico. Quando ela pediu a Dominique para desenhar e fazer modelagens — aparentemente, sua atividade mais disparatada —, Dolto pautou-se na convicção de que essas realizações plásticas tinham um autor, o Sujeito: representar é, antes de mais nada, representar-*se*, dizia ela. Os desenhos e modelagens em que Dominique se encerrava iriam tornar-se o primeiro esteio de uma relação verdadeira, ou, melhor dizendo, o primeiro esteio de uma transferência.

❖

O caso Dominique na obra de Françoise Dolto

Em outubro de 1967, Maud Mannoni organizou em Paris um colóquio sobre as psicoses infantis. Reuniu psicanalistas e psiquiatras ingleses e franceses para um confronto entre a corrente estruturalista francesa, encarnada pela escola lacaniana, e a corrente existencialista inglesa, dita "antipsiquiátrica".[1] Durante essas jornadas, Dolto expôs pela primeira vez as doze sessões da terapia de Dominique, um adolescente psicótico, "apragmático desde a infância". Embora não se envolvesse explicitamente no debate entre estruturalistas e existencialistas, ela respondeu indiretamente, em seu texto, aos argumentos de uns e de outros. Aos ingleses, que responsabilizavam o sistema social pela psicose, Dolto respondeu insistindo no papel inconsciente das determinações familiares que haviam tecido a psicose de Dominique; aos franceses, defensores de um estruturalismo intransigente, opôs sua referência ao desejo de um Sujeito primordial, bem como seus conceitos de imagem do corpo e de castração simboligênica.

Na história intelectual de Dolto, a apresentação do caso Dominique pontuou um trabalho de pesquisa psicanalítica e ensino que ela havia iniciado desde sua tese de medicina de 1939, "Psicanálise e pediatria", na época dedicada a pediatras e médicos, para sensibilizá-los para os efeitos somáticos patogênicos dos conflitos neuróticos; a tese foi reeditada em 1971, na mesma época da primeira publicação do *Caso*

Dominique.² Na ocasião do colóquio de 1967, Dolto havia conquistado um lugar central no movimento psicanalítico francês, por seus inúmeros artigos, seus seminários e suas consultas públicas. Era íntima de Lacan: participara, a seu lado, da criação da Sociedade Francesa de Psicanálise, em 1953, e da fundação da Escola Freudiana de Paris, em 1964. Mas convém sublinhar desde logo — como os elementos teóricos evocados deixaram pressentir — que o *corpus* teórico de Dolto não é superponível ao de Lacan, mesmo que nele encontremos seus primórdios.

Seu *corpus* teórico, Dolto o desenhou ao longo de seus livros e artigos, mas sem jamais apresentá-lo de maneira sistemática, visto que o valor heurístico do caso clinico tinha precedência, sistematicamente, sobre o rigor da exposição acadêmica. Aliás, é difícil abordar *O caso Dominique* sem nos determos um pouco na questão fundamental da transmissão da psicanálise na obra de Dolto. Seu estilo oral, o de sua escrita e a escolha dos casos de que ela falava publicamente, tudo isso contribuiu para o desenvolvimento de uma modalidade singular de transmissão. Muito sucintamente, poderíamos propor, numa fórmula, que Dolto desconfiava do saber e preferia a verdade. Assim, no tratamento de Dominique, o saber estava na frase fulgurante do adolescente, que disse, na primeira sessão, "ter vivido uma história verdadeira" — uma intuição correta, do ponto de vista do saber, mas que de nada lhe adiantava; a verdade só surgiria nas últimas sessões, depois de Dominique transpor o desfiladeiro das castrações simboligênicas e dar um alcance simbólico à palavra de seu pai. De certa maneira, Dolto convida o leitor a seguir o mesmo caminho. Procura conduzi-lo à redescoberta viva dos fundamentos da psicanálise, e não à apropriação de um saber. Um traço marcante da obra de Dolto é sua capacidade singular de tocar a todos no próprio cerne de sua experiência do inconsciente.

A vontade de ficar mais perto da verdade que do saber teve uma influência determinante no estilo do relato do caso Dominique. Não se trata de uma transcrição textual e cronológica das sessões: Dolto realizou um importante trabalho de escrita *a posteriori*. Misturou seus pensamentos com fragmentos de diálogos e acrescentou comentários teóricos, anotações biográficas ou o relato de encontros com os pais. Todas essas anotações surgem como um contraponto da análise, à maneira do coro da Antigüidade: como na tragédia, experimentamos, à leitura do *Caso Dominique*, a inquietação do encontro de duas temporalidades — a dos acontecimentos e a do inconsciente, que só se cruzariam no momento da *krisis*, na última sessão. Enquanto Dominique não abordou os primórdios do Édipo, a referência à cronologia das sessões conservou um caráter artificial com respeito ao tempo do inconsciente. Foi isso, sem dúvida, que levou Dolto a circular de uma sessão para outra em seus comentários: às vezes ela se antecipa, noutras finge surpresa ou ignorância. Mais do que um artifício de estilo, é preciso considerar que a apresentação de uma perspectiva cronológica só faz sentido depois de se haver operado "a função realizadora do sujeito" (para retomarmos a formulação de Jean-Paul Moreigne), ou seja, a partir da castração primária.

❖

Os móbeis teóricos do caso Dominique

Entendeu-se que, ao construir sua obra através de um diálogo contínuo com seus leitores ou seus ouvintes, Dolto libertou-se das fronteiras acadêmicas entre a psicanálise e os engajamentos pessoais. A referência ao inconsciente regeu sua prática, assim como suas proposições a respeito da sociedade ou suas meditações espirituais, cada um desses campos, por sua vez, alimentando sua elaboração teórica. Por isso, seria artificial isolarmos os conceitos concernentes à psicose desenvolvidos a partir do caso Dominique, por seu enraizamento numa concepção mais global do Sujeito e da ética de seu desejo. É ao que se apresenta como hipóteses fundadoras de Dolto que convém retornarmos, antes de abordarmos os conceitos psicanalíticos que elas sustentam.[3]

As hipóteses fundadoras

Os contornos dessas hipóteses fundadoras foram sugeridos há pouco, a partir das referências à unidade e à triangulação, ambas situadas na origem por Dolto. Relembremos sua formulação: "*O ser humano é a encarnação simbólica de três desejos: o do pai, o da mãe e o seu, todos três sendo seres de linguagem.*" E vamos complementá-la com mais duas citações:

"*Um 'eu inconsciente' (...) parece preexistir à linguagem e deve ser considerado como a instância organizadora do feto, em colóquio com o eu inconsciente de seus pais.*"

De minha parte, se penso que o desejo dos pais induz o filho por um efeito de linguagem, penso que todo ser humano, por si mesmo, desde sua origem, em sua concepção, é uma fonte autônoma de desejo. Creio que seu aparecimento vivo no mundo (no nascimento) simboliza, por si só, seu desejo autônomo de se assumir como sujeito terceiro da cena primária e como sujeito único da consumação do desejo genital conjugal dos pais, do qual ele é o único significante."

As hipóteses de Françoise Dolto lhe conferem um lugar singular entre os psicanalistas: com efeito, ela sustentou que a unidade do Sujeito é primária e até primordial. A postura inversa é mais difundida e consiste, antes, em seguir a ordenação de uma desordem inicial em direção à unidade, seja pela integração das pulsões parciais, seja pela superação da posição esquizo-paranóide ou pela identificação com a imagem especular.

A isso, portanto, Dolto opôs sua hipótese fundadora a propósito de um Sujeito que, de certo modo, está "sempre já presente". Assim, as etapas do desenvolvimento assumiram para ela uma significação totalmente diversa: não é o Sujeito que se constrói nelas, e sim sua relação com o desejo. Assim, os momentos-chave da primeira infância que são os estádios devem ser compreendidos como verdadeiras provas iniciáticas: não existe ausência de saber, mas desconhecimento de uma verdade já presente. O que a criança experimenta em seus primeiros anos de vida é uma série de iniciações ao desejo do qual sua própria vida é testemunha. A introdução da idéia de iniciação induz, além disso, a uma referência aos agentes e às regras dessa iniciação: cabe aos pais e aos adultos em geral assumir o encargo iniciático, porquanto eles mesmos foram iniciados na regra fundamental do desejo: a proibição do incesto.

Imagem do corpo e castrações simboligênicas

Um grande conceito permitiu a Dolto articular com o *corpus* psicanalítico suas hipóteses fundadoras, as quais, de outro modo, permaneceriam nas fronteiras de um ato de fé: trata-se da idéia de *imagem do corpo*.

O desafio teórico de Dolto foi conseguir pensar na ordem do desejo, a despeito de seu aprisionamento nas necessidades do corpo; pensar na ordem do inconsciente, a despeito de sua sujeição ao espaço e ao tempo do próprio corpo. O conceito de imagem do corpo foi fruto da superação desses paradoxos: a imagem do corpo é, a cada instante, o resultado simbólico da experiência atravessada pelo desejo, às voltas com o corpo próprio.

Por mais "quimérica" que seja, a imagem do corpo nem por isso deixa de representar a unidade que Dolto afirmava ser primária. Ela é o espaço simbólico que unifica e ata o desejo e o corpo pulsional, o Sujeito e o corpo próprio: "*Uma imagem desenvolvida e acabada dela mesma convoca* [a criança], *tanto no plano biológico quanto no plano emocional*", dizia Dolto. Assim referida às leis do desejo inconsciente, a imagem do corpo distingue-se radicalmente do esquema corporal: ao contrário deste, a imagem do corpo traz a marca da ordem simbólica e tem lugar na dialética da alteridade promovida por Lacan. A imagem do corpo constrói-se na linguagem, é marcada por traços simbolizados da relação com o outro.

Ao conceito de imagem do corpo Dolto ligou, indissociavelmente, o de *castração simboligênica*. Ela chamava de castrações simboligênicas, ao mesmo tempo, as proibições de perenização de certas modalidades do desejo, proibições com que a criança deve deparar nas etapas fundamentais de seu desenvolvimento, e os efeitos que essas proibições surtem nela. Aos pais, a quem compete a tarefa de iniciar a criança nas castrações, Dolto dizia que eles deviam "dar" a castração.

Assim, o erotismo oral do primeiro estádio, guiado por um desejo de preensão e incorporação, tem que emudecer e se transformar, a fim de sustentar trocas mais abstratas através da voz e, mais tarde, da fala. O desmame, a perda do corpo-a-corpo que ele implica e as palavras que o acompanham são os operadores do que Dolto denominava, portanto, de castração oral. A castração oral é seguida pela castração anal: a onipotência ilusória que está ligada à aquisição do domínio muscular precisa deparar com as regras concernentes ao que não se deve fazer consigo mesmo nem com os outros. A castração genital-edipiana sucede-se a ela, para articular definitivamente, graças à aceitação da proibição do incesto, o desejo e o corpo próprio.

Se dissermos que a imagem do corpo é sincrônica por natureza, uma síntese totalmente realizada a cada instante, as castrações simboligênicas seriam seu par diacrônico. À dialética do desejo e do corpo próprio, que institui a imagem do corpo, as castrações simboligênicas acrescentam a da sucessão das zonas erógenas, de seus objetos e das manifestações da lei.

A outra maneira — mais clássica, embora não lhe seja totalmente superponível — de formular o jogo dialético entre imagem do corpo, castrações simboligênicas e lei do desejo é enfatizar aquilo que conduz o processo, ainda que por sua ausência: o falo. Nada do que Dolto propôs com seus conceitos leva-nos a ter que escolher entre a contribuição lacaniana sobre a questão do falo e uma perspectiva mais classicamente freudiana, que diríamos desenvolvimentista, na qual houve quem encerrasse Dolto. A melhor prova disso pode ser encontrada justamente no caso Dominique: ao longo de todo o seu estudo, Dolto manteve um discurso em duas vertentes, no qual os incidentes da imagem do corpo de Dominique encontram eco, a cada etapa, em termos da busca fálica.

Psicose, imagem do corpo e castração simboligênica

Todavia, a comunhão de perspectivas entre as concepções teóricas de Dolto e as de Lacan, mais conhecidas, tem seus limites. Já pudemos pressenti-los quando foi sublinhado, na seção referente às hipóteses fundadoras, o tipo de consistência que a noção de Sujeito assumia para Dolto. Em torno da questão das origens, os caminhos de Dolto e Lacan separam-se inapelavelmente. Fica claro que ao sujeito lacaniano, muito próximo do logro, Dolto opôs um Sujeito que é autenticamente fonte de desejo, e que, ao vínculo mantido com a ordem simbólica pelo sujeito lacaniano, Dolto retrucou com a afirmação de uma identidade por natureza, na origem e por princípio. É como se Dolto houvesse levado às últimas conseqüências a afirmação lacaniana da identidade estrutural entre o inconsciente e a linguagem, através de um "tudo é linguagem" radical. A partir dessa tomada de posição, Dolto foi inelutavelmente levada a formular novas hipóteses sobre a psicose. A idéia lacaniana de um sujeito psicótico radicalmente excluído da ordem simbólica, que lhe estaria foracluída, é incompatível com a do Sujeito doltoiano.

Para Dolto, muito embora exista uma ferida na ordem simbólica na origem da psicose, ela é, de certo modo, mais localizada e mais identificável: concerne apenas à imagem do corpo, e não ao Sujeito. No sistema teórico doltoiano, a psicose é a expressão de uma alienação numa imagem do corpo arcaica, isto é, numa imagem do corpo que se furtou às castrações simboligênicas. Não é a ordem simbólica em si que é excluída da cena psicótica, mas apenas seus efeitos de "marcação", em etapas precoces e decisivas do desenvolvimento. Em outras palavras, falta uma castração simboligênica na origem da psicose, e o Sujeito fica alienado numa ética arcaica do desejo. A falta da castração simboligênica era, para Dolto, a própria definição do trauma: um acontecimento não é traumatizante em si — traumático é o fato de ele não ter podido ser simbolizado, por não ter sido articulado com uma castração simboligênica. No caso de Dominique, veremos que o trauma foi ele ter sido "autorizado" pelos pais a se identificar com a irmãzinha que acabara de nascer, o que o deixou, aos três anos, regredir para aquém da castração oral.

Foi em relação com a falta da castração simboligênica que Dolto abordou a dimensão familiar, ou melhor, genealógica do aparecimento de uma psicose: os pais não podem dar a castração simboligênica esperada pelo filho, quando apresentam "lacunas na estrutura pré-edipiana ou edipiana" da libido, em virtude de sua própria história com seus pais. Foi isso que Dolto exprimiu numa formulação lapidar: "*São necessárias três gerações para que apareça uma psicose.*" E ela acrescentava que, nessas famílias, é a criança "mais dotada de libido", ou, dito de outra maneira, a mais perturbadora no tocante ao desejo, que fica mais exposta.

A alienação numa imagem do corpo pré-especular e arcaica, por falta de castração simboligênica, incapacita o sujeito psicótico para articular seu desejo com seu corpo humano sexuado. No entanto, ele continua a ser um ser de desejo e de linguagem, que não pode furtar-se totalmente à questão do outro: apesar de tudo, espera um reconhecimento e uma resposta a seu desejo, continua a simbolizar sua falta-a-ser. Mas, na ética arcaica do desejo que o aprisiona, o sujeito psicótico encerra-se num código não compartilhável, incompreensível para os outros, ou, melhor dizendo, autista. Assim é que, em sua segunda sessão com Dolto, Dominique manifestou sua percepção de todo encontro como uma interconsumição devoradora, através de um gesto feito com as mãos, acompanhado por sons que representavam "maxilas trituradoras".

Ligado a essas fantasias arcaicas e apavorantes, o desejo é vivido em termos persecutórios: por conseguinte, tem que ser adormecido ou extinguido. É graças à pulsão de morte que o Sujeito pode abandonar temporariamente o fardo de seu desejo. Dolto, aliás, afirmava que a pulsão de morte não visa em absoluto à morte do Sujeito, mas à colocação do desejo em repouso, tal como ele fica durante o sono ou no orgasmo. No contexto da psicose, a manifestação da pulsão de morte não é patológica em si; o patológico, ao contrário, é seu surgimento no lugar das castrações simboligênicas: o sujeito psicótico substitui a transmutação do desejo confrontado com a castração por tentativas iterativas de extingui-lo na pulsão de morte.

A esses limites do que se apresenta como um mecanismo de defesa característico da psicose Dolto acrescentou que os fragmentos de desejo que não puderam ser sufocados nem adormecidos pela pulsão de morte fazem-se lembrar ao Sujeito, adotando a máscara da fobia. Essa seria a máscara de qualquer movimento para Dominique, isto é, de tudo o que representava a dinâmica do desejo que o aterrorizava, na impossibilidade de conhecer e aceitar suas leis.

Teoria da análise

As hipóteses fundadoras de Dolto, seus conceitos particulares e sua teoria da psicose traçaram os contornos de uma teoria do tratamento analítico que só poderia ser original.

Em primeiro lugar, o reconhecimento do outro como Sujeito, por princípio, naturalmente levou Dolto a pautar a análise no princípio de que ela era, antes de mais nada, um encontro. Ela afirmava ser possível e necessário estabelecer com "o outro", mesmo que se dissesse que ele era psicótico, o que chamava de um "vínculo de conaturalidade", um elo que os tornasse "parelhos" durante o tempo da sessão. Para Dolto, era da própria ética da análise afirmar, por princípio, "que existe no analista uma transferência específica, porque ele confia no ser humano que é seu interlocutor".

De um ponto de vista mais propriamente conceitual, o que ela também designou como um "vínculo de conaturalidade" entre o analista e seu paciente apóia-se na colocação das imagens do corpo do analista e do analisando em ressonância. Mais exatamente, a imagem do corpo do analista constitui, de certa maneira, "a via real" para o impensado arcaico do paciente psicótico. Para Dolto, a passagem pelo desfile inconsciente da imagem do corpo do analista sustenta e possibilita a transferência e a interpretação, é seu "lugar de consolidação". Mas, mesmo ao entrar em ressonância com o paciente pela sincronização das imagens do corpo, a posição do analista não é totalmente simétrica, na medida em que o analista é tido como havendo superado a prova da castração edipiana. Por força disso, o analista fica inclusive em condições de "dar" uma castração ao analisando. Dolto mostrou-nos isso no decorrer das sessões com Dominique, que ela balizou com verdadeiras enunciações das leis do desejo.

Por conseguinte, não se deve acreditar que, ao declarar que a imagem do corpo do analista é o "lugar de consolidação da transferência", Dolto nos esteja simplesmente remetendo a uma forma de comunicação empática, mais ou menos fusional. Para o analista, ao contrário, trata-se de sustentar logo de saída a constituição de um espaço terceiro: o espaço da lei comum, espaço de enunciação das castrações, espaço de co-construção da imagem do corpo. É nessa perspectiva que é preciso entender a atenção de Dolto para com a gestualidade, a mímica, e sobretudo para com as realizações plásticas, os desenhos e modelagens. A gestualidade e a mímica, que noutro texto são chamadas de "linguagem pré-verbal e paraverbal que é a linguagem do corpo", são representadas, por exemplo, pelo gesto já evocado de Dominique e pelo que ele revelou de suas representações inconscientes do desejo, mobilizadas pelo encontro. Quanto às produções plásticas realizadas durante as sessões, sabemos que elas ocuparam um lugar eminente na obra de Dolto — que chegou até a lhes dedicar um seminário durante vários anos.

No início de sua prática clínica, Dolto introduziu os lápis de cor e a massa de modelar em suas análises de crianças, com o único objetivo de sustentar os ditos espontâneos que elas proferiam. Depois, ao mesmo tempo que o conceito de imagem do corpo foi ganhando forma, ela foi levada a dar uma importância crescente a essa atividade. De fato, Dolto afirmava que o que a criança desenha ou modela numa sessão é sua imagem do corpo atualizada na transferência. Essa é uma proposição que ultrapassa amplamente a simples análise simbólica das realizações plásticas da criança na sessão, uma vez que as torna indissociáveis do próprio processo analítico. Em sua obra, Françoise Dolto deixou-nos inúmeros exemplos da maneira como se apoiava nas produções da criança no estabelecimento da transferência e em suas interpretações. A análise de Dominique, em particular, foi balizada por seus desenhos e modelagens, que eram, ao mesmo tempo, manifestações sensíveis da evolução de sua situação afetiva inconsciente e puras representações do espaço da transferência.

Se Dolto dava tamanha importância às condições atuais de revelação da imagem do corpo na análise, era, antes de mais nada, porque elas tornavam solidárias e análogas a imagem do corpo da transferência e a imagem do corpo arcaica. As imagens do corpo que escapam da castração são atribuídas à imagem do corpo atualizada na sessão. Para Dolto, a análise devia permitir o retorno das imagens carentes de castração simboligênica: em outras palavras, a análise é um tempo e um espaço de manifestação da regressão que dão uma nova oportunidade de encontrar as castrações. Aqui reencontramos o par regressão-catarse, conceituado por Freud desde muito cedo; no pensamento de Dolto, encontramos a catarse adveniente do confronto com a castração simboligênica que não foi dada.

Como sistema duplamente polarizado pela imagem do corpo do analista e pela do paciente, a análise não é, entretanto, um campo fechado. Dolto o abriu, em particular, para a dinâmica inconsciente familiar. Quer os pais estivessem presentes ou não, Dolto os incluía em seu trabalho. Apoiando-se nas demandas deles, amiúde muito concretas, ela mantinha o vínculo com os pais, assim os tornando participantes da análise da criança. Se a questão é, certamente, favorecer as modificações inconscientes induzidas pela análise da criança, a abertura do sistema de tratamento para a família efetiva permite à criança, além disso, "encontrar o Édipo" com seus pais reais, e não com seu terapeuta. Durante a análise de Dominique, por exemplo, Dolto aceitou as múltiplas trocas de cartas com a mãe do adolescente e, acima de tudo, a decisão do pai de interromper o tratamento — o que ela julgou menos custoso para Dominique do que uma ruptura do precário equilíbrio libidinal familiar.

❖

O desenrolar da análise

— *Primeira sessão: 15 de junho*. A primeira sessão com Dominique foi precedida de uma longa entrevista com sua mãe. Eis a anamnese:

Dominique Bel, de quatorze anos, era o segundo de um conjunto de três filhos:

— Paul-Marie, o primogênito, era dois anos e meio mais velho, ou seja, estava com dezesseis anos e meio quando da primeira consulta. Sobre ele, sabemos que se saía mal na escola e era muito feminino em seus gostos e interesses.

— Sylvie, a caçula, tinha onze anos na ocasião da primeira consulta. Parecia-se muito com o pai, pois era loura e gostava de estudar, mas, ao contrário dele, tinha muitos amigos. Foi a segunda menina a nascer na linhagem dos Bel depois de cinqüenta anos, tendo sua tia paterna sido a primeira.

A mãe afirmou que Dominique fora um filho muito desejado, embora se houvesse "esperado mais uma filha". Mas acrescentou que o achara muito feio ao nascer: era cabeludo e moreno como o avô materno. Dominique desenvolvera-se normalmente, sendo apenas um pouco "difícil e exigente", mas, em contrapartida, muito precoce na linguagem.

Na verdade, Dominique não havia criado nenhum problema até o nascimento da irmãzinha, Sylvie: nessa ocasião, manifestara "uma forte reação de ciúme". Dominique tinha sido mandado para a casa dos avós paternos pouco antes desse nascimento. Ao voltar, Sylvie estava ocupando seu berço no quarto dos pais, enquanto ele foi posto numa cama de adulto no quarto de Paul-Marie, o irmão mais velho. Dominique havia exibido uma "forte reação de angústia ao ver sua irmã mamar; arrancou-a do seio, não querendo vê-la 'comer a mamãe'". Depois, tinha-se tornado instável, agressivo, mudo e encoprético. Chegara até a exigir que lhe pusessem fraldas, como na irmã, e que pudesse mamar no seio da mãe, o que a Sra. Bel lhe havia concedido. Todas essas dificuldades tinham desaparecido depois do verão seguinte.

Apenas no momento da escolarização de Dominique no curso primário é que os problemas haviam ressurgido, e em tais proporções que acarretaram uma consulta a um neuropsiquiatra infantil. Os exames e o eletroencefalograma tinham sido normais, donde se propusera que ele iniciasse uma psicoterapia. Durante esse trabalho, que havia durado apenas seis meses, é que se tinha evocado como origem dos distúrbios do menino a intensidade de seu ciúme em relação a Sylvie. A psicoterapia fora interrompida pela terapeuta, embora não tivesse havido uma melhora notável, e se havia apostado numa evolução favorável espontânea, levando em conta o bom nível intelectual de Dominique. Tinha sido nessa época que ele se transformara no menino sonhador e passivo que ainda era no momento da primeira consulta com Dolto: "Um menino meigo, dócil, de boa vontade, mas sem nenhum recurso, e bastante simpático", diziam a seu respeito. A única melhora notável desde os oito anos de idade fora o desaparecimento da enurese, no início da puberdade. Do ponto de vista escolar, Dominique tinha ido muito cedo para a escola maternal, até que sua encoprese, por ocasião do nascimento de Sylvie, o havia obrigado a ficar em casa. Só voltara a se escolarizar no primário e repetira três vezes a terceira série.

Por ocasião do primeiro encontro, Dominique era julgado incapaz de se orientar no tempo e no espaço, "incapaz de viver sozinho". Em casa, brincava com pequenos automóveis, mas não fazia nada de prático. Acima de tudo, gostava de desenhar. Falava, mas não respondia às perguntas. Às vezes, divertia-se em provocar medo: disfarçava-se "de fantasma" com os lençóis, porém ninguém mais lhe prestava atenção. Também fazia algum tempo que contava "histórias que ele inventa". Dominique tinha um caráter impassível, nunca ria com os outros e nunca chorava. Pouco carinhoso com os pais, só se mostrava afetuoso com o tio paterno.

Às vezes, porém, sucedia cair sua máscara de placidez, em particular porque ele demonstrava um medo fóbico de bicicletas e carrosséis: nessas situações, agarrava-se à mãe e não se atrevia mais a avançar nem a recuar. Ele também manifestava um medo pânico do banho e podia mostrar-se agitado e furioso ao ser contrariado. Por último, algumas coisas não podiam mudar de lugar e era imperativamente necessário que as roupas de baixo sujas fossem recolocadas no armário, sem serem lavadas.

A mãe de Dominique, filha única, era uma pessoa tímida e introvertida. Vivera na África até a guerra e gostaria de ter permanecido por lá, como religiosa, e de lecionar. Afirmou ter tido uma "vida extremamente triste" e considerar o marido como seu "gêmeo de sofrimento na juventude". No entanto, declarou-se feliz com sua vida de esposa e mãe — numa entrevista posterior, o marido a descreveria como "cento e cinqüenta por cento mãe".

Quanto a Georges, o pai de Dominique, ele também teria tido uma infância difícil, entremeada de inúmeras mudanças. Dera-se mal como pai, militar aposentado de alta patente, descrito como um ser rígido. Georges era o mais velho de uma família de quatro irmãos, três meninos e uma menina, mas seus dois irmãos tinham morrido em circunstâncias trágicas:

— o pai de Dominique tinha cinco anos quando seu irmão menor, de um ano e meio, havia morrido ao engolir uma peça do trenzinho com que estava brincando. Georges ficara tão marcado por isso que não suportava mais a visão de um berço vazio; aliás, fora isso que o levara a substituir Dominique por Sylvie no quarto do casal;

— quanto ao segundo irmão, doze anos mais novo, ele havia desaparecido nas montanhas aos dezessete anos, em condições misteriosas, justamente no ano do nascimento de Dominique. A família havia esperado em vão por seu retorno, sem jamais aceitar totalmente sua morte. O pai de Dominique viajava muito e só se fazia presente em casa de vez em quando. Era um solitário que só se interessava pelo trabalho e cujo único amigo seria seu sócio. Segundo sua mulher, era "muito maternal" com os filhos e os preferia quando eram bebês: na realidade, parecia ocupar-se pouco deles, fosse qual fosse sua idade. No encontro que teve com Dolto, Georges lhe confiou que sua irmã "era como sua filha" e que Paul-Marie "era como ele"; quanto a Dominique, "ele é de outro planeta". O pai era hostil a qualquer tratamento psicológico e só acreditava na cirurgia para curar Dominique: "uma operação dos centros de cálculo".

Que podemos reter dos poucos elementos colhidos sobre a família de Dominique? O trauma profundo e nunca superado do desaparecimento dos dois tios paternos, o ensimesmamento neurótico do casal parental, a confusão de seus papéis e o lugar de honra ocupado por Sylvie, como segunda menina na linhagem dos Bel — um lugar contrastante com o de Paul-Marie, representante masculino pálido e apagado, e com o de Dominique, sempre entre o alhures e o contratempo.

Quando entrou no consultório de Dolto para sua primeira entrevista, Dominique apresentou-se como um adolescente alto, de cabelos castanhos e buço incipiente, ostentando um sorriso enigmático e a atitude cristalizada numa postura de cão amestrado. Essa primeira entrevista teve a intensidade da abertura de uma tragédia:

"Dominique: *Olhe, eu não sou como todo o mundo; às vezes, quando acordo, acho que vivi uma história de verdade.*
F. Dolto: *Que fez você não ser de verdade.*
Dominique: *Ora, isso mesmo! Como é que a senhora sabe?*
F.D: *Eu não sei, estou pensando nisso ao ver você.*
Dominique: *Eu achava que estava na sala quando era pequeno, tinha medo dos ladrões, ladrão pode levar o dinheiro, pode levar a prataria, já imaginou tudo o que ele pode levar?*
F.D.: *Ou então a sua irmãzinha?*
Dominique: *Oh! A senhora, ein? Como é que sabe de tudo?*
F.D.: *Eu não sei nada de antemão, mas é que você me diz coisas com as suas palavras e eu escuto da melhor maneira possível; é você que sabe o que lhe aconteceu, eu não. Mas, juntos, talvez possamos entender.*

Dominique: *(...) Às vezes eu digo a mim mesmo: não 'tá funcionando mais, eu estou ficando maluco!*
F.D.: *Mas é verdade que você faz maluquices. Vejo que se apercebe disso. Talvez você tenha-se disfarçado de maluco para não ser repreendido.*
Dominique: *Ah, deve ser. Mas, como é que a senhora sabe?*
F.D.: *Eu não sei, mas estou vendo que você se disfarçou de louco ou de idiota e não é uma coisa nem outra, já que percebe isso e quer mudar.*"

Françoise Dolto logo propôs a Dominique voltar a se encontrar com ele e lhe enunciou as regras fundamentais da análise: conversas a cada quinze dias, nas quais ele expressaria tudo o que pensasse, inclusive os sonhos de que se lembrasse, em palavras, desenhos ou modelagens; e falou do sigilo a respeito do conteúdo das sessões, um sigilo a que ele mesmo não estaria obrigado.

Depois dessa entrevista, Dolto declarou à mãe de Dominique que "não se trata, em absoluto, de uma simples criança débil, mas de um menino psicótico inteligente", e lhe propôs a análise para "tentar deter a evolução para a loucura". As sessões deveriam ser pagas, mas não haveria pagamento das sessões a que ele faltasse. Dolto também pediu para se encontrar com o pai de Dominique e sublinhou a importância simbólica disso: o trabalho só seria feito se o pai estivesse de acordo.

Desde essa primeira sessão, encontramos alguns pontos fundamentais da análise, já evocados:

— a sessão inscreveu a prática psicanalítica de Dolto no contexto de um encontro e de "uma transferência específica do analista de crianças";

— essa visão ética constituiu a precondição de uma abordagem propriamente psicanalítica da verdade, através do fio do significante (a sala [*la salle*]/a porca [*la sale*], por exemplo)* e da imagem do corpo;

— por último, observe-se como a família de Dominique foi levada em conta: nada seria feito sem a concordância do pai, o que equivaleu

---

* Essa coincidência fonética viera à mente de Françoise Dolto ao ouvir Dominique dizer que estava *dans la salle* (na sala), o que talvez remetesse a *la sale* (a suja ou porca), sua irmã caçula. (N.T.)

a atribuir de antemão à palavra deste um valor simbólico que ela ainda não tinha para o adolescente.

Uma semana depois dessa entrevista, a Sra. Bel escreveu a Dolto dizendo ter-se sentido chocada ao ouvir que Dominique era "louco", mas afirmando que isso finalmente a levara a ter esperança de que ele se curasse — um provável alívio de sua culpa por ter querido livrar-se do filho, internando-o numa instituição especializada. Além disso, ele já havia mudado consideravelmente depois dessa primeira conversa.

A análise de Dominique, que a partir de então começaria de fato, desenrolou-se ao longo de onze encontros, durante um ano e quatro meses, desde 30 de junho do mesmo ano até o fim de outubro do ano seguinte. No cerne de todas as temáticas que teceram sua progressão, faremos questão de acompanhar mais particularmente duas ordens de questões recorrentes:

— do lado de Dominique: qual era sua imagem do corpo atualizada na transferência? Como se inscrevia para ele a diferença sexual? Que castração da imagem do corpo deixara de ser dada?

— do lado da família: quem era o portador do falo? Quem o encarnava? Que era reconhecido como fálico nessa família?

Toda a arte de Dolto consistiu em ouvir Dominique nesses dois registros, apoiando-se no que ele dizia em palavras e em realizações plásticas, sem saber que o estava dizendo. Com efeito, nas primeiras sessões, Dominique ficou numa situação de extraterritorialidade em relação a seus ditos, mais sendo dito por eles do que sendo seu autor. Somente na última sessão, no momento da separação, foi que ele pôde articular seus ditos com sua imagem do corpo e com a palavra castradora do pai.

— *Segunda sessão: 30 de junho.* Esta foi precedida de uma entrevista com o pai, que concordou com a terapia.

Escutemos os ditos de Dominique na primeira parte dessa sessão: "*E os sonhos foram que eu me perdia numa estação e encontrava uma feiticeira lá, e ela não me dizia nada além de crac, crac, crac* (imitando com as mãos o gesto de esmagar). *Eu estava pedindo uma informação (...) e não queria arrumar complicações.*"

Para Dolto, Dominique expressou com isso algo de essencial a propósito de sua imagem do corpo e, por conseguinte, algo de essencial sobre a natureza do vínculo transferencial que havia estabelecido com ela: "*(...) ser colocado entre maxilas trituradoras. Deve ser isso que ele transfere para a minha pessoa bizarra e valente, como, aliás, para qualquer esboço de contato. (...) Entre nós, o que existe é um interconsumo, segundo o que ele compreende das relações libidinais.*" A hipótese de Dolto tornou inteligíveis as diversas fobias de Dominique: elas correspondiam à angústia propriamente oral de ser agarrado ou mordido; Dominique temia qualquer manifestação animada de vida, que sentia como uma "animação predatória, despedaçadora".

Na segunda parte da sessão, a partir de um desenho de Dominique que representava "um barco da guerra de Tróia, um barco dos troianos", cruzaram-se interrogações sobre o número três e sobre "mortos que também poderiam estar mortos". Aí vemos desenhar-se, no sentido próprio do termo, a sombra lançada sobre Dominique pelo tio paterno, misteriosamente desaparecido, que polarizava os pensamentos da família inteira por ocasião do nascimento do menino. Dolto guardou para si essa interpretação; de sua parte, essa seria uma atitude freqüente no decorrer da análise, sendo raras as suas interpretações, quase sempre formuladas sob forma interrogativa. Os desenhos e as modelagens sempre se mantiveram no centro da relação.

Depois dessa sessão, Dolto atendeu ao que constituíra a demanda primitiva da família, ou seja, um pedido de orientação. Propôs que fizessem Dominique ser admitido numa turma de aperfeiçoamento quando recomeçasse o período letivo. Mais tarde, a mãe escreveu a Dolto, pedindo-lhe para intervir pessoalmente junto ao diretor de uma escola de turmas de aperfeiçoamento que estava relutando em receber Dominique. Dolto o fez.

No fim do mês de setembro, sempre através de uma carta da mãe, Dolto soube que Dominique estava-se adaptando muito bem na turma, na qual finalmente fora aceito, e que seu comportamento havia-se transformado por completo: era aplicado, afetuoso, não tinha mais fobia de bicicletas e estava até iniciando várias coleções. Dolto interpretou essa melhora como uma tentativa de Dominique de reformular suas defesas em moldes obsessivos.

— *Terceira sessão: 18 de outubro*. Foi uma sessão de clima quase maníaco. Dominique passou velozmente de um assunto a outro, numa espécie de fuga para adiante, contra um fundo de grande ansiedade. Os temas que se cruzavam e se superpunham tinham em comum "a força extraordinária" que Dominique atribuía às mulheres: a de "Fifi Pulso de Aço" e a de sua prima Babette, sua irmã e, por último, sua avó paterna. Evidentemente, foi uma sessão articulada com a questão da atribuição de um falo às mulheres.

Françoise Dolto só interveio para instigar a continuação da cadeia associativa seguida por Dominique.

— *Quarta sessão: 16 de novembro.* Nessa ocasião, Dominique estava fazendo trabalhos na escola.

Durante a sessão, ele modelou um cão pastor, expressando seu sentimento de que tinham querido livrar-se dele, ao ameaçar mandá-lo para o dispensário. Evocou também sua rivalidade com Paul-Marie. Enquanto falava, Dominique manipulava sua massa de modelar, sem conseguir fazer com que a cauda e a cabeça de seu cão coexistissem, nem tampouco fazê-lo ficar de pé. Dolto atribuiu essa dificuldade à impossibilidade de Dominique aceder a uma imagem do corpo sexuada e fálica: "*Projetada no cão, havia a fantasia de perder a cabeça no momento de começar a andar. (...) Andar é pôr-se de pé, numa postura fálica do próprio corpo (...).*"

Na segunda parte da sessão, o cão sonhou que era uma vaca e se transformou em boi: um boi que sonhava "que era uma vaca leiteira". Dolto interpretou essa transformação como expressão da fantasia dos "mamilos uretrais" e o propôs de maneira muito direta a Dominique, que enrubesceu: "*Com que idade você soube que o que as vacas tinham entre as pernas não era um 'faz pipi'?*"

O fio associativo prosseguiu através de uma série de sonhos imbricados: "*Essa vaca sonha que é um boi. A vaca é o sonho do boi. Mas o boi com que ela sonha, ele sonha que é uma vaca.*" Era uma série de associações que manifestava a hesitação de Dominique quanto ao sexo "sonhado", "isto é, desejado". Ela se encerrou com a imagem da "vaca sagrada", representação de Dolto na transferência, "transferência de um eu ideal fálico, mamilar e uretral", diz-nos ela. "*Acho que o boi sagrado ou a vaca sagrada talvez sejam por causa do seu chamego pela Sra. Françoise Dolto; você quer torná-la sagrada*", disse a analista a Dominique, que tornou a enrubescer.

Nesse momento da sessão, assistimos a uma mudança de registro muito específica das análises de Dolto. De fato, ela se apoiou nessa interpretação para "falar [com Dominique] sobre a lei do amor fora da família". O tom foi diferente. Já não foi o da sugestão interrogativa, mas o da enunciação: "*Você pode amar seus pais como pais, mas não *pode apaixonar-se por seus pais. Não é a mesma coisa amar os pais e amar os outros, ou as mulheres."*

Na última parte da mesma sessão, por fim, entrou em jogo a "cabritinha sedenta", cujo conteúdo latente é fácil de adivinhar: "*Coitada da minha cabritinha, esse homem só vai me dar água se eu lhe vender minha cabritinha, que estava no lugar de honra. Adeus, minha cabritinha.*" A alegoria da cabritinha deve ser entendida, é claro, no registro do falo: Dominique, que fora o objeto parcial, o fetiche fálico de sua mãe, até o nascimento de Sylvie, nunca havia conseguido simbolizar a perda desse lugar.

— *Quinta sessão: 4 de janeiro*. Dominique foi com a mãe e Paul-Marie, que queria conhecer Françoise Dolto. Ela aquiesceu, desde que Dominique estivesse de acordo.

Antes disso, recebeu Dominique, que fez um boneco mais realista do que os primeiros — os que chamava de "personagens". Acrescentou-lhe um pênis, que chamou de mamilo, e seios, "que também se chamam o sexo do homem", disse. Mas Dolto lhe apontou: "*Não, não é isso que se chama sexo. Essas duas bolas que você colocou são outra coisa; são o quê?*"

A sessão foi interrompida pela conversa com Paul-Marie, fora da presença de Dominique. Paul-Marie revelou então que, na ausência do pai, a mãe pedia que eles dormissem em sua cama para esquentá-la. Essa confidência marcou uma virada no tratamento de Dominique.

Quando a sessão foi reiniciada, Dolto evocou diretamente o que acabara de saber. Dominique tentou esquivar-se, preferindo lembrar suas emoções com um colega, antes de chegar a abordar claramente as que sentia na cama da mãe e as perguntas que fazia a si mesmo. Dolto reformulou a questão nestes termos: "*O que acontece no seu corpo, no que você chama de mamilo, não é uma teta de vaca, você sabe muito bem que é o seu sexo. (...) Pois bem, há momentos em que é como a cauda do cachorro da última vez: ou ela fica levantada, ou fica abaixada. E isso depende do que você sente em seu corpo (...).*"

E acrescentou, à maneira enunciativa: "*(...) quando um garotinho se deita na cama da mãe (...), ele sabe, sente no coração que é muito ruim para ele tomar-se por marido da mãe (...) e alguma coisa acontece em seu corpo. Ele não sabe mais se é um bicho, se é um bebê menina ou menino, e fica idiota por não saber mais quem é. (...) pois bem, na lei dos homens, é proibido os rapazes se deitarem com suas* mães. *O filho nunca pode ser o verdadeiro marido da mãe, nunca pode amá-la para fazer filhos de verdade. Os filhos de verdade são feitos com o sexo de ambos os pais. A lei dos seres humanos é que o sexo do filho nunca deve se encontrar com o sexo da mãe.*"

— *Sexta e sétima sessões: 18 de janeiro e início de março.* Nas duas sessões que se seguiram a essa sessão crucial, Dominique autorizou-se a recordar suas brincadeiras sexuais com o primo com quem havia "brincado de mulher", imitando a amamentação. O significante *leite* circulou por essas sessões e se superpôs ao do mamilo-falo. Dominique interrogou também seu valor próprio de menino, a julgar pelo valor de Sylvie junto à mãe e em referência ao valor fálico que ele atribuía ao fato de a mulher gerar e alimentar os filhos. Evocou também brincadeiras sexuais com um amigo e, de maneira mais alusiva, com sua irmã. Enquanto falava dessas coisas, modelou peixes — raias "de cauda elétrica" e bocarra escancarada.

Françoise Dolto praticamente não interveio. Considerou que a evocação desses assuntos na sessão, tabus em outros lugares, veiculava mais uma angústia de castração estruturante do que emoções perversoras, a serem interpretadas como tais.

— *Oitava sessão: começo de maio.* Sessão ainda orientada pela questão das brincadeiras sexuais com as meninas da família. Dominique desenrolou um fio associativo que Dolto contentou-se em atar pontualmente ao que conhecia da história dele.

— *Nona sessão: 25 de maio.* Numa primeira parte da sessão, Dominique comentou o próprio tratamento:

"Dominique: *Eu gosto de vir aqui. (...) E além disso, há também as lojas.*

F.D.: *E além disso, é a mim que você também vem ver aqui, e seus pais pagam a consulta. Eles compram sua vinda para ver a Sra. Françoise Dolto, para se curar. (...)*

Dominique: *E há também umas coisas...*

F.D.: *Há coisas que você não gosta de ouvir. (...)*

Dominique: *Bem, é isso, eu sou teimoso, como alguém que não pôde fazer uma coisa, e vem um colega e diz: 'Não faça isso, porque vai acontecer isto ou aquilo com você.'*"

F. Dolto associou a esses ditos o desprazer provocado por suas enunciações das leis do desejo, pois "de fato, [eu] lhe dei a proibição do incesto, ao lhe dizer que não se deitasse mais na cama da mãe".

Essa sessão foi marcada por uma seqüência de associações muito rápidas, na qual circularam referências à cena primária, ao valor identificatório dos avós e à ambivalência diante dos "louros altos", que representavam a linhagem dos Bel.

Enquanto falava, Dominique modelou um cachorro: um pastor alemão pela metade, cortado sagitalmente, com uma cabeça de tamanho desproporcional e cauda volumosa. A única intervenção de Dolto na sessão disse respeito a essa modelagem: "*Você me disse há pouco que era teimoso e, veja, o cachorro tem uma cabeça muito acentuada, é cabeçudo. (...) Você também tem idéias e guarda aquilo que pensa. Da próxima vez, continuaremos a trabalhar para compreender melhor o que existe no seu coração que se parece com sua modelagem, ao mesmo tempo grande e pequeno, que cheira e ouve, tem cabeça e cauda de quem já é grande, mas não pode dizer isso e não se mexe.*"

— *Décima sessão: 7 de junho.* Através de histórias da vida cotidiana em casa, Dominique evocou sua rivalidade com o irmão, o valor que dava às atitudes firmes do pai, a importância que o avô paterno havia adquirido a seus olhos e sua nova confiança em si: em suma, como escreveu Dolto, o que se havia transformado "*[fora] a identificação com os homens, a presentificação do eu ideal na pessoa do pai e do avô paterno. Houve também o reconhecimento da castração justificada pelo pai.*"

— *Décima primeira sessão: final de junho.* Dominique fez grandes progressos na escola. O diretor queria até conservá-lo na turma por mais um ano, para receber o diploma. Em família, Dominique passou a "viver no mesmo plano". Em contrapartida, contrariando toda a lógica, seu pai achava que eles estavam perdendo tempo e dinheiro ao pagarem sessões para o rapaz e que as mudanças estavam ligadas "à chegada da idade", e continuava a ver somente a cirurgia como saída para os problemas.

Dominique dedicou a sessão a imitar uma intervenção cirúrgica...

Essa sessão foi a penúltima. A seguinte, aliás, foi precedida de uma carta da mãe, anunciando que seria a última. Dominique, por outro lado, tinha-se mostrado perfeitamente adaptado durante as férias e fora novamente admitido na turma de aperfeiçoamento. A mãe acrescentou que era o marido que ela deveria levar para fazer terapia!

— *Décima segunda e última sessão: final de outubro.* A sessão foi entremeada de comentários de Dominique sobre a atitude do pai: "*Ele diz que, de qualquer maneira, quanto ao que eu possa fazer, meu atraso já não é recuperável e seria melhor a gente não tentar. Diz que é preciso admitir a doença incurável. Por mim, não digo que ele não tenha razão, é meu pai, sei muito bem que também não está errado.*" Dominique acrescentou que esperava poder voltar quando pudesse pagar pessoalmente por suas sessões.

Lembremo-nos de Dominique, entrando no consultório de Dolto na primeira sessão, hebetado e ausente. Parecia sozinho, alheio a qualquer troca humana. Mal decorrido um ano, podia falar em seu próprio nome e dar lugar à palavra do pai. Havia-se tornado uma pessoa entre outras, sujeito de sua fala. Por sua vez, Dolto aceitou a interrupção do tratamento: considerou que essa decisão paterna havia operado um desmame em relação a ela. Apesar de tudo, achou que Dominique "dificilmente poderia evoluir fora da neurose, num meio familiar que se habituara tão bem com sua psicose", e que "sua cura deve criar sérios problemas libidinais para seu pai e seu irmão".

— *Síntese clínica.* Dominique, sufocado pelo ciúme no nascimento de Sylvie, viu-se apanhado num movimento de identificação com ela e de introjeção de um comportamento de bebê, o qual, para a família, transformara-se numa referência "valorosa", ou seja, fálica.

Sylvie tornara-se detentora desse valor fálico, em virtude da conjunção de elementos inconscientes ligados à história das duas linhagens parentais:

— para o pai, Sylvie encarnava a vida que renasce depois do luto; por um lado, ela havia nascido na ocasião em que finalmente se aceitara a morte do tio paterno, desaparecido nas montanhas; por outro lado, ocupava inconscientemente para o pai o lugar da própria irmã dele, a primeira menina Bel, também nascida depois da morte de outra criança Bel — o menino que engolira a peça do trenzinho;

— para a mãe, o valor de Sylvie prendia-se, em primeiro lugar, ao fato de se tratar de uma menina, ainda por cima parecida com os Bel, e ao fato de, por ser bonita, ela encarnar esse sobrenome.[*]

---

[*] Vale lembrar a homofonia entre Bel e *belle* (bela, bonita). (N.T.)

Para Dominique, era ainda mais angustiante entrar em luta com a irmã porque, além de ela ser sua rival fálica, seu próprio prenome, Sylvie, podia ser ouvido como um significante que confirmava a fantasia de que o tio, desaparecido pouco antes de seu nascimento, talvez se houvesse reencarnado nela: "*S'il vit*" [se ele estiver vivo].

A regressão de Dominique, não claramente percebida e muito menos refreada, fora favorecida, ao contrário, pelo que Dolto chamou de os "elementos libidinais sedutores e ardorosos" que vinham da mãe, que havia concordado, por exemplo, em voltar a amamentá-lo. Dominique tinha regredido a uma imagem do corpo anterior à castração oral já recebida: uma imagem do corpo que foi atualizada, na segunda sessão, pelo gesto que ele fez com as mãos.

Quanto a Paul-Marie, afastado de qualquer disputa fálica desde o nascimento de Dominique, sua única saída fora servir de "duplo" da mãe junto ao irmão e, mais tarde, à irmã. O comportamento de Paul-Marie havia constituído, para Dolto, um dos elementos determinantes da estruturação patológica de Dominique: não garantindo sua função de irmão mais velho, Paul-Marie não pudera estimular a rivalidade estruturante que talvez houvesse permitido a Dominique escapar de sua regressão psicotizante.

Em torno de Dominique, portanto, os representantes masculinos, os representantes fálicos, estavam mortos ou apagados, ou eram incoerentes. Em contrapartida, todo o valor fálico havia-se concentrado nas mulheres: na irmã, na mãe — e na pessoa de Françoise Dolto, na transferência. Nesse contexto patogênico, Dominique tornara-se incapaz de sustentar seu narcisismo, isto é, "seu ir-se tornando no espírito de seu sexo", segundo o uso que Dolto fazia dessa expressão. A ferida narcísica precoce, ligada à regressão oral, só fizera agravar-se, na impossibilidade de encontrar representantes masculinos suficientemente válidos para sustentar a busca identificatória do menino.

Dominique estava inapelavelmente aprisionado numa espiral infernal, cuja progressão para a morte real, no fundo, fora repelida por sua psicose:

— "*Foi somente pelos ditos e pela gestualidade familiar significante que Dominique pôde medir a imensidão de sua falta: sua ausência de valor, não relacionada com a virilidade adulta nem com a potência paterna adulta, mas com a onipotência mágica e fetichista fálica daquela nenenzinha desprovida de pênis, objeto parcial da mãe e reconhecida como aureolada pelo valor de um falo presentificado.*"

— *"Até o aparecimento da irmã, fora apenas como fetiche fálico que Dominique havia encontrado valor, que tinha sido apreciado pelo casal gêmeo mãe-irmão mais velho."*
— *"(...) A entrada na neurose obsessiva grave, no momento do nascimento da irmã, transformou-se em regressão a um estado psicótico, quando qualquer esperança de evolução foi recusada."*

❖

Conclusão

O caso Dominique nos dá a oportunidade de encontrar a essência das hipóteses clínicas e teóricas de Françoise Dolto, as quais, por sua vez, conferem-lhe sua densidade e sua riqueza. Mas, como todos os grandes textos, ele não se encerra num discurso fechado e deixa inúmeras questões em suspenso, tanto a propósito da obra de Dolto quanto no campo mais geral da psicanálise. Podemos evocar algumas delas aqui.

Para começar, a questão do desejo do analista, à qual nos convida a ética da "confiança no outro", defendida por Dolto. Sabemos que houve quem denunciasse, a esse respeito, o que constituiria um desvio humanista e religioso, alheio à ética propriamente psicanalítica. No entanto, essa "confiança no outro" nada tem a ver com uma crença ingênua em sua bondade, em sua redenção ou em sua capacidade de se tornar melhor; ao contrário, é uma aceitação lúcida da implacabilidade do desejo e de suas leis. É somente se acreditarmos que elas visam à "beneficência" que exporemos as idéias de Dolto ao risco dos desvios "bem pensantes": a leitura atenta de sua obra oferece um número infinitamente maior de razões para nos sentirmos chocados, do ponto de vista estrito da moral comum, do que de palavras lenientes. Se concordarmos em deixar de lado as polêmicas e nos ativermos, ao contrário, a medir a forma de compromisso exigida pela formulação de Dolto, seremos levados a não tomar como dado nenhum dos processos de reconhecimento social do "ser analista".

Outra questão retomada pela obra de Dolto diz respeito ao estatuto psicanalítico do imaginário. Lembremo-nos de Dominique, cujo desejo estava totalmente alienado em suas tentativas estereotipadas de representação, e a quem Dolto propôs, justamente, que modelasse e desenhasse, assim se apoiando no que parecia ser mais desprovido de significação para fundamentar a transferência. Nas análises de Dolto, o recurso às representações plásticas é muito mais do que um complemento técnico que sirva de paliativo à falta de verbalização: ele deve ser entendido como uma verdadeira promoção da função imaginária. Para retomar sua formulação, Dolto tinha absoluta certeza de que "as mediações imaginárias sustentam a simbolização das relações humanas". E acrescentava que o próprio objetivo do trabalho do psicanalista era oferecer ao outro o acesso às mediações imaginárias. Por fim, sabemos que o conceito de *imagem* do corpo constituiu o fruto teórico dessa hipótese clínica, que foi originalmente clínica. Por aí podemos avaliar bem sua distância do sistema teórico lacaniano: para Dolto, a imagem não é apenas um reflexo em que o sujeito se aliena, ao mesmo tempo que nasce para si. O sujeito e a imagem do próprio corpo, o simbólico e as mediações imaginárias, tudo isso está ligado muito antes de o estádio do espelho vir fixar sua estrutura. Dolto não fez nada menos do que reabrir o debate sobre o estatuto das mediações imaginárias, que uma leitura estruturalista de Freud parecia haver encerrado.

Esse é um debate que não se pode travar sem evocar, ao mesmo tempo, uma nova questão: a do estatuto da ordem simbólica no pensamento de Dolto. Vimos que ela estabelecia um *continuum* de Sujeito e imagem do corpo entre o desenvolvimento normal e a deriva para a psicose: a ruptura concerniria apenas à ausência de uma castração simboligênica. A idéia de castração simboligênica introduziu a idéia de que o simbólico, além de ser um fato estrutural do qual o Sujeito psicótico não está excluído, é um elemento ativo e dinâmico, do qual, em contrapartida, o psicótico se esquivou. Assim como a imagem do corpo atualiza na análise uma imagem do corpo anacrônica, a ordem simbólica opera simultaneamente numa atualidade eterna, a do Sujeito, e numa temporalidade cronologicamente identificável, a das castrações simboligênicas.

Aí estão algumas pistas, dentre muitas outras, sobre as quais se pode empreender um autêntico trabalho de pesquisa. Após a leitura do texto de *O caso Dominique*, não podemos contentar-nos em encerrar Dolto na posição da clínica genial cuja intuição, infelizmente, seria impossível de transmitir. Dolto também soube traçar os elementos de um ensino, a fim de que outros além dela pudessem ouvir, tanto neles mesmos quanto no semelhante, o arcaico e as feridas impensadas de antes da linguagem.

Seleta bibliográfica

Dolto, F.,
Le Cas Dominique, Paris, Seuil, 1971; col. "Points", 1974 [[*O caso Dominique. Relato exaustivo do tratamento analítico de um adolescente*, Rio de Janeiro, Zahar, 2ªed., 1981].
Psychanalyse et pédiatrie, Paris, Seuil, 1971 [*Psicanálise e pediatria*, Rio de Janeiro, Zahar, 3ªed., 1980].
Au jeu du désir, Paris, Seuil, 1981 [*No jogo do desejo. Ensaios clínicos*, São Paulo, Ática, ed. rev., 1996].
Séminaire de psychanalyse d'enfant, I e II, Paris, Seuil, 1982 e 1985.
Correspondance, 1913-1938, Paris, Hatier, 1991.
Les Étapes majeures de l'enfance, Paris, Gallimard, 1994.
Les Chemins de l'éducation, Paris, Gallimard, 1994.
Tout est langage, Paris, Gallimard, 1995.
La Difficulté de vivre, Paris, Gallimard, 1995.
Sexualité féminine. La libido génitale et son destin féminin, Paris, Gallimard, 1996.
Le Sentiment de soi. Aux sources de l'image du corps, Paris, Gallimard, 1997.
Dolto, F. e J.-D. Nasio, *L'Enfant du miroir*, Paris, Payot, 1992.

❖

François, Y.,
Françoise Dolto, la langue des images, Paris, Bayard, col. "Païdos", 1999.

"Le Visage humain n'a pas encore trouvé sa face", in *Françoise Dolto, c'est la parole qui fait vivre: une théorie corporelle du langage*, Paris, Gallimard, 1999, p.107-37.

"La Vraie image du destin: du dessin d'enfant à l'image du corps", intervenções nas Jornadas de Estudos Dolto, 16 de janeiro de 1999 (inédito).

NASIO, J.-D.,
"L'Image du corps: un concept psychanalytique", in *Thérapie psychomotrice et recherches*, 1993, n°97, p.4-17.

"Un témoignage sur la clinique de Françoise Dolto", in *Introduction aux oeuvres de Freud, Ferenczi, Groddeck, Klein, Winnicott, Dolto, Lacan*, op. cit. ["Um testemunho sobre a clínica de Françoise Dolto", *Introdução às obras de Freud, Ferenczi, Groddeck, Klein, Winnicott, Dolto, Lacan*, Rio de Janeiro, Zahar, 1995].

"L'Image inconsciente du corps", intervenção (inédita) nos Seminários Psicanalíticos de Paris, 5 de abril de 1995.

"Comment écouter un enfant? L'Image Inconsciente du Corps", conferência inédita, 1999.

ROUDINESCO, É., *Jacques Lacan. Esquisse d'une vie, histoire d'un système de pensée*, Paris, Fayard, 1993 [*Jacques Lacan: Esboço de uma vida, história de um sistema de pensamento*, São Paulo, Companhia das Letras, 1994].

❖

OBRA COLETIVA, *Quelques pas sur le chemin de Françoise Dolto*, Paris, Seuil, 1988.

OBRA COLETIVA (org. de W. Barral), *Françoise Dolto, c'est la parole qui fait vivre: une théorie corporelle du langage*, Paris, Gallimard, 1999.

Um caso de J. Lacan:
As irmãs Papin ou a loucura a dois

G. VIALET-BINE
A. CORIAT

Narrativa do ato homicida
A singularidade do ato criminoso
A personalidade das irmãs Papin
Efeitos do ato criminoso em Léa e Christine

❖

Os móbeis teóricos do crime das irmãs Papin
As condições de um delírio a dois
O personagem materno
Fatores desencadeantes do crime
A dinâmica paranóica do crime
A alucinação e a inelutabilidade da passagem ao ato

❖

Conclusão

❖

Seleta bibliográfica

> *Exortamos o leitor a ler este capítulo*
> *referindo-se ao texto de Jacques Lacan.* *

Estamos na quinta-feira, 2 de fevereiro de 1933, na cidade de Le Mans, província de Sarthe. São cerca de vinte horas; a polícia municipal é chamada à residência de René Lancelin, que não havia conseguido entrar em sua casa, arromba a porta da casa do antigo procurador e, no primeiro andar, encontra a Sra. Lancelin e sua filha assassinadas, com os corpos pavorosamente mutilados e os olhos arrancados das órbitas.

No segundo andar, refugiadas num canto da cama e agarradas uma à outra, as duas empregadas exemplares, Christine e Léa Papin, confessam sem dificuldade haver cometido o duplo assassinato de suas patroas — patroas irrepreensíveis, segundo suas palavras. Um simples

---

* "Motifs du crime paranoïaque: le crime des soeurs Papin", in *De la psychose paranoïaque dans ses rapports avec la personnalité*, seguido de *Premiers écrits sur la paranoïa*, Paris, Seuil, 1975, p.389-403 ["Motivos do crime paranóico: o crime das irmãs Papin", in *Da psicose paranóica em suas relações com a personalidade*, Rio de Janeiro, Forense Universitária, 1987]. As irmãs Papin não constituem propriamente um caso clínico, mas um acontecimento que Lacan comentou extensamente. Por isso, o título de nosso texto, "Um caso de J. Lacan", corresponde à preocupação de harmonizar o conjunto dos capítulos deste livro.

incidente insignificante, a propósito de um ferro de passar com defeito e de um fusível queimado, parecia haver desencadeado a "carnificina sangrenta".

Essa notícia, na primeira página do jornal local *La Sarthe*, inaugurou o mistério do caso "Lancelin-Papin", um mistério que daria ensejo, durante meio século, a interpretações as mais diversas e a polêmicas entre especialistas, bem como a criações literárias e cinematográficas e, por fim, ao surgimento de toda uma iconografia, na qual cada um deu ao crime a coloração apropriada para confirmar sua doutrina ou sua fantasia.

Voltemos a 2 de fevereiro de 1933. A França inteira se apaixonaria pelo caso e se dividiria em duas. Uns, os mais numerosos, reivindicavam uma vingança exemplar. Uma canção popular, composta por ocasião do processo, exigia do tribunal a forca para "as criminosas".

O outro campo, o da intelectualidade marxista e surrealista, apoderou-se da notícia. Jean Genet inspirou-se nela para escrever sua peça *As criadas*. Jean-Paul Sartre[1] e Simone de Beauvoir fizeram das irmãs duas "vítimas" da luta de classes. Simone de Beauvoir escreveu:[2] "Somente a violência de seu crime nos faz avaliar a atrocidade do crime invisível no qual, como se percebe, os verdadeiros assassinos 'apontados' são os patrões." Quanto aos surrealistas, eles as transformaram em "heroínas". Éluard e Benjamin Péret, a partir de maio de 1933,[3] passaram a evocá-las como "ovelhas desgarradas", diretamente saídas de um "canto de Maldoror".[4] Entre os surrealistas instaurou-se uma imagem em cujo cerne o crime das duas irmãs, servindo de painel para o espectador, aparecia como o supremo meio de expressão. Também um supremo meio de expressão era o vínculo existente entre esse crime "absurdo, inaudito, inexplicável" e a vida cotidiana "imensamente banal" de duas empregadas exemplares, numa família burguesa de Le Mans em 1933.

Somente alguns cronistas de talento, dentre eles Jérôme e Jean Tharaud, ao fazerem a cobertura do acontecimento para a imprensa parisiense, guardaram uma certa circunspecção, impressionados, por sua vez, com o mistério trágico e a opacidade do enigma que envolviam as duas irmãs.

O que, portanto: criminosas, vítimas, heroínas ou psicopatas? É verdade que o ato criminoso das duas irmãs comportou, como veremos, uma porção de sombras propícias às projeções de cada um.

Foi nessa cacofonia de vozes e interpretações e nesse clima de contágio emocional que se elevou justamente uma voz, uma voz que daria sentido às visões fragmentadas de todos, qualificando o crime de *paranóico*. Essa voz foi a de um jovem psiquiatra que acabara de publicar, pouco antes, sua tese de doutorado, com o título que todos conhecem — *Da psicose paranóica em suas relações com a personalidade* —, tese esta cujo caso prínceps havia-se alimentado do encontro de Lacan (pois era dele que se tratava), na enfermaria do hospital Sainte-Anne, com a famosa Aimée.

Ao longo de sua tese, também Lacan apoderou-se da notícia que estava convulsionando a França. Em dezembro de 1933, ou seja, dois meses depois do processo, ele publicou, na revista surrealista *Le Minotaure*, o artigo de que se trata aqui, intitulado "Motivos do crime paranóico: o crime das irmãs Papin". É claro que Lacan nunca se encontrou com as irmãs Papin, mas fez uma leitura do ato criminoso que o levaria, aliás, a reformular algumas conclusões de sua tese, cuja tinta ainda não havia secado.

Assim, foi pelos ensinamentos de sua paciente Aimée e das "irmãs dela na psicose", Léa e Christine, assim como pelos das belas histéricas de Freud, na época deste, que Lacan fez sua entrada no mundo analítico.

O artigo do *Minotaure* ocupou uma posição axial na tese lacaniana sobre a paranóia de autopunição e em sua invenção do "estádio do espelho", em 1936. Foi essa posição axial que abriu o longo caminho que o levaria a estabelecer e precisar as categorias do Simbólico, do Imaginário e do Real.

❖

Narrativa do ato homicida

Uma vez paga a nossa dívida para com os "Antecedentes" — parafraseando Lacan —, gostaríamos agora de fazê-los entrarem nessa história, desenvolvendo dois pontos.

O primeiro será tentarmos empreender uma análise estrutural do ato criminoso, nos traços específicos e singulares que constituíram sua assinatura.

O segundo ponto será compreendermos, juntamente com os leitores, quem eram as irmãs Papin, atendo-nos a destacar o que caracterizou clinicamente seu ato.

A singularidade do ato criminoso

Cinco aspectos reterão nossa atenção:
— a subitaneidade do ato;
— sua falta de motivo aparente;
— sua violência e ferocidade;
— seu rigor;
— a simetria entre as protagonistas.

Eram cerca de sete horas daquela noite de fevereiro de 1933. As senhoras Lancelin estavam voltando de um bazar de caridade, onde tinham feito algumas pequenas compras, compras estas que foram deixar em casa antes de tornarem a sair para jantar fora.

Elas foram atacadas no instante em que entraram em casa: seus chapéus, as bolsas e os embrulhos espalhados, cobrindo o chão em volta de seus cadáveres, atestaram a subitaneidade do ataque; nem sequer tiveram tempo de se desembaraçar dessas coisas ou guardá-las em algum lugar — as mãos da Sra. Lancelin ainda estavam enluvadas.

A ausência de qualquer ferimento em Léa e Christine, nem ao menos um arranhão, garante-nos, por outro lado, que não houve luta. As vítimas não puderam defender-se nem repelir o ataque; tratou-se, portanto, de uma agressão instantaneamente levada ao paroxismo da fúria. Ademais, por que teriam essas senhoras estado em alerta ou de sobreaviso? Até o minuto, até o segundo em que se desencadeou o ato selvagem, nada havia perturbado a superfície serena das relações entre as duas empregadas e suas patroas. Então, o que houve? Um ferro de passar com defeito, um fusível queimado que fez a casa espaçosa mergulhar na penumbra, talvez um olhar de censura, um brilho de humor nos olhos da Sra. Lancelin, e tudo desmoronou. A esse motivo fútil, a esse motivo insignificante respondeu a horrível carnificina.

Horrível, aliás, foi a palavra que correu em todas as penas. Que horror, sem dúvida, aqueles dois cadáveres banhados em seu sangue, com as cabeças pavorosamente quebradas sob golpes repetidos. Que horror, também, aquela papa humana ensangüentada, feita de restos atirados nas paredes, aqui e ali, de matéria cerebral, fragmentos de ossos, dentes arrancados, borrifos de sangue. Mais horríveis ainda eram aqueles olhos "arrancados a frio" logo nos primeiros momentos do ataque: globos oculares que haviam rolado ao acaso pelas asperezas do assoalho, em meio a uma confusão de chaves, luvas e papéis amassados: olhos arregalados para sempre, vazios de olhar, objetos estranhos e heteróclitos, em meio a objetos tornados ainda mais heteróclitos por essa proximidade.

Que horror, portanto, aqueles olhos arrancados de vítimas vivas, "as metáforas mais batidas do ódio", como escreveria Lacan; mas, para Christine e Léa, não havia metáfora: foi ao pé da letra, em sua mais pura literalidade, que elas executaram o "vou te arrancar os olhos": estamos diante de uma clínica do Real.

Sabemos que foi Christine, a mais velha, quem fez a maior parte do trabalho. Léa a acompanhou e se contentou em imitá-la. Mas, de onde essas duas moças pálidas e frágeis tiraram essa força diabólica? Uma energia enfurecida, surgida não se sabe de onde, e que as fez desferirem golpes até o esgotamento de suas forças, com uma ferocidade e um encarniçamento inauditos. Era o "nunca visto", o nunca visto nos anais do crime.

Léa decerto pôs a mão na massa, mas só no final da operação. Foi ela que, *post mortem*, quando as vítimas haviam perdido a vida, cobriu de facadas muito profundas suas nádegas, suas coxas e suas pernas. Entalhes profundos, que ela chamou de "encinzeladuras",* e que não deixavam de lembrar os furos feitos em pães e assados na cozinha, para assegurar seu cozimento apropriado.

Sadismo, humor negro, assinatura do ato, como os criminosos às vezes deixam no lugar de seus malfeitos? Sim, aquele suplemento de obscenidade, aquela confusão de lingerie misturada com as carnes que a faca retalhou, não param de nos interrogar. Encarniçamento e ferocidade que foram ainda maiores, na medida em que, não havendo premeditado o crime, elas se apoderaram do que estava a seu alcance para consumar seu ato sangrento: um vaso de estanho encontrado no chão, amassado pela quantidade de golpes desferidos, um martelo, as melhores facas de cozinha — seus instrumentos de trabalho cotidianos, em suma. Concluído o crime e preparadas as vítimas, preparadas dessa maneira curiosa, elas foram lavar seus utensílios de trabalho, repô-los cuidadosamente no lugar, como arrumadeiras preocupadas com a ordem, tomar banho e se desfazer de suas roupas ensangüentadas; e, quando enfim estava tudo ajeitado nos devidos lugares, trocaram entre si um comentário: "*Está arrumado.*"

---

* O termo francês original, *enciselures*, é uma corruptela de *ciselures* (cinzeladuras), donde a tradução adotada. (N.T.)

Em seguida viria sua confissão sem reticência — seu estilo provocador. Christine declarou: "*Meu crime é grande demais para que eu diga o que é.*" Depois, mais nada, exceto suas súplicas de ficarem sempre juntas, pois não pediriam nada além disso. Todo o seu dito indizível reuniu-se nesse ato em que tudo foi dito.

Por fim, uma última observação a propósito da simetria das protagonistas desse drama. Ao par de patroas correspondia o par de empregadas. Ao par mãe-filha das Lancelin correspondia o par Christine-Léa, irmãs, sem dúvida, mas a natureza profunda de cujo vínculo, como descobriremos, era a de uma ligação entre mãe e filha. Simetria e reversibilidade dos dois pares, muito bem destacada por esta frase de Christine: "*Prefiro acabar com a raça de nossas patroas a elas acabarem com a nossa.*"

Essa formação de pares de mulheres é um ponto capital para nossas colocações, porque foi a matriz de todas as relações na família Papin. Esse modo de funcionamento era constante em Léa e Christine, que, além das diversas combinações, só haviam conhecido como modo de relação com o outro a célula formada por duas mulheres emparelhadas, bastando uma à outra. Sucessivamente, houve Isabelle e Christine / Christine e Emilia / Christine e Léa / Léa e a sobrinha de Clémence / Léa e Clémence, sua mãe.

A personalidade das irmãs Papin

Quem eram, afinal, as irmãs Papin? Naturalmente, como lhes anunciamos na introdução, só exporemos delas e de sua vida os aspectos singulares que nos pareceram marcá-las e, dentre os acontecimentos de sua vida, os que nos pareceram constituir as coordenadas obrigatórias do acionamento do ato criminoso.

Por outro lado, o modo de funcionamento das duas irmãs nos obrigará muito depressa a concentrar nossa análise em Christine, que, como vocês já entenderam, a esta altura de nosso relato, era o elemento ativo, o elemento motor do par Léa-Christine. Seria tentador dizer, para qualificar sua personalidade, que elas eram, em primeiro lugar, as filhas de Clémence, sua mãe, e objetos exclusivos dessa posse. Como era estranho, de fato, o funcionamento dessa mãe que não criou Christine nem Léa, mas que as internou e as mudou de lugar a seu critério, durante toda a infância e a adolescência delas, até o momento em que as duas foram trabalhar para os Lancelin.

Christine tinha apenas vinte e oito dias de nascida quando Clémence, sua mãe, confiou-a a Isabelle, uma cunhada solteira. Com Isabelle, Christine viveu sete anos de dias tranqüilos e felizes, cujo curso Clémence interrompeu, para retomá-la e interná-la logo em seguida no Instituto do Bom Pastor, com sua irmã mais velha, Emilia — sim, porque as irmãs Papin eram três, e não duas, mas isso é outra história. Assim, foi entre os muros altos do Bom Pastor, mas sob o olhar benevolente e protetor de Emilia, que logo vestiria o hábito, que Christine passou oito anos, oito anos durante os quais aprendeu a trabalhar e a obedecer.

Christine tinha quinze anos quando Clémence foi buscá-la, apressada e transtornada — Clémence, a mãe a quem Christine acabara de participar seu desejo de seguir o caminho traçado pela irmã, Emilia, e também vestir o hábito, incentivada nessa vocação pelas religiosas do Bom Pastor. Para Clémence, era demais. Com que então, depois de Emilia, também sua segunda filha, Christine, lhe seria retirada, roubada, raptada por uma força obscura e maior que a dela, dela, Clémence? Assim, ela foi buscar Christine antes que fosse tarde demais, enquanto ainda havia tempo de reivindicar seus direitos sobre ela.

Christine já estava em idade de trabalhar, de ganhar dinheiro, e portanto, Clémence tratou de lhe arranjar um emprego. E, durante anos, colocou e tirou Christine de uma casa após outra. Em pouco tempo, chegou a vez de Léa, cujo esquema infantil assemelhara-se em todos os pontos ao de Christine: entregue a uma mãe de criação com um mês, na casa de uma tia de Clémence, depois retomada e prontamente internada no orfanato Saint-Charles, de onde Clémence a retirou quando lhe pareceu que ela estava em idade de trabalhar, aos treze anos.

Neste ponto coloca-se uma pergunta em nosso discurso. Uma pergunta crucial para nós: por que Clémence entregava, retomava, tornava a internar e buscava novamente uma ou outra de suas filhas? É nosso entendimento que, com isso, ela procurava certificar-se repetidamente de seu domínio sobre as filhas, de seu direito de vigiá-las, a elas que, em todas as situações, deveriam continuar-lhe "submissas". Foi essa a expressão da própria Clémence.

Mas isso não basta para explicar tudo. Na realidade, houve duas cartas escritas por Clémence a suas duas filhas, em fevereiro e março de 1931, ou seja, quase exatamente dois anos antes do crime e dois anos depois do rompimento súbito, completo, sem palavras e sem motivo das filhas com a mãe. São essas duas cartas que nos revelam mais de perto, sem dúvida, o mecanismo que estava em ação em Clémence, e que era propriamente "delirante". Nessas cartas, tratava-se da inveja que sentiriam dela, Clémence, e de suas filhas: "*Têm inveja de vocês e de mim*", escreveu ela, textualmente. Tratava-se também de perseguição: ela estaria sendo perseguida através das filhas. Era um perseguidor não identificado, designado por um "eles" impessoal. "*Eles vão derrubar vocês pra ser donos de vocês, vão fazer o que quiser com vocês.*"*

Essas cartas atestam um estado de tensão, um estado de urgência, a urgência de escapar desse "eles" persecutório. Era de um complô que se tratava, de um complô em que os empregadores se fariam cúmplices de Deus para praticar, com toda a impunidade, o seqüestro de crianças que estava em questão. São duas cartas, portanto, que constituem verdadeiras provas materiais de um crime, paradigma do conhecimento paranóico, nas quais foi o funcionamento da própria Clémence com as filhas que, totalmente desconhecido dela como algo que a movia, foi atribuído ao outro, projetado nesse "eles" — um monstro anônimo e devorador de crianças que, por ser anônimo, obviamente estava em toda parte, já que era dela mesma, Clémence, que se tratava. "*A gente pensa que tem amigos e são grandes inimigos*", escreveu ela a suas filhas nessas cartas.

Mas, tentemos voltar a Christine e Léa na casa dos Lancelin. Foi Clémence, sempre Clémence, quem "colocou" Christine. Ela estava com vinte e dois anos. Desde a separação de Emilia, Christine sentia saudade daquele amor encerrado no Bom Pastor, e investiu toda a sua afeição na irmã caçula, Léa, que tinha então dezesseis anos. Christine queria vê-la, vê-la sempre a seu lado, tanto assim que, passadas algumas semanas, pediu à Sra. Lancelin que a contratasse para auxiliá-la, para ajudá-la nas tarefas domésticas. A Sra. Lancelin concordou, radiante: Christine seria cozinheira e governanta, e Léa, arrumadeira.

As regras em vigor na casa foram incluídas na contratação e enunciadas pela Senhora. Somente a Senhora cuidaria das empregadas, daria as ordens e formularia as observações necessárias ao bom andamento dos trabalhos. Sua interlocutora seria Christine, que transmitiria

---

* Os trechos aqui traduzidos das cartas de Clémence contêm erros de português, às vezes crassos, em fidelidade aos erros do original de seu texto. (N.T.)

as instruções a Léa. Não haveria nenhuma familiaridade entre a classe das criadas e a dos patrões. Entre um grupo e outro, nenhum intercâmbio. Eram essas as regras da casa, regras que convinham perfeitamente a Christine, cujo caráter desconfiado e altivo não se adaptava bem a nenhuma familiaridade. Além disso, Léa estava a seu lado, e Léa concordou.

Bem alimentadas, bem instaladas e bem tratadas, elas seriam ali o que sempre tinham sido: empregadas perfeitas, limpas, honestas, perfeitamente conhecedoras de seu serviço. Em silêncio, como no convento, trabalhavam duro e bem o dia inteiro, dispondo de uma ou duas horas na parte da tarde para descansar e se recolher a seu quarto. Nunca pediam autorização para sair; sua grande saída era a missa das oito aos domingos, à qual elas compareciam de luvas e chapéu, arrumadas com capricho e elegância certeiros.

De uma altivez distante com todos, mas polidas e deferentes, elas eram e continuaram a ser, até o fim, verdadeiras "pérolas", pelas quais todos os amigos dos Lancelin os invejavam: empregadas, "criadas-modelo". Empregadas modelares, sem dúvida, mas, ainda assim, empregadas estranhas, misteriosas. Para começar, havia aquela afeição exclusiva que as unia. Em seis anos de vida na casa dos Lancelin, nunca esboçaram o menor sinal de se encontrarem com qualquer rapaz, nem tampouco com as jovens domésticas empregadas nas casas vizinhas. Nem tampouco com os comerciantes do bairro, que, não conseguindo arrancar delas dez palavras seguidas, achavam-nas esquisitas. Nunca iam a festas, nunca ao cinema. Inseparáveis, sua grande alegria era ficarem em seu quarto, "nossa casinha", como gostavam de dizer. Assim recolhidas num encerramento amedrontado e delicioso, fora do mundo, fora do tempo, que faziam? Ora, elas bordavam. Bordavam seu enxoval: anáguas de tecido delicado, calcinhas com babados em camadas, camisolas com as iniciais bordadas, adornadas com as mais belas rendas — um enxoval luxuoso, digno das moças de melhor dote na cidade. Mas, para quem eram essas roupas íntimas? Para que noivo? Para que namorado? Elas, que nunca deixariam nenhum homem se aproximar. Isso era uma promessa, um juramento entre as duas: nenhum homem jamais as separaria.

Felicidade a dois, completude narcísica, mundo fechado em que uma era para a outra a totalidade do universo, compartilhando tudo, numa transparência total: o trabalho, o descanso, as diversões, os medos, as apreensões, as mágoas, Clémence, a Senhora e, mais tarde, a responsabilidade igual pelo crime. A respeito delas, falou-se muito em "almas siamesas", casal psíquico. Isso merece um esclarecimento. O vínculo foi sempre assimétrico entre Christine e Léa. Era Christine quem protegia, ensinava, ordenava, mimava e consolava, enquanto Léa se deixava amar. Não estamos diante de dois seres idênticos, mas antes, da roupa e seu forro, do original e sua cópia, da voz e seu eco.

Outro traço estranho, ainda mais inquietante do que estranho, era a melindrosa susceptibilidade das moças a qualquer forma de censura ou observação. Sim, Christine e Léa não suportavam "receber ordens". Sobretudo Christine, cuja natureza desconfiada e altiva não admitia nenhuma observação, nem de sua mãe, Clémence, que a cumulava de críticas, nem de patroa alguma. Qualquer observação lhe era absolutamente intolerável — uma ferida narcísica vivida como persecutória, que comportava para ela, infalivelmente, um suposto prazer do outro em humilhá-la.

Por isso, seu "fazer" era perfeito, impecável. Sua "obra" perfeita, sua dedicação inesgotável ao trabalho, era, para Christine, a muralha que mantinha na coleira o monstro persecutório, aquele monstro persecutório que fazia assomar nela uma tensão agressiva cuja pressão a ultrapassava e a inundava. Pois não havia Christine, num dia em que a Senhora puxara com dois dedos a manga de Léa, fazendo-a ajoelhar-se para apanhar um papel que escapara à arrumação, um papel caído no piso reluzente, não havia Christine, "com as bochechas pegando fogo" e a respiração entrecortada, num momento de fúria que aterrorizara Léa, derrubado as chapas de ferro do fogão, com grande estardalhaço, para aplacar sua cólera? Christine e Léa ameaçaram, em eco: "Ela que não comece nunca mais, senão..." Sim, sua sensibilidade à mais ínfima observação, à menor "beliscadura", ficava à flor da pele, inelutável, extrema. Porém os barulhos e a fúria da cozinha nunca chegavam à sala íntima/escritório onde a Senhora gostava de ficar, para saborear o conforto acolchoado de sua casa, que agora tinha um cheiro muito bom de cera e resplandecia como uma "moedinha nova", graças ao trabalho das duas moças.

Três episódios iriam atravessar a superfície lisa dessa existência, três episódios que, como um drama em três atos, iriam entreter-se e se desatar na trágica noite de 2 de fevereiro:

— A Sra. Lancelin, comovida com a "seriedade" e a dedicação de suas empregadas, desviou-se da regra de neutralidade que havia enunciado no começo. Resolveu intervir para que, dali por diante, Christine e Léa guardassem consigo a íntegra de seus salários, dos quais sua mãe se apoderava desde sempre.

Foi um acontecimento da maior importância, porque, a partir daí, a Sra. Lancelin passou a ser vista por um novo prisma. Já não era simplesmente uma patroa, mas uma mulher que se preocupava com a felicidade e o bem-estar de suas empregadas. Léa e Christine acolheram esse gesto como um gesto de afeição, que instaurou entre elas e a Sra. Lancelin um vínculo de outra ordem: um vínculo materno, a face apaziguada e civilizada da maternidade, em enorme contraste com a face possessiva, reivindicatória e invejosa de sua mãe. "Ela é muito boa, a madame"; aliás, no segredo de suas confidências, porventura não passaram elas a chamá-la de "mamãe"?

— O segundo acontecimento foi o rompimento posterior de Léa e Christine com a mãe, Clémence. Um rompimento súbito, definitivo, sem motivo aparente, sem briga e sem uma só palavra, num domingo de outubro. Clémence, interrogada sobre o acontecimento, viria a declarar: "*Eu nunca soube por que motivo minhas filhas não queriam mais me ver.*" Léa e Christine, interrogadas por sua vez, evocaram as "observações" de Clémence que as aborreciam. De novo a palavra "observações". Vemo-nos aí no cerne do espelho das palavras, do espelho dos seres, do espelho das paixões deslocadas umas para as outras.

A partir de então, com Clémence fora do páreo, foi a Sra. Lancelin que ocupou todo o espaço materno. A tensão aumentou em casa, o caráter das duas irmãs tornou-se mais sombrio e mais taciturno, elas se ensimesmaram ainda mais e passaram a já não dirigir a palavra a ninguém.

— Foi na prefeitura de Le Mans que se encenou o terceiro ato. À prefeitura elas se dirigiram num dia do mês de agosto, quando os Lancelin estavam de férias. Num estado de extrema tensão e hiperexcitação, apresentaram seu pedido ao prefeito: fazer com que Léa fosse emancipada. Mas, de quem e de quê? Elas não sabiam dizer. Diante do prefeito atônito, as duas evocaram um suposto seqüestro, reiterando ao mesmo tempo, vigorosamente, seu desejo de continuarem juntas na casa dos Lancelin, onde estavam muito bem.

Procedimento confuso e atrapalhado, incompreensível para o prefeito, que as encaminhou prontamente ao comissariado central. Lá, diante do comissário estupefato, elas se disseram perseguidas — perseguidas pelo "prefeito, que, em vez de defendê-las, as perseguia". Em suma, o mal-estar do comissário foi tamanho que, tão logo o Sr. Lancelin voltou, ele mandou chamá-lo para lhe fazer um alerta, atrevendo-se até a enunciar um "*Se eu fosse o senhor, não ficaria com essas moças: elas são verdadeiras perseguidas.*" Mas, sendo ele mesmo, René Lancelin não permitia que ninguém se intrometesse. Assim, fez ouvidos moucos e chegou até a se esquecer do aviso. Esqueceu-o até a noite em que... houve um ferro defeituoso que queimou os fusíveis, mergulhando a grande casa na penumbra e Christine e Léa na confusão, e houve uma suposta observação, um brilho de humor nos olhos daquela mãe e daquela filha unidas, que as enfrentavam, dois olhares em que elas leram algo de terrível: "empregadas imprestáveis", "empregadas inúteis".

Silenciar aqueles olhares... Não ver mais os olhos que as lançavam nas trevas, em suas trevas.

Tudo se transtornou, desencadeando-se a orgia sangrenta.

Efeitos do ato criminoso em Léa e Christine

Não voltaremos ao ato criminoso em si, a não ser para concluir no que se refere a seu efeito de corte. Efeito de corte *a posteriori*, que desarticulou o par Léa-Christine e pôs fim a seu encerramento narcísico e mortal.

Levadas para a cadeia após suas confissões, as duas foram encarceradas no dia seguinte ao crime e isoladas uma da outra. É claro que, nas primeiras semanas de seu isolamento, as declarações de Christine e Léa nunca foram outra coisa senão réplicas, no sentido de cópias umas das outras, o que levou os peritos e comentadores a dizer: "*Lendo seus depoimentos, é como se lêssemos duas vezes.*"

Mas, a partir do mês de abril, foram as crises de Christine que passaram a ocupar o primeiro plano. Crises cujo objeto, cujo centro era Léa. Com insistência, ela gritava que lhe "dessem Léa", que lhe "levassem Léa". Eram crises de extrema violência, que em várias ocasiões exigiram o uso da camisa-de-força. Crises, enfim, que pareciam, sob diversos aspectos, uma repetição do ato criminoso: o mesmo grau de agitação, as mesmas tentativas reiteradas de arrancar os próprios olhos ou os olhos daqueles que supostamente a separavam de Léa: os da carcereira e até os de seu advogado, que nunca deixou de lhe dedicar uma atenção benevolente e afetuosa. As mesmas exibições eróticas, levantando bem alto as saias, com palavras obscenas, mordendo quem se aproximasse, atirando-se nas paredes e janelas, recusando o real que a separava de Léa.

Ver Léa, tê-la a seu lado para apagar a alucinação aterrorizante que agora se impunha a ela: "Léa, pendurada numa árvore, com as pernas cortadas." Sua agitação foi tamanha, na noite de 12 de julho, que uma carcereira que a acudiu veio depois a declarar: "*Christine talvez fosse um monstro, mas uma dor como aquela seria capaz de enternecer uma pedra.*" As pedras não se enterneceram e as paredes não se abriram para lhe dar passagem. Mas o coração da carcereira, ao contrário, comoveu-se. Contrariando todas as instruções, ela lhe levou Léa. Quando Christine a viu, precipitou-se sobre a irmã, segurou-a e a apertou em seus braços até quase sufocá-la. Léa desmaiou e Christine a fez sentar-se na beira da cama, tirou-lhe a blusa e, com olhos assustadores e num estado de exaltação crescente, com a respiração ofegante, suplicou-lhe: "*Diga que sim, diga que sim...*" Léa começou a sufocar e a se debater, tentando escapar daquele furor. O chefe da carceragem teve que separá-las e amarrar Christine.

Que sombra, que imagem, que marionete de seu teatro teria Christine abraçado nessa noite? Nunca saberemos, mas o que sabemos, em contrapartida, é que, depois desse abraço, que seria o último, Christine mergulhou num desconhecimento total de Léa. Nunca mais reclamou sua presença, nunca mais pronunciou seu nome, até morrer.

Ao mesmo tempo que se operou essa separação, tão selvagem quanto definitiva, e que se rasgou o laço que unia solidamente as duas irmãs, instaurou-se em Christine um delírio místico, que passou a ocupá-la desde então. Como figurante em seu próprio julgamento, numa indiferença e numa ausência radicais, foi de joelhos que ela recebeu o veredicto que a condenou à morte, à cabeça decepada. Não formulou nenhum pedido no sentido de escapar a seu destino, recusando-se a assinar qualquer recurso da sentença e qualquer pedido de clemência. Foi nas mãos de Deus, do Deus de Emilia, que ela depositou sua sorte.

Christine morreu em 18 de maio de 1937, não no cadafalso, mas no manicômio judiciário de Rennes, de uma morte a que se entregara desde aquela noite de julho em que se havia separado de Léa para sempre.

Léa, condenada a dez anos de trabalhos forçados, saiu da prisão por conduta exemplar em 1943 e voltou para junto da mãe, Clémence, com quem viveu até o fim de seus dias. Morreu em 1982.

Foi essa a história das irmãs Papin, filhas de Clémence: Emilia foi destinada a Deus, Christine, à loucura, e Léa, a Clémence, sua mãe.

❖

Os móbeis teóricos do crime das irmãs Papin

Antes de passar à teorização do caso, gostaríamos de desfazer uma ilusão, que seria considerar o crime das irmãs Papin como uma resposta a um contexto social, já que houve quem o reduzisse ao desfecho trágico de um conflito entre patrões e empregados.

Dizemos que se trata de uma ilusão por causa das numerosas perguntas de puro bom senso que isso levanta. A primeira e mais importante é: por que as patroas seriam massacradas por simples discordâncias, sobretudo quando sabemos que Christine e Léa, como afirmaram no tribunal, nunca tinham tido patrões tão corretos quanto a família Lancelin? Além disso, a se presumir que houvesse um conflito, por que tanta violência e encarniçamento? É preciso buscar noutras fontes as causas desse impulso homicida.

Mas, vejamos o que caracteriza a loucura a dois e, em seguida, como se produz esse contágio de um sujeito pela loucura de outro, a ponto de uni-los, como um par psicológico, num mesmo delírio. Veremos que:

— a loucura a dois baseia-se no fenômeno indutivo que se deve a um vínculo particular entre os dois protagonistas;

— o contágio não se produz numa situação qualquer;

— um indivíduo equilibrado não se deixaria levar pelo delírio de um alienado. Do mesmo modo, um alienado tem pouquíssima probabilidade de ser contaminado pelas idéias delirantes de outro, ficando cada um encerrado em seu próprio delírio.

As condições de um delírio a dois

Assim, é preciso que haja condições muito particulares para gerar esse fenômeno. Quais são elas?

— É necessário que haja dois sujeitos presentes: um sujeito ativo, que impõe um delírio a outro sujeito sobre quem exerce uma influência segura. Este último, receptivo e disposto à docilidade, aos poucos se deixa dominar pela loucura do outro. Trata-se, na maioria das vezes, de duas pessoas de uma mesma família — irmão e irmã, mãe e filha, ou, na situação em exame, duas irmãs. Essa possibilidade também existe entre marido e mulher.

— Além dessa primeira condição, para que o delírio se torne comum a ambos, é preciso que esses dois indivíduos, durante um longo período, vivam num mesmo meio e cultivem os mesmos interesses, as mesmas apreensões e as mesmas esperanças, surdos às influências externas. Sob a forma da confidência, os dois atores compartem suas aspirações e sofrimentos, que se tornam um bem comum aos dois, do qual eles falam nos mesmos termos e o qual têm a possibilidade de reformular de maneira quase idêntica. Portanto, é no tempo, simultâneo nas duas mentes, que se realiza esse trabalho, a ponto de transformá-las em mentes siamesas.

— A terceira condição necessária à instauração de uma loucura a dois prende-se à verossimilhança do delírio: quanto menos brutal ele é, mais se torna comunicável. Um louco extremamente alucinado, excessivamente perseguido, implacável em suas reivindicações e afirmações, tem pouca probabilidade de arrastar um outro, mesmo frágil, para sua própria loucura.

Em outras palavras, o contágio é tão mais fácil quanto mais o delírio se mantém dentro de limites aceitáveis. Somente essa condição permite que as convicções de um se implantem na razão do outro.

Em resumo, aquele que designamos como "o fraco" — neste caso, Léa — só consente nesse jogo da loucura a dois quando a história o concerne pessoalmente e quando sua inteligência não se rebela. Sua participação nos acontecimentos, uma parte dos quais tem ligações com a realidade, permite que se transponha a passagem que leva do julgamento falho ao delírio.

Convém esclarecer que, na maioria dos casos, "o fraco" é menos duramente atingido por essa loucura do que seu parceiro. Muitas vezes, basta separar os dois protagonistas para que o segundo, privado da produção delirante do parceiro, se recupere, chegando até a criticar suas divagações anteriores. Léa estava nesse caso exemplar: sua personalidade era absolutamente aniquilada pela de Christine, esta uma psicótica autêntica, que exercia sobre a irmã um domínio desmedido.

Essa análise fenomenológica foi feita há muito tempo, em especial por Lasègue, em meados do século XIX. Foi uma análise importante, porque introduziu um pouco de ordem num quadro que até então parecia confuso.

No entanto, ainda estamos na superfície das coisas, no aspecto descritivo, externo. Essa análise nos diz como se podem produzir esses acontecimentos, mas não nos informa sobre o porquê nem sobre o mecanismo que leva à atuação. É preciso irmos mais longe.

O personagem materno

Para apreender a mola propulsora do crime das irmãs Papin, teremos de esclarecer um outro personagem que se encontra na sombra nesse episódio. Trata-se de Clémence, a mãe. A ligação particular que unia as duas irmãs ordenou, deu uma certa forma a esse crime. Mas o que constituiu a dinâmica, o motor desse ato demente, foram duas loucuras, as de duas pessoas que eram habitadas, cada uma delas, por seu próprio delírio: não eram as duas irmãs, e sim Christine e Clémence, a mãe — duas psicóticas frente a frente, com o delírio da filha correspondendo ao delírio da mãe. É aí que se situa o eixo autêntico original do crime, e não na loucura de Christine e Léa, que foi apenas seu efeito secundário.

A partir de agora, falaremos essencialmente de Christine. É que Léa só fez girar nas áreas de influência de sua irmã mais velha, só fez sobreviver.

Vejamos, primeiramente, a loucura da mãe. Em relação às filhas, ela estava numa relação de apropriação. E era através das filhas que se sentia perseguida. Suas filhas eram afastadas dela. Clémence o disse em suas cartas a Christine e Léa. Citemos suas palavras: *"Conto com vocês 2, apesar da minha dor sofrida porque me disseram que eles fez de tudo pra fazer vocês entrarem num convento."* Nessa mesma carta, ela chegou a denunciar os eclesiásticos, bem como as patroas de suas meninas, por afastarem dela suas filhas: *"Afastaram vocês da sua mãe (...) eles vão derrubar vocês pra ser donos de vocês (...) vão fazer o que quiser com vocês. Partam, não dêem os 8 dias de aviso aos patrões, vão embora!"*

Num outro momento, ela predisse: *"Na vida nunca se sabe o que espera a gente (...) têm inveja de vocês e de mim (...). Desconfiem, a gente pensa que tem amigos e muitas vezes são grandes inimigos, incrusive aqueles que cerca a gente mais de perto."* E escreveu ainda: *"Afastaram vocês da sua mãe pra vocês não verem nada do que eles fez com vocês (...) Deus nunca vai admitir de encerrar 2 moças. Quanto mais a gente é onestos, mais a gente sofre com os católicos."* Podemos supor que o desejo de Clémence de impedir as filhas de vestirem o hábito tenha sido uma decorrência da vocação religiosa de Emilia, a primogênita, que só encontrara esse caminho para fugir de sua dominação. A mãe, aliás, nunca a aceitou nem perdoou, e não mais lhe dirigiu a palavra. Ser privada de uma filha era da ordem do insuportável. Acima de tudo, era preciso que isso não se repetisse. E, como vimos, por pouco Christine não seguiu Emilia nesse caminho.

As cartas em questão são cartas prementes, escritas por uma mãe desnorteada, porque as filhas haviam rompido toda e qualquer relação com ela. Até então, ela fazia o que queria com as moças. Colocava-as ou as retirava das casas dos patrões a seu bel-prazer, tirava-lhes os salários e não parava de lhes fazer observações desagradáveis. Christine diria, mais tarde: "*Quando essa mulher* [Clémence] *nos via, ela nos enchia de críticas.*" Enquanto esse tipo de relacionamento perdurou, Clémence teve a sensação de estar mandando no jogo. Em síntese, estava *de olho* nas filhas e as segurava com mão de ferro. Foi desse olhar persecutório e dessa dominação da mãe que Christine tentou escapar. Isso porque, se a mãe fez um delírio de ciúme (tendo as filhas por objeto), Christine fez um delírio paranóico de perseguição e reivindicação (libertar-se, livrar-se dessa dominação).

Se o histérico sofre no corpo e o obsessivo, nos pensamentos, o paranóico, por sua vez, sofre com o outro, o semelhante. Assim era o funcionamento mental de Christine, um funcionamento que se baseava na percepção do outro como perseguidor.

São essas duas loucuras, portanto, que constituirão o ponto de partida de nosso exame do crime das irmãs Papin. Para que as irmãs chegassem à situação de lhes ser possível cometer um crime, para que chegassem ao ponto extremo a que decaíram, seriam necessárias pelo menos três condições, que abordaremos sucessivamente.

Fatores desencadeantes do crime

❖ *Primeira condição: tentativa de romper o vínculo materno.* Christine tentou furtar-se à dominação de Clémence, objeto invasivo e persecutório. Seu primeiro movimento foi romper todas as relações com ela. Depois, não apenas Christine deixou de lhe dar seus salários, como chamou a "Madame" de mãe. Visivelmente, porém, isso não bastou para marcar a separação. Algum tempo depois, sobreveio o incidente da prefeitura, no qual Christine proferiu acusações contra o prefeito da cidade, a quem fora solicitar a emancipação de Léa.

A irmã caçula representava para Christine um outro eu, uma espécie de prolongamento dela mesma, reforçado por sua presença permanente. Christine a cercava de atenções e a protegia, dando-lhe profundas demonstrações de amor. Agindo assim, reparava a si mesma através dela. Ora, Léa, esse duplo de Christine, era menor e estava realmente sob a tutela materna. Era como se a própria Christine o estivesse. Ao libertar a irmã caçula daquela que a subjugava, era a si mesma que estava tentando libertar; e, ao solicitar ao prefeito a emancipação, era *da mãe* que ela a exigia, na verdade. É que se operou um deslizamento metonímico do significante "mãe" [*mère*] para o significante "prefeito" [*maire*]. Esse deslocamento produziu-se sendo favorecido pela semelhança fonética entre as duas palavras.

Em virtude da superposição dos dois significantes, a demanda de emancipação tornou-se indizível. Como demanda que não podia ser dita, transformou-se na queixa persecutória. As irmãs estavam agitadas. O prefeito tentou tranqüilizá-las. Christine, entretanto, foi ao comissariado denunciá-lo, por as estar perseguindo em vez de protegê-las. Essas eram exatamente as mesmas censuras que ela formulava a respeito da mãe. Ao acusar um de perseguição, na verdade estava acusando o outro (Clémence).

❖ *Segunda condição: transferência materna para a futura vítima.* A segunda condição para criar uma situação perigosa foi a transferência materna feita por Christine para a Sra. Lancelin — uma transferência favorecida por sua vontade de escapar à perseguição de Clémence e pela necessidade de preencher o lugar que a mãe deixara vazio. Mas, que entendemos por transferência? A seguirmos Freud, trata-se de uma rememoração. Mas é uma rememoração posta em ato, encenada como num palco: em vez de rememorar um sentimento de amor ou de ódio, ama-se ou se odeia a pessoa sobre quem incide a transferência. Essa transferência instaurou-se no dia em que a Sra. Lancelin concordou em contratar os serviços de Léa, a pedido de Christine, e se consolidou em decorrência de sua intervenção a respeito dos salários das duas irmãs.

No começo, a patroa parecia totalmente diferente de Clémence: não procurava satisfazer seus próprios interesses à custa das moças. Era uma mãe suportável, que se preocupava com o bem-estar delas. Aliás, vimos as jovens empregadas chamarem a Sra. Lancelin de "mamãe", em segredo. Sob as asas pacificadoras dessa nova mãe, Christine finalmente pôde sentir-se protegida. Encontrou nisso uma verdadeira possibilidade de organizar um universo em função de seu delírio de perseguição e sua expectativa da proteção. Mas, como todo paranóico, ela continuou em estado permanente de alerta, à espreita de qualquer sinal que pudesse representar uma ameaça.

Ora, nessa relação, como em qualquer uma, havia contratempos: palavras indelicadas e gestos desazados, como, por exemplo, no dia em que a Sra. Lancelin puxou Léa pela manga e a pôs de joelhos para apanhar um papel caído no chão. Desnecessário dizer que esse foi um incidente muito mal visto por Christine.

"Observações!" Era assim que Christine chamava as críticas, tanto as provenientes de Clémence quanto as da Sra. Lancelin. Esse significante, "observações", que remete ao olhar, circulou entre a mãe e a patroa e reforçou a transferência, que aos poucos tornou-se negativa. Decididamente, a patroa não parecia muito diferente da mãe delas. E o fantasma da perseguição ressurgiu.

Por algum tempo, no entanto, Christine encontrou um modo de se haver com essa situação, encenando o que se poderia chamar de "cuidar convenientemente de um filho". Dali por diante, ela é que ocuparia o lugar de "boa mãe" que fora da Sra. Lancelin, enquanto Léa ocuparia o de Christine menina.

❖ *Terceira condição: o olhar.* O efeito do olhar assumiu toda a sua importância. Christine encenava sua posição de "boa mãe" sob o olhar da Sra. Lancelin, que se tornou a perseguidora, como fora Clémence. Através desse novo esquema relacional, Christine a faria ver, iria mostrar-lhe como se deve agir com uma criança. O olhar da patroa tinha uma importância capital. Era ele que sustentava toda a cena. Por um lado, permitia a Christine investir numa identidade válida e, por outro, permitia que ela se reparasse através de Léa, que oferecesse a si mesma uma vida imaginária mais feliz. Era isso que estava em jogo.

Essa iniciativa revelou-se o último recurso para fugir da perseguição. Então, cuidado! Era preciso que não houvesse falhas, que nada fizesse Christine decair de sua posição de "mãe amorosa". Caso contrário, todo o equilíbrio de seu mundo correria o risco de se romper, arrastando-a para seu caos. Nesse caso, um verdadeiro abismo se abriria diante dela. Portanto, tratava-se de uma situação explosiva; dali em diante, tudo dependeria do que fosse lido no olhar da patroa: Christine estava "de olho" na Sra. Lancelin.

Detenhamo-nos aí por um instante, para refletir sobre esses fatos.
Era certamente uma situação delicada, mas na qual ainda não havia acontecido nada de dramático. Uma situação em que qualquer paranói-

co poderia se encontrar. Podemos indagar-nos, portanto, por que Christine acabou matando sua patroa. Com efeito, em sua loucura, nem todos os paranóicos matam as pessoas por quem se sentem perseguidos. Que aconteceu de particular?

Se é verdade que essa situação delicada era necessária para que se produzisse um drama, ela era, por outro lado, insuficiente. Um outro elemento entrou em jogo para desencadear o assassinato e fazer tudo desmoronar. É chegado o momento de abordarmos o aspecto psíquico do paranóico.

A dinâmica paranóica do crime

Os chamados fenômenos paranóicos alimentam-se essencialmente do imaginário. Vemo-nos num jogo de espelhos em que o outro sou eu e eu sou o outro. Assim, um dos modos de funcionamento característicos dessa patologia é a reciprocidade, a reversibilidade.

Se eu o amo, digo que é ele que me ama, e se o odeio, penso que é ele que me odeia. São processos ilustrados pelas palavras de Christine ao comissário: "*Olhe*", disse ela depois do crime, "*preferi acabar com a raça das minhas patroas a serem elas a acabar com a minha e a da minha irmã.*" Ou então: "*Ela me deu um pontapé, e eu a cortei em pedaços para me vingar do chute que ela me deu, no mesmo lugar em que fui atingida.*" Mas acrescentou: "*Nunca tive nenhum motivo para querer mal a minhas patroas.*"

Então, por que ela achou que a Sra. Lancelin queria acabar com sua vida? Christine falou de uma cólera imensa que a teria invadido quando ela se viu na presença da patroa. Sem dúvida, sentiu um impulso furioso de destruir a Sra. Lancelin. Mas, como estamos diante do especular, do jogo de espelhos, da reciprocidade, não foi em si mesma que ela flagrou essa intenção homicida: Christine julgou vê-la no olhar daquela que a confrontava. "*Ela quer me matar*", pensou. Essa é a economia mental comum do paranóico, de todo paranóico.

Que terá tornado extraordinária essa situação? Qual foi o elemento suplementar que desencadeou, de maneira inevitável, digamos, a passagem ao ato? Esse olhar disse: "*Vocês não prestam para nada*". Era muito mais do que uma simples perseguição. "*Vocês não prestam para nada*"; "para nada" englobava a posição materna de Christine em relação a Léa, essa outra ela que, de repente, viu-se sujeita a todas as ameaças. Mas não foi só isso. Foi não apenas uma anulação da cena montada por Christine, o desmoronamento de seu universo, como também uma anulação da identidade que ela havia fabricado para si e que só decorria dessa montagem. Com isso, ela foi negada em sua condição de sujeito, remetida ao nada de seu ser, a um dejeto. E o acionamento da pulsão criminosa apareceu como uma tentativa de retomada da consistência do ser.

Diria Christine: "*Já não me lembro direito do que aconteceu.*" Ela agira como alguém inconsciente de seus atos, ausente da cena. De fato, ejetada dessa cena pelo olhar da Sra. Lancelin, agira a partir de uma "outra cena", como diria Freud. Precipitara-se sobre a patroa de lá de onde se encontrava, para trazer de volta à tona um ser que estava soçobrando — seu próprio ser. Daí a subitaneidade do ataque.

Quanto à ablação dos olhos, ela decorreu do princípio da reciprocidade: ela está me matando com o olhar, eu mato seu olhar. Isso explica a violência, a crueza do ataque. "*Eu não presto para nada, tenho que morrer, não adianta me alimentar*", diria Christine, tempos depois, quando estava na prisão. Isso nos confirma que aquele "imprestável" ressoara, efetivamente, como uma sentença de morte.

Em casos desse tipo, por que a passagem ao ato, por mais monstruosa que seja, parece inevitável? Para tentar responder a isso, faremos uma digressão metodológica.

A alucinação e a inelutabilidade da passagem ao ato

Reencontremos Christine na prisão. Desde o começo de seu encarceramento e durante meses, sua única preocupação foi rever a irmã. Com esse objetivo, ela fez greve de fome, de sono e de respostas aos interrogatórios. Depois, num dia do mês de julho, teve uma alucinação: Léa estava pendurada numa árvore, com as pernas cortadas. A partir daí, Christine desligou-se literalmente da realidade. A título de ilustração, citamos alguns pontos:
— ela pediu para ver o marido e o filho;
— declarou que as senhoras Lancelin não haviam morrido e, ao mesmo tempo, implorou perdão por seu crime;
— tentou furar os próprios olhos;
— acabou atirando-se contra as paredes e portas, chamando por Léa, numa recusa dessas realidades tangíveis que a separavam da irmã.

Que era essa alucinação? E o que fez com que, em seguida à alucinação, a loucura se desencadeasse? A alucinação é uma representação psíquica que irrompe do lado de fora e se impõe como uma percepção. É uma ruptura na leitura do real. Isso coincide com a formulação de Lacan, que se tornou clássica, de que "a alucinação é o aparecimento, no real, daquilo que não pode advir no simbólico". Em outras palavras, é um elemento fundamental da constituição do sujeito surgindo do lado de fora, por não ter podido inscrever-se na ordem simbólica desse sujeito.

Esse elemento fundamental que falta, que não pôde ser simbolizado, é a *castração*. E foi essa a questão que se descortinou para Christine. Havia alguma coisa de insuportável naquela alucinação: era a representação de um corpo mutilado, de um corpo castrado — o corpo de Léa, isto é, de Christine. Frente a essa representação, ela não encontrou resposta, pois se tratava de admitir o inadmissível, de integrar um dado que não tinha lugar em sua organização psíquica, pois isso equivaleria ao desmoronamento e à morte psíquica. E foi isso que produziu o cataclismo imaginário e o desencadeamento da loucura.

Por que o psicótico não encontra resposta para essa pergunta essencial? Porque faltou o pai simbólico, aquele que deveria ter garantido a barra da castração. Sua função foi foracluída. É a isso que chamamos, seguindo Jacques Lacan, *foraclusão do Nome-do-Pai*.

Aterrorizada, Christine acabou acreditando que rever a irmã caçula seria o bastante para desmentir o horror da imagem que se impunha a ela. Tentou até arrancar os próprios olhos para se proteger dessa imagem.

Se examinarmos as coisas mais de perto, veremos que arrancar os olhos não era o cúmulo da atrocidade, como se poderia supor. O cúmulo da atrocidade era, antes, continuar a ver; arrancar os olhos era fazer cessar a alucinação intolerável. Isso talvez nos dê esclarecimentos sobre a crueza de seu crime, pois podemos supor que arrancar os olhos de suas vítimas tenha decorrido do mesmo princípio: uma tensão impossível de controlar, provocada pelo olhar da Sra. Lancelin — uma tensão que era preciso fazer baixar a qualquer preço.

Aliás, Christine confiou ao juiz que a crise na prisão tinha sido parecida com a que ela vivera ao se atirar sobre sua patroa. Tanto numa situação como na outra, constatamos, de fato, uma cólera extrema, uma violência máxima e o gesto de arrancar os olhos. Num caso, o olhar da Sra. Lancelin, e no outro, o próprio olhar de Christine para a alucinação provocaram uma hiperexcitação incontrolável. Em ambos os casos, Christine agiu. A passagem ao ato tornou-se o último recurso convocado pelo princípio do prazer — um prazer que não residia no arrancamento dos olhos, mas na redução de uma tensão insustentável.

E a terrível crise ocorrida na prisão não foi nada menos que uma tentativa de ligação dessa representação, uma tentativa de inseri-la na rede simbólica. Não tendo lugar nesta, porém, a tentativa estava fadada ao fracasso. Daí o terror e o desavoramento. A essa altura, só restava ver Léa, mesmo ao preço de negar a realidade das paredes e das portas, para enfim dissipar a alucinação.

A conversa com a irmã teve efeitos surpreendentes: Christine não mais reclamou sua presença e nunca mais proferiu seu nome. Afundou-se progressivamente num delírio místico e passava horas ajoelhada, rezando, beijando a terra e fazendo com a língua o sinal da cruz no chão, nas paredes e nos móveis. Pediu para ser castigada e aceitou seu destino, que colocou unicamente nas mãos de Deus. Esse apelo a Deus como salvador seria sua última tentativa de instauração do Nome-do-Pai, do pai simbólico, do portador da lei que, como dissemos, não pudera inscrever-se.

Fracasso, pois, da identificação imaginária com uma Léa de corpo cortado; terá sido o fracasso da identificação simbólica, uma vez que seu esforço de estabelecer uma função paterna, ao introduzir Deus, fez-se através de um delírio místico? Na falta da castração simbólica, foi o corpo inteiro que ela abandonou à morte. Como ponto de ancoragem da identidade, restava apenas esse real de um corpo reduzido ao simples real da carne. Assim, Christine deslizou progressivamente para a esquizofrenia, ou, como chegaram a dizer alguns, para o autismo.

❖

Conclusão

Vimos que o delírio a dois de Christine e Léa instalou-se bem no cerne desse acontecimento macabro. Se a mais velha não houvesse tomado a caçula por seu duplo, provavelmente o crime não teria ocorrido. Mas teria tido ainda menos probabilidade de se produzir se a loucura da mãe não houvesse gerado a loucura da filha. Portanto, um emaranhado de elementos que foi fatal para as duas pobres vítimas.

Que dizer, para terminar, sobre esses dois monstros de crueza implacável? "Dois monstros sanguinários", como gostavam de retratá-las alguns formadores da opinião pública da época. Não seriam elas, antes, vítimas comoventes de um destino execrável? Afinal, foi com uma identidade frouxa que as duas irmãs tiveram que enfrentar a vida. Elas se confrontaram, desarmadas, com o enigma da relação com o outro, com o enigma do sexo e do amor. Então, perplexas, reclusas, encolheram-se num amor absoluto de uma pela outra, num universo fechado do qual o masculino estava excluído. Podemos imaginar os tormentos que as levaram, um dia, a eliminar suas infelizes patroas, supondo estar eliminando o mal que as consumia.

Relembrando o crime, Christine falou ingenuamente, mas com pertinência, do "mistério da vida". O assassinato não pôde trazer-lhe uma resposta para essa indagação, e ela mergulhou na sideração esquizofrênica.

Seleta bibliográfica

LACAN, J., "Motifs du crime paranoïaque: le crime des soeurs Papin", in *De la psychose paranoïaque dans ses rapports avec la personnalité, suivi de Premiers écrits sur la paranoïa*, Paris, Seuil, 1975 [*Da psicose paranóica em suas relações com a personalidade*, Rio de Janeiro, Forense Universitária, 1987].
Le Séminaire, Livre III. Les psychoses, Paris, Seuil, 1981 [*O Seminário, livro 3, As psicoses (1955-1956)*, Rio de Janeiro, Zahar, 2ªed. rev., 1988].

❖

HOUDYER, *Le Diable dans la peau*, Le Mans, Éditions Cénomane.
LASÈGUE, C. e J. FALRET, "La Folie à deux", in *Analectes*. Excertos dos Arquivos Gerais de Medicina, setembro de 1877.
ROUDINESCO, É., "Folies féminines", in *Jacques Lacan. Esquisse d'une vie, histoire d'un système de pensée*, Paris, Fayard, 1993, p.93-8 [*Jacques Lacan: Esboço de uma vida, história de um sistema de pensamento*, São Paulo, Companhia das Letras, 1994].
SARTRE, J.-P., *Le Mur*, Paris, Gallimard, 1939.

❖

Fazemos questão de agradecer a Stéphane Kovacs, que nos deu acesso aos arquivos do Figaro e a jornais hoje desaparecidos, que deram cobertura ao acontecimento.

As psicoses transitórias à luz do conceito de foraclusão localizada

A. Lefèvre

*Mariane: um exemplo clínico que mostra
a necessidade do conceito de foraclusão localizada*

❖

***Excertos das obras de S. Freud, J. Lacan
e J.-D. Nasio sobre a foraclusão***

❖

Seleta bibliográfica

Quisemos concluir este livro com um texto de pesquisa teórica que abre o debate sobre a questão fundamental que é a foraclusão. O conceito de foraclusão proposto por Jacques Lacan foi uma das contribuições mais notáveis da psicanálise à compreensão do fenômeno psicótico. Entretanto, o campo da psicose e de sua relação com a neurose e a perversão ainda é, para os clínicos, um campo a ser explorado. Foi com esse espírito de descoberta que J.-D. Nasio propôs a tese da *foraclusão localizada*, para explicar as manifestações ditas "psicóticas" — delírios ou alucinações — que ocorrem em pacientes que não apresentam, obrigatoriamente, uma patologia de psicose, e, inversamente, para explicar comportamentos ditos "normais" em pacientes diagnosticados como "psicóticos".

O caráter teórico do texto que leremos exige do leitor um conhecimento prévio da teoria e do vocabulário lacanianos.

L. ZOLTY

*Exortamos o leitor a ler este capítulo
referindo-se aos livros de J.-D. Nasio.*[*]

O conceito de *foraclusão localizada* foi criado por J.-D. Nasio para dar nome ao mecanismo responsável por estados psicóticos e por fenômenos pontuais e transitórios, de caráter psicótico, que ocorrem em sujeitos neuróticos como Mariane, cujo caso apresentaremos. Trata-se do aparecimento de momentos alucinatórios, de convicções delirantes pontuais, de passagens ao ato fulgurantes, de eclosões psicossomáticas marcantes, ou até de pesadelos tão intensamente vividos que o sujeito que lhes serve de palco não consegue voltar a dormir. A esses distúrbios, que desconcertam o paciente e surpreendem o psicanalista, Nasio dá o nome de *formações do objeto* (a), para contrastá-los com as for-

---

* "Le concept de forclusion", in *Enseignement de 7 concepts cruciaux de la psychanalyse*, Paris, Payot, 1992, p. 221-252 ["O conceito de foraclusão", in *Lições sobre os 7 conceitos cruciais da psicanálise*, Rio de Janeiro, Zahar, col. Transmissão da Psicanálise, 1989, p.149-64]; "La forclusion locale: contribution à la théorie lacanienne de la forclusion", in *Les Yeux de Laure. Transfert, objet* a *et topologie dans la théorie de J. Lacan*, Paris, Flammarion, 1995, p.107-48; e "Le corps", in *Cinq leçons sur la théorie de Jacques Lacan*, Paris, Payot, 1994, p.191-222 [*Cinco lições sobre a teoria de Jacques Lacan*, Rio de Janeiro, J. Zahar, 1993].

mações do inconsciente que são o sonho, o lapso, o ato falho e até a interpretação psicanalítica. Em vez de resumir a teoria da foraclusão localizada e suas manifestações clínicas, preferimos expor diretamente um caso de análise que a mostra em ação.

❖

Mariane: um exemplo clínico que mostra a necessidade do conceito de foraclusão localizada

Quando Mariane, na casa dos cinqüenta anos, dirigiu-se a mim, suas idéias não eram muito precisas: "Estou aqui para dar um fecho a uma coisa... Estou vindo procurar um apoio..." Simultaneamente, ela acabara de se separar de um primeiro psicoterapeuta (a pedido dele) e do marido. Havia deixado este último no meio da noite, depois de uma relação sexual satisfatória, mas "banalizada" pelo parceiro.

O sintoma destacado foi a ocorrência de momentos de "confusão" que a faziam mergulhar numa espécie de bruma, de letargia, deixando-a incapaz de se concentrar e desencadeando, ao mesmo tempo, um estado depressivo. Durante a análise sobreviriam alguns pequenos acidentes repetidos, quedas. O que também observamos era a propensão particular de Mariane a "estar noutro lugar", como que em fuga, inatingível, fora de alcance, falando em termos espaciais. Os encontros eram sempre difíceis de marcar e nunca regulares. No decorrer de sua psicoterapia, o tema da fuga havia aparecido. Afora isso, Mariane tinha uma vida adaptada, com aventuras amorosas ricas; amava o marido, mas sentia-se sufocada por ele; tinha filhos crescidos e era até avó. Era uma mulher enérgica e eficaz, apesar de seus lapsos no vazio.

Na adolescência, Mariane tinha vivido um "momento psicótico", um episódio de foraclusão. Cometera-se um infanticídio em sua cidade natal. Mariane, então com dezoito anos, tivera uma descompensação: descobrira-se num estado confusional, com a convicção delirante de ser a autora do assassinato. Assim, ficara deprimida, tornando-se incapaz de se preparar para o exame final do curso secundário: não conseguia mais se concentrar nem memorizar nada. O incidente, que havia durado algumas semanas, tinha sido minimizado pelas pessoas de seu círculo.

Na primeira entrevista, Mariane referiu-se a uma tentativa de sedução paterna, acompanhada destas palavras: "Um pai pode fazer tudo!"

Lembrança ou fantasia? Não sabemos, mas entendemos que Mariane era portadora da representação de um pai que não seria garante da Lei simbólica e, muito particularmente, da lei da proibição do incesto. Por outro lado, ela mencionou também um outro fato que julgava importante: havia nascido depois de dois irmãos mortos, os quais teria sido encarregada de substituir. Ela fora uma criança extremamente esperta e superprotegida.

A mãe, que nunca tinha feito o luto de seus dois bebês mortos antes do nascimento de Mariane, vivera diversos episódios depressivos; "ela acabou como um dejeto humano", disse Mariane. Essa mulher também havia exigido que sua filha mais velha, nascida de um primeiro casamento — meio-irmã de nossa paciente —, desse a seu primeiro filho o nome de um dos dois bebês mortos.

Voltemos ao episódio de foraclusão da adolescência. Relembremos os fatos: quando, aos dezoito anos, Mariane tomou conhecimento do assassinato de uma menina em sua cidade, ela descompensou e se acusou do assassinato da criança. A descoberta de que se tratava de um infanticídio, cuja autora fora a mãe, não abalou o sentimento íntimo de que era ela quem havia matado essa menina. Tratou-se de um semidelírio, porque, no nível consciente, Mariane sabia que não era a assassina, mas isso não reduziu sua crença delirante. Ela se sentiu decididamente culpada. Ficou deprimida e viveu um momento de "confusão mental". Portanto, ela era habitada por duas correntes contrárias, incompatíveis entre si, e a que predominava não era a corrente consciente, que obedecia à lógica da razão, mas a outra.

Qual foi o mecanismo causal desse episódio delirante? Houve um acontecimento trágico: "uma mãe matou sua filha." Esse assassinato foi acolhido por Mariane como um apelo destinado a ela; estranhamente, ela sentiu e até "soube" que aquilo lhe dizia respeito. Desencadeou-se então um episódio depressivo, a partir de uma convicção delirante; um "*fato*" surgiu no lugar de um "*dito*". Um delírio apareceu no lugar do pensamento que, em condições normais, a moça deveria ter concebido a respeito desse crime, mas que não lhe ocorreu. Um significante foi convocado, mas não se apresentou (foraclusão) e, em seu lugar, surgiu a formação delirante. Foi a intensidade do impacto de um acontecimento trágico que revelou em Mariane sua impossibilidade de simbolizá-lo; foi justamente a força desse apelo que evidenciou sua incapacidade de responder. É essa impotência absoluta, essa não resposta radical, que Nasio denomina de "foraclusão localizada". Uma representação não adveio, nem tampouco o afeto que a acompanhava; assim, a formação delirante organizou-se de maneira autônoma, heterogênea ao resto da personalidade, e Mariane, apesar de inteligente e sensata, pensou e disse, identificando-se com a mãe infanticida: "*fui eu que matei a menina*".

Esquematicamente, neste exemplo, o mecanismo da foraclusão apresenta-se assim: primeiro, observamos em Mariane o retorno no real de um significante foracluído. O significante não surgido no simbólico reaparece, transformado, no real, sob a forma de uma certeza delirante: "*Sou a assassina dessa criança, sou culpada*." A representação foracluída, enquistada, seria: "minha mãe já matou dois filhos, pode me matar também." "Foracluída" significa que essa representação não adveio, foi abolida, porém continuou mais atuante do que nunca. E ressurgiu de maneira invertida: o "eu sou morta" transformou-se em "eu mato".

O mecanismo em cascata poderia desenrolar-se segundo diferentes proposições sucessivas:
1. "Eu odeio as crianças como minha mãe, que já matou duas."
2. "Logo, eu sou mãe."
3. "Logo, sou mulher do meu pai, que, aliás, já me tocou..." (conteúdo sexual).
4. Eis a proposição foracluída: "Tenho toda razão de temer minha mãe, porque minha mãe quer matar a criança que eu sou" — uma proposição intolerável. Aqui, o sujeito da ação é a mãe.
5. Essa proposição abolida ressurge no real sob a forma delirante: "Sou a assassina da criança." Aqui, o sujeito da ação é Mariane.

O afeto ligado à foraclusão é a angústia de morte, a angústia de ser morta pela mãe, que poderia formular-se da seguinte maneira: "Toda mãe odeia o filho, não existe mãe sem ódio."

Isso não exclui o amor, é claro, e não significa que todas as mães sejam assassinas! Significa simplesmente que toda mãe tem alguma fantasia movida pelo ódio. Uma fantasia que se estruturou em Mariane através de: "*Eu também odeio esses bebês mortos, logo, sou mãe; então, sou mulher do meu pai...*" Assim, sua angústia alimentou-se numa fonte dupla: por um lado, o ódio contra-investido, que a transformara em mãe; por outro, a fantasia incestuosa, vivida como uma realidade: "*Se um pai pode fazer tudo, ele não é mais pai, e sim um sedutor, não existe mais pai...*"

A representação não advinda foi "minha mãe quer me matar", que é, para Freud, uma variação da angústia de castração. Recordemos que a angústia de ser ameaçada pela mãe é uma angústia tipicamente feminina, e que a menina vive imaginariamente sua diferença sexual como resultado de uma castração já praticada. Portanto, é compreensível que a chamada angústia de castração seja, para a menina, um medo que diz respeito ao corpo inteiro. Foracluída a representação "minha mãe quer me matar", desfeita em pedaços a prova da realidade, abolida a fronteira psíquica, a angústia de castração tomou conta e passou para o primeiro plano, mas com o sinal invertido, e o "eu sou morta" transformou-se em "eu mato".

O que faltou a Mariane, quando ela ouviu a notícia do assassinato, foi poder traduzir num significante a fantasia que a habitava — ser morta pela mãe. Foi justamente por não ter sabido responder com palavras, imagens e emoções à violência que o infanticídio significava que Mariane mergulhou na confusão. Se, ao contrário, ela tivesse sentido indignação, e caso se houvesse lembrado dos medos que sua própria mãe lhe inspirava, a jovem Mariane teria produzido um significante que a faria existir como sujeito. De fato, o sujeito é gerado no ato simbólico de dizer.

Depois desse episódio, durante trinta anos, Mariane levou uma vida sem grandes perturbações. Mesmo a primeira decisão de consultar um psicoterapeuta nunca foi relacionada com o episódio delirante da adolescência. Mas, vocês poderão dizer: "Esse episódio é uma história velha, é coisa do passado!" Certo, no nível consciente, tratava-se de um caso encerrado, ao qual não haveria razão para voltar, mas, para o inconsciente, o tempo não existe. Aquilo que foi vivido deixa um vestígio.

❖

Voltemos ao contexto atual, ao âmbito da análise. Mariane chegou a uma sessão e me informou que teria que ficar com sua neta nas férias, e que essa perspectiva a deixava em pânico, de um modo irracional. Ela não entendia. Foi então que apareceu uma transferência maciça e compacta. Fui vivida como a causa da emergência desse movimento de pavor: "*A culpa é sua se...*" Na esteira dessa emergência, Mariane foi como que impelida a fugir da mãe que eu representava, e não tardou a me anunciar que havia decidido espaçar nossos encontros e passar a vir apenas uma vez a cada quinze dias. A partir daí, foi a tendência ao rompimento que predominou na análise. As razões financeiras alegadas foram, na verdade, álibis inconscientes. A atualização da transferência, o maior fechamento de Mariane e a tendência à ruptura foram indícios de que estávamos perto da zona de foraclusão, cuja existência fora revelada pelo pedido de sua filha de que ela se encarregasse de uma função materna. Na sessão, Mariane explicou que percebia com clareza a diferença entre isso e o que experimentava quando se tratava não de sua neta, mas do neto: com ele, não havia problema algum. Ora, convém lembrar que a criança assassinada pela mãe tinha sido uma menina. A representação intolerável, "minha mãe quer me matar", estava muito próxima, mas ainda não podia advir; em seu lugar apresentou-se na transferência um movimento de fuga, com um medo neurótico — que é a normalidade —, e não mais com uma convicção delirante.

Esse momento da análise foi fecundo. Mariane nunca havia conhecido seus dois irmãos mortos, mas percebera a que ponto eles ainda estavam presentes para sua mãe; ela nunca vira a menina morta pela mulher infanticida; não tinha nenhuma imagem dela, e, no entanto, essa criança "sem corpo", sem idade, sem nenhuma característica física que lhe fosse conhecida, provocara na adolescência um semidelírio. No interior do tratamento analítico, nesse momento exato em que Mariane quis fugir, uma criança igualmente sem corpo, morta por uma mãe fantasiada, habitou o entre-dois da relação transferencial, sem que a paciente tivesse consciência disso; mas ela sentiu medo, "isso a interpelou", como diríamos em linguagem corrente. E se isso acontecesse com ela?... Havia uma criança vagando no primeiro plano da cena — não uma criança precisa, mas uma espécie de abstração desligada do contexto. Para parafrasear Nasio em *Os olhos de Laura*, eu diria que um filho "de ninguém", produzido entre "a escuta" da analista e "um dito" da analisanda, havia "materializado" a transferência e dado vida ao inconsciente.

Mariane, em pânico diante da idéia de ter que cuidar da neta, temia reviver a fantasia de "ser morta pela mãe", bem como seu avesso, "matar sua filha". A aproximação da zona de foraclusão poderia nunca ter-se produzido; foi preciso que Mariane, na posição de filha dentro da relação transferencial, encarnando ela mesma essa criança sem corpo, fosse simultaneamente solicitada por uma demanda externa a ter que assumir um papel de mãe. Produziu-se então um conluio entre "ser a criança que corre o risco de ser morta pela mãe-analista" e "ser a mãe que pode matar um filho", fazendo nascer uma sensação de bruma e uma vontade de ir embora. Nas entrelinhas, o que se perfilou foi seu desejo incestuoso, culpado: "*Um pai pode fazer tudo!*" Acrescentemos ainda que, no caso da estruturação da menina, além, ou melhor, aquém do incesto com o pai, trata-se inicialmente do incesto com a mãe.

Dito isso, em que o exemplo de Mariane mostra a necessidade do conceito de foraclusão localizada proposto por Nasio? Por que esse adjetivo, "localizada"? Que traz ele de essencial para a teoria e a clínica? "Localizada" quer dizer que o prejuízo do psiquismo de uma paciente como Mariane concernia apenas a uma única fantasia, animada pela constelação mãe, filha e, entre as duas, uma criança morta. Fora dessa fantasia, isto é, fora dessa realidade psíquica bem circunscrita, as outras realidades psíquicas que estruturavam o psiquismo de nossa paciente permaneciam intactas. Seu delírio de adolescente não passara de um semidelírio, um delírio bem localizado, centrado na identificação com uma mãe infanticida. E depois, mais tarde, já na idade de ser avó, vimos como Mariane continuava frágil quando a questão era cuidar de sua neta, embora adotasse um comportamento perfeitamente normal em relação ao neto. Certamente, segundo essa abordagem da localização, isto é, da coexistência possível de uma realidade psíquica estruturada pela foraclusão com um conjunto de outras realidades estruturadas pelo recalcamento, Mariane não poderia ser rotulada de "psicótica". Ela decerto viveu um episódio de delírio, mas não perdeu, em absoluto, o contato com a realidade externa.

*Excertos das obras de
S. Freud, J. Lacan e
J.-D. Nasio sobre a foraclusão*

Freud

"Há, entretanto, uma espécie de defesa muito mais poderosa e eficaz. Nela, o eu rejeita a representação incompatível, juntamente com seu afeto, e se comporta como se a representação jamais lhe tivesse ocorrido. (...) o eu rompe com a representação incompatível, mas ela fica inseparavelmente ligada a um fragmento da realidade [da castração], de modo que, ao consumar esse ato, o eu também se desliga, no todo ou em parte, da realidade."[1]

"Não houve nenhuma formulação de um juízo sobre a questão de sua existência [da castração], mas foi como se ela [a castração] não existisse."[2]

"Seria incorreto dizer que a percepção internamente recalcada é projetada para fora; antes, como percebemos agora, deveríamos dizer que o que foi abolido internamente retorna do lado de fora. (...) Um desligamento como esse da libido, devemos admitir, tanto pode ser um processo parcial, uma retirada da libido de um único complexo, quanto um processo geral."[3]

Lacan

"De que se trata quando falo de *Verwerfung* [foraclusão]? Trata-se da rejeição de um significante primordial para as trevas externas, um significante que desde então faltará nesse nível. (...) Trata-se de um processo primordial de exclusão de um dentro primitivo, que não é o dentro do corpo, mas o de um primeiro corpo de significante."[4]

A foraclusão "(...) articula-se (...) como a ausência da *Bejahung* ou juízo de atribuição [de um pênis universal]".[5]
"A *Verwerfung*, portanto, será tida por nós como foraclusão do significante. No ponto em que (...) é chamado o Nome-do-Pai pode (...) responder no Outro um puro e simples furo."[6]
"É a falta do Nome-do-Pai nesse lugar que, pelo furo que abre no significado, dá início à cascata de remanejamentos do significante de onde provém o desastre crescente do imaginário."[7]
"(...) o que não veio à luz no simbólico aparece no real."[8]
"Só existe foraclusão do dizer (...)."[9]

Nasio

A foraclusão

"A foraclusão é, com efeito, o nome que a psicanálise dá à falta de inscrição, no inconsciente, da experiência normativa da castração."[10]
"A foraclusão consiste (...) na suspensão de qualquer resposta à solicitação, dirigida a um sujeito, de ter que fornecer uma mensagem, praticar um ato ou instituir um limite. Por isso, a foraclusão é a não vinda do significante do Nome-do-Pai no lugar e no momento em que ele é chamado a advir."[11]
"O Nome-do-Pai (...) designa a função paterna tal como é internalizada e assumida pela própria criança. (...) o Nome-do-Pai não é simplesmente o lugar simbólico que pode ou não ser ocupado pela pessoa de um pai, mas é qualquer expressão simbólica, produzida pela mãe ou produzida pelo filho, que represente a instância terceira, paterna, da lei da proibição do incesto."[12]
"(...) não pode haver ação foraclusiva sem a condição de um apelo que a desencadeie."[13]

A foraclusão localizada

"(...) realidades produzidas por foraclusão coexistem com realidades produzidas por recalcamento."[14]

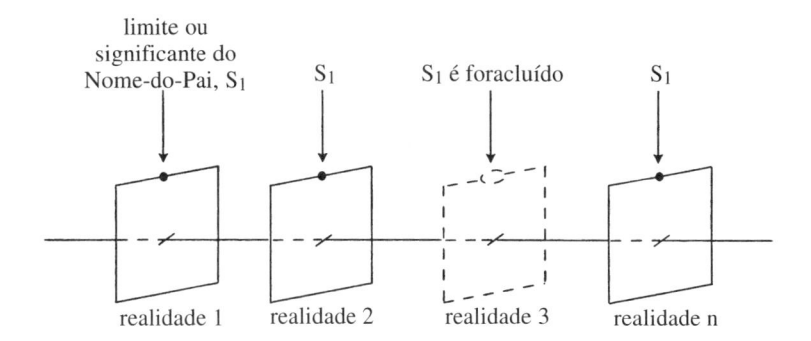

limite ou
significante do
Nome-do-Pai, S_1 S_1 S_1 é foracluído S_1

realidade 1   realidade 2   realidade 3   realidade n

Esquema
Coexistência das realidades produzidas por
recalcamento (realidade 1, realidade 2, realidade n)
com a realidade produzida por foraclusão (realidade 3)*

"Com o conceito de foraclusão localizada, tentamos desfazer duas idéias falsas sobre a rejeição e a globalidade da foraclusão (...). O prejuízo é apenas local e a perda, uma perda parcial. Trata-se de fenômenos alucinatórios transitórios e passageiros, sem um prejuízo geral do sujeito."[15]

"Assim é tramada nossa realidade: um tecido em que há constantemente um fio que se rompe e uma bainha que se refaz. (...) não deveríamos escrever 'nossa realidade', como se ela fosse a mesma desde sempre, como se a castração adviesse apenas uma vez, de uma vez por todas. Ao contrário, toda vez que o fio se rompe e que o limite do tecido se instaura, temos *uma* realidade entre outras."[16]

"A foraclusão é a suspensão de um impulso, a interrupção de um processo. A operação foraclusiva não age sobre um elemento, mas mata pela raiz um movimento esperado. O foracluído é mais o não chegado do que o rejeitado, e a foraclusão é mais uma impossibilidade de existir do que uma rejeição (...)."[17]

"A foraclusão não é uma rejeição, mas, ao contrário, abolição de uma rejeição que deveria ter-se produzido. Nenhum nome consegue no-

---

* Esse esquema é uma versão modificada do que aparece na página 120 de *Les Yeux de Laure*. (Nota de J.-D. Nasio, setembro de 2000.)

mear, como se faltasse o ato de nascimento da organização simbólica de uma dada realidade precisa, de uma dada série particular."[18]
"A foraclusão é um ataque ao vínculo, uma abolição da palavra *para*."[19]
"Em que incide a abolição? Que é abolido? Não, o que se abole não é uma coisa, mas, justamente, um processo: o próprio processo de recalcamento. Em outras palavras, o que é anulado internamente é o processo de deslocamento e substituição de uma representação por outra."[20]
"O que foi abolido dentro, o que não chegou a ex-sistir, o que não veio ocupar a categoria de sucessor, volta de fora."[21]

❖

Referências dos excertos citados

1. "Les psychonévroses de défense", in *Névrose, psychose et perversion*, Paris, PUF, 1973, p.12-3 (11ªed., 1999) ["As neuropsicoses de defesa", *ESB*, III, Rio de Janeiro, Imago, 2ªed., p.51-65].
2. "Extrait de l'histoire d'une névrose infantile (L'homme aux loups)", in *Cinq psychanalyses*, Paris, PUF, 1977, p.389 (21ªed., 1999) ["História de uma neurose infantil", *ESB*, XVII, Rio de Janeiro, Imago].
3. "Remarques psychanalytiques sur l'autobiographie d'un cas de paranoïa: Dementia Paranoïdes (Le président Schreber)", in *Cinq psychanalyses*, op. cit., p.315-7 ["Notas psicanalíticas sobre um relato autobiográfico de um caso de paranóia (*Dementia paranoides*)", *ESB*, XII, Rio de Janeiro, Imago].
4. *Le Séminaire, Livre III. Les psychoses*, Paris, Seuil, 1981, p.171 [*O Seminário*, livro 3, *As psicoses (1955-1956)*, Rio de Janeiro, Zahar, 2ªed. rev., 1988].
5. *Écrits*, Paris, Seuil, 1966, p.558 [*Escritos*, Rio de Janeiro, Zahar, 1988, p.564].
6. Idem.
7. Op. cit., p.577 [*Escritos*, op. cit., p.584].
8. Op. cit., p.388 [*Escritos*, op. cit., p.390].
9. *Le Séminaire "... ou pire"* (inédito), lição de 9 de fevereiro de 1972.
10. *Enseignement de 7 concepts cruciaux de la psychanalyse*, Paris, Payot, 1992, p.223 ["O conceito de foraclusão", in *Lições sobre os 7 conceitos cruciais da psicanálise*, Rio de Janeiro, Zahar, col. Transmissão da Psicanálise, 1989, p.149].
11. Op. cit., p.238 [*Lições sobre os 7 conceitos*, op. cit., p.158-9].

12. Op. cit., p.237 [*Lições sobre os 7 conceitos*, op. cit., p.158].
13. Idem [*Lições sobre os 7 conceitos*, op. cit., p.159].
14. "La forclusion locale: contribution à la théorie lacanienne de la forclusion", in *Les Yeux de Laure. Transfert, objet* a *et topologie dans la théorie de J. Lacan*, Paris, Flammarion, 1995, p.118.
15. Op. cit., p.114.
16. Op. cit., p.116.
17. Op. cit., p.121.
18. Ibid., p.120-1.
19. Ibid., p.121.
20. Op. cit., p.122.
21. Idem.

Seleta bibliográfica

ABRAHAM, N. e M. TOROK, "La Crypte au sein du moi. Nouvelles perspectives métapsychologiques", in *L'Écorce et le noyau*, Paris, Aubier-Flammarion, 1978, p.229-52.
APARICIO, S., "La Forclusion, préhistoire d'un concept", *Ornicar?*, jan 1984, n°28, p.85-105.
FREUD, S. e J. BREUER, *Études sur l'hystérie*, Paris, PUF, 1991, p.4 [*Estudos sobre a histeria*, ESB, II, 2ªed., Rio de Janeiro, Imago, 1987].
FREUD, S., *L'Interprétation des rêves*, Paris, PUF, 1967, p.504 [*A interpretação dos sonhos*, ESB, IV-V, 2ªed., Rio de Janeiro, Imago, 1987].
"Les Psychonévroses de défense", in *Névrose, psychose et perversion*, Paris, PUF, 1973 ["As neuropsicoses de defesa", ESB, III, Rio de Janeiro, Imago, 2ªed., 1987].
"La Négation", in *Résultats, idées, problèmes*, vol.II, Paris, PUF, 1985 [" A negação", ESB, XIX (sob o título " A negativa"), Rio de Janeiro, Imago].
"Le Fétichisme", in *La Vie sexuelle*, Paris, PUF, 1970 ["Fetichismo", ESB, XXI, Rio de Janeiro, Imago].
"Remarques psychanalytiques sur l'autobiographie d'un cas de paranoïa: Dementia Paranoïdes (Le président Schreber)", in *Cinq psychanalyses*, Paris, PUF, 1977 ["Notas psicanalíticas sobre um relato autobiográfico de um caso de paranóia (*Dementia paranoides*)", ESB, XII, Rio de Janeiro, Imago].
"Extrait de l'histoire d'une névrose infantile (L'homme aux loups)", in *Cinq psychanalyses*, op. cit. ["História de uma neurose infantil", ESB, XVII, Rio, Imago].

"Le Refoulement" e "L'Inconscient", in *Métapsychologie*, Paris, Gallimard, 1968 ["Recalcamento" (sob o título de "Repressão") e "O inconsciente", *ESB*, XIV, Rio de Janeiro, Imago].

Inhibition, symptôme et angoisse, Paris, PUF, 1965 [*Inibições, sintomas e ansiedade*], *ESB*, XX, Rio de Janeiro, Imago].

Abrégé de psychanalyse, Paris, PUF, 1992, p.26 [*Esboço de psicanálise*, *ESB*, XXIII, Rio de Janeiro, Imago].

LACAN, J., "Subversion du sujet et dialectique du désir dans l'inconscient freudien", in *Écrits*, Paris, Seuil, 1966, p.793-827 ["Subversão do sujeito e dialética do desejo no inconsciente freudiano", in *Escritos*, Rio de Janeiro, Zahar, 1988, p.807-42].

"Introduction au commentaire de Jean Hyppolite sur la 'Verneinung' de Freud", in *Écrits*, op. cit., p.369-80 ["Introdução ao comentário de Jean Hyppolite sobre a 'Verneinung' de Freud", in *Escritos*, op. cit., p.370-82].

Appendice 1: "Commentaire parlé sur la 'Verneinung' de Freud", de Jean Hyppolite, in *Écrits*, op. cit., p.382-99 [Apêndice 1: "Comentário falado sobre a 'Verneinung' de Freud", in *Escritos*, op. cit., p.893-902].

Le Séminaire, Livre III. Les psychoses, Paris, Seuil, 1981, p.21, 58, 100, 160 etc. [*O seminário, livro 3, As psicoses (1955-1956)*, Rio de Janeiro, Zahar, 2ªed. rev., 1988].

LEFÈVRE, A., "Inconscient corporel et techniques intermédiaires", *Revue de Somatothérapie*, n°3, junho de 1969.

LITTLE, M., *Des états-limites. L'alliance thérapeutique*, Paris, Éditions des Femmes, 1991.

NASIO, J.-D.,
"Le concept de forclusion", in *Enseignement de 7 concepts cruciaux de la psychanalyse*, Paris, Payot, 1992, p.221-52 ["O conceito de foraclusão", in *Lições sobre os 7 conceitos cruciais da psicanálise*, Rio de Janeiro, Zahar, col. Transmissão da Psicanálise, 1989, p.149-64].

"La Forclusion locale: contribution à la théorie lacanienne de la forclusion", in *Les Yeux de Laure. Transfert, objet a et topologie dans la théorie de J. Lacan*, Paris, Flammarion, 1995, p.107-48.

Cinq leçons sur la théorie de Jacques Lacan, Paris, Payot, 1994, p.192-222 [*Cinco lições sobre a teoria de Jacques Lacan*, Rio de Janeiro, Zahar, 1993].

"Fragments sur le semblant", "L'hallucination: un point de vue psychanalytique", in *L'Inconscient à venir*, Paris, Rivages, 1993, p.183-216.
Como trabalha um psicanalista?, Rio de Janeiro, Zahar, 1999.
Le Livre de la Douleur et de l'Amour, Paris, Désir/Payot, 1996 [*O livro da dor e do amor*, Rio de Janeiro, Zahar, 1997].

TOROK, M., "Maladie du deuil et fantasme de cadavre exquis", *Nouvelle Revue de Psychanalyse*, n°4, 1968.

NOTAS DO CONJUNTO DOS CAPÍTULOS

CAPÍTULO I — QUE É UM CASO?

1. Aristóteles, *Poétique*, Paris, G. Budé, 1932, *1449b, 27.*
2. Ao teorizar o caso de Laura, pude ampliar o conceito lacaniano de foraclusão, propondo a tese de uma *foraclusão localizada*, tese esta que explica a causa de episódios foraclusivos que não implicam necessariamente um diagnóstico de psicose. O leitor pode referir-se a *Les Yeux de Laure. Transfert, objet* a *et topologie dans la théorie de J. Lacan*, Paris, Champs/Flammarion, 1995, bem como ao último capítulo deste livro.

CAPÍTULO II — OBSERVAÇÕES PSICANALÍTICAS SOBRE AS PSICOSES

1. Freud, S., *Névrose, psychose et perversion*, Paris, PUF, 1978, p.13.
2. Roudinesco, E. & Plon, M., *Dictionnaire de la psychanalyse*, Paris, Fayard, p.847-50. [*Dicionário de psicanálise*, Rio de Janeiro, Zahar, 1998]
3. Nasio, J.-D., "Le concept de forclusion", in *Enseignement de 7 concepts cruciaux de la psychanalyse*, Paris, Payot, 1992, p.221-52 ["O conceito de foraclusão", in *Lições sobre os 7 conceitos cruciais da psicanálise*, Rio de Janeiro, Zahar, col. Transmissão da Psicanálise, 1989, p.149-64]; "La forclusion locale: contribution à la théorie lacanienne de la forclusion" e "Objet *a* et forclusion", in *Les Yeux de Laure. Transfert, objet* a *et topologie dans la théorie de J. Lacan*, op. cit., p.107-48; e ainda o último capítulo do presente livro.
4. Para completar, mencionemos ainda que Lacan construiu igualmente sua teoria do eu [*moi*], instância imaginária, quando estava muito im-

pregnado de sua rica experiência clínica com a paranóia, como atesta sua tese de psiquiatria, elaborada a partir do "caso Aimée" (1932).
5. Lacan, J., *Le Séminaire, Livre III. Les psychoses*, Paris, Seuil, 1981, p.149 [*O Seminário*, livro 3, *As psicoses (1955-1956)*, Rio de Janeiro, Zahar, 2ªed. rev., 1988].

CAPÍTULO III — UM CASO DE S. FREUD

1. Schreber, D.P., *Mémoires d'un névropathe*, Paris, Seuil, 1975, p. 46 [*Memórias de um doente dos nervos*, tradução e introdução de Marilene Carone, Rio de Janeiro, Paz e Terra, 1995].
2. Schatzmann, M., *L'Esprit assassiné*, Paris, Stock, 1974.
3. Ibid., p.265.

CAPÍTULO VI — UM CASO DE B. BETTELHEIM

1. Excerto da carta dirigida por Bruno Bettelheim a Annie-Marguerite Arcangioli em 22 de janeiro de 1986.

CAPÍTULO VII — UM CASO DE CRIANÇA DE F. DOLTO

1. Dolto, F., "À la recherche du dynamisme des images du corps et de leur investissement symbolique dans les stades primitifs du développement infantile", in *La Psychanalyse 3*, Paris, PUF, 1957, p.297-315. Artigo reeditado como anexo 4 in Dolto, F., *Le Sentiment de soi*, Paris, Gallimard, 1997, p.289-308.
2. Dolto, F., conferência inédita.
3. *L'Image inconsciente du corps*, Paris, Seuil, 1984, p.149.
4. A narrativa do caso, tal como a apresentamos, foi construída a partir de fontes diferentes: F. Dolto, *L'Image inconsciente du corps*; F. Dolto e J.-D. Nasio, *L'Enfant du miroir*, e ainda a entrevista inédita entre F. Dolto e J.-D. Nasio, realizada na France Culture em 19 de setembro de 1987.
5. Dolto, F. e J.-D. Nasio, *L'Enfant du miroir*, op. cit., p.28.
6. Dolto, F., *L'Image inconsciente du corps*, op. cit., p.124.
7. Dolto, F. e J.-D. Nasio, *L'Enfant du miroir*, op. cit., p.72.
8. Dolto, F., *L'Image inconsciente du corps*, op. cit., p.34.
9. Dolto, F. e J.-D. Nasio, *L'Enfant du miroir*, op. cit., p.52.
10. Dolto, F., *L'Image inconsciente du corps*, op. cit., p.151.
11. Dolto, F., conferência inédita.
12. Esse caso foi apresentado principalmente por Françoise Dolto na página 288 de seu livro *L'Image inconsciente du corps*. Ela voltou a

examiná-lo em outros textos. Nosso relato leva em conta essas fontes diferentes.
13. Dolto, F., *L'Image inconsciente du corps*, op. cit., p.291.
14. Ibid, p.298.
15. Idem.
16. Idem. A íntegra do diálogo foi condensada na redação deste capítulo.
17. Ibid., p.301.
18. Ibid., p.303.
19. Ibid., p.323.
20. Ibid., p.306-7.
21. Ibid., p.58.
22. Dolto, F., "Personnologie et image du corps", *La Psychanalyse 6*, Paris, PUF, 1961. Reeditado in *Au jeu du désir*, Paris, Seuil, 1981, p.60-95 ["Personalogia e imagem do corpo", *No jogo do desejo*, 2^{a}ed. rev., São Paulo, Ática, 1996, p.52-82].
23. Dolto, F., *L'Image inconsciente du corps*, op. cit., p.57.
24. Dolto, F., *Au jeu du désir*, op. cit., p.302 [*No jogo do desejo,* op. cit.].

CAPÍTULO VIII — UM CASO DE ADOLESCENTE DE F. DOLTO

1. Textos apresentados em *Recherches, Enfance aliénée*, n°8, dez. 1968.
2. *Psychanalyse et pédiatrie*, Paris, Seuil, 1971 [*Psicanálise e pediatria*, Rio de Janeiro, Zahar, 3^{a}ed., 1980].
3. François, Y., *Françoise Dolto, la langue des images*, Paris, Bayard, 1999.

CAPÍTULO IX — UM CASO DE J. LACAN

1. "Erostrate", in *Le Mur*, Paris, Gallimard, 1939, p.78 ss.
2. In "Commentaire du film" de Nico Papatakis, *Les Abysses*, 1963.
3. Breton, A., *Le Surréalisme au service de la Révolution, juillet 1930 à mai 1933*, Paris, Jean-Michel Place, 1976.
4. Ducasse, I., dito conde de Lautréamont, "Les Chants de Maldoror", in *Poésies. Oeuvres complètes*, Paris, Garnier-Flammarion, 1874.

ÍNDICE GERAL

Preâmbulo

❖

Que é um caso?

As três funções de um caso: didática, metafórica e heurística ✦ O caso é uma ficção ✦ A gestação de um caso clínico: o papel do "esquema da análise" ✦ O sigilo

**Excertos das obras de S. Freud e J. Lacan
sobre a idéia de "caso clínico"**

Seleta bibliográfica

❖

*Observações psicanalíticas
sobre as psicoses*

Não existe "a" psicose, mas "as" psicoses ✦ Para Freud, toda psicose é uma doença da defesa ✦ A psicose permitiu compreender o funcionamento normal da vida psíquica

❖

Um caso de S. Freud:
Schreber ou a paranóia

A história do caso Schreber. Quem é Schreber? O discurso delirante de Schreber. Deus persegue Schreber. Schreber ameaçado em sua mente. Schreber ameaçado em seu corpo. O milagre dos urros. Pelo bem da humanidade, Schreber consente em ser mulher de Deus ♦ Os móbeis teóricos do caso Schreber. Uma tentativa de dar sentido a uma experiência de desmoronamento. Abordagem freudiana do delírio de Schreber. A figura de Deus e o fracasso do Édipo. A estabilização do delírio através da reconciliação e o tema da redenção. A paranóia é a expressão de uma fixação narcísica e também da luta contra essa fixação. Os principais mecanismos em jogo na paranóia. Projeção. Recalcamento e narcisismo. O ponto de vista de Lacan sobre o caso Schreber. O delírio é uma fala necessária que faz sofrer. O lugar da foraclusão ♦ Conclusão

Seleta bibliográfica

❖

Um caso de M. Klein:
Dick ou o sadismo

O encontro de Dick com Melanie Klein ♦ Quem é Melanie Klein? Um itinerário movimentado. O encontro com a psicanálise. Um universo fantástico ♦ A história clínica de Dick. Uma história trágica. Um menino estranho, de linguagem desabitada. História da análise. Epílogo. ♦ Os móbeis teóricos do caso Dick. A relação de Melanie Klein com a psicanálise. As posições psicanalíticas de Melanie Klein. Onde estava Melanie Klein ao receber Dick, em 1929? Quais eram os aspectos técnicos fundamentais de sua prática em 1929? Quais eram os aspectos fundamentais da teoria de Melanie Klein em 1929? A relação do sadismo com as pulsões. Qual é esse estranho objeto sobre o qual se exerce o sadismo? A idéia de situação ansiogênica. O sadismo participa da constituição da realidade. Comentário teórico sobre a análise de Dick. Por que instaurar tal defesa? Por que os mecanismos de defesa bloquearam o desenvolvimento de Dick? ♦ Conclusão

Seleta bibliográfica

❖

Um caso de D.W.Winnicott:
A pequena Piggle
ou a mãe suficientemente boa

Uma menina num momento caótico. Piggle apresentada por seus pais. Início da análise. Os pais escrevem a Winnicott. O "bebê-car". Comentário teórico: elaboração da fantasia da "mamãe preta". O objeto transicional. As três imagens maternas. Os cenários fantasísticos da pequena Piggle. A exploração da voracidade nas consultas ♦ Exploração das representações que estavam na origem das angústias. A continuação da análise. "Olá, Gabrielle." Nona consulta. Décima consulta. Comentário teórico: da "mamãe preta" à mamãe "suficientemente boa". A "mamãe preta" foi guardada. A "nova mamãe preta". Winnicott aceita a destrutividade. A mãe suficientemente boa ♦ A resolução dos distúrbios clínicos. O término da análise. Décima terceira consulta. Décima quinta e penúltima sessão. O último encontro entre Winnicott e Gabrielle. Comentário teórico: a capacidade de reparação e a resolução da transferência. O Winnicott "preto". A capacidade de reparação. A resolução da transferência ♦ Conclusão

Seleta bibliográfica

❖

Um caso de B. Bettelheim:
Joey ou o autismo

História do caso clínico. A chegada de Joey à Escola Ortogênica. Como curar Joey? Um ano depois: a instauração de uma ordem humana. Joey estabelece relações com seu círculo. Dois anos depois: "Eu me dei à luz". Epílogo: Em busca do tempo perdido ♦ Os móbeis teóricos do caso Joey. Autismo e esquizofrenia segundo B. Bettelheim. A origem do autismo segundo B. Bettelheim. Falta de mutualidade. O encontro com uma "situação limite". A evolução de Joey durante a primeira infância. O espaço e o tempo no universo autístico. A causalidade no universo autístico. Uma "cura parcial" ♦ Conclusão ♦ Referências bibliográficas

Seleta bibliográfica

❖

Um caso de criança de F. Dolto:
A menina do espelho ou
a imagem inconsciente do corpo

A menina do espelho: aspectos clínicos do caso. Abandono e despedaçamento. Simbolização: a ligação com a fala. Um testemunho pelo desenho ♦ Comentário teórico sobre o conceito de imagem inconsciente do corpo. A representação inconsciente em que se origina o desejo. O risco de desumanização pela experiência não mediatizada. Recalcamento da imagem do corpo na experiência escópica. A imagem inconsciente do corpo na transferência ♦ Restauração da imagem do corpo: histórias de casos. Léon, o menino sem costas. Léon fala, depois que sua imagem do corpo lhe é devolvida. Esse caso diz muito, ao mesmo tempo, sobre Léon e F. Dolto. Agnès, ou a ausência da imagem do corpo olfativo. Comentário teórico. Imagem do corpo, imagens do corpo. A imagem basal. As imagens funcionais e erógenas. As castrações, a castração. A imagem inconsciente do corpo: experiências na vida ♦ Conclusão: A imagem do corpo: relacional, inconsciente, maltratada e restaurável

Seleta bibliográfica

❖

Um caso de adolescente de F. Dolto:
Dominique ou o adolescente psicótico

O caso Dominique na obra de Françoise Dolto ♦ Os móbeis teóricos do caso Dominique. As hipóteses fundadoras. Imagem do corpo e castrações simboligênicas. Psicose, imagem do corpo e castração simboligênica. Teoria da análise ♦ O desenrolar da análise. Primeira sessão: 15 de junho. Segunda sessão: 30 de junho. Terceira sessão: 18 de outubro. Quarta sessão: 16 de novembro. Quinta sessão: 4 de janeiro. Sexta e sétima sessões: 18 de janeiro e início de março. Oitava sessão: começo de maio. Nona sessão: 25 de maio. Décima sessão: 7 de junho. Décima primeira sessão: final de junho. Décima segunda e última sessão: final de outubro. Síntese clínica ♦ Conclusão

Seleta bibliográfica

❖

**Um caso de J. Lacan:
As irmãs Papin ou a loucura a dois**

Narrativa do ato homicida. A singularidade do ato criminoso. A personalidade das irmãs Papin. Efeitos do ato criminoso em Léa e Christine ♦ Os móbeis teóricos do crime das irmãs Papin. As condições de um delírio a dois. O personagem materno. Fatores desencadeantes do crime. Primeira condição: tentativa de romper o vínculo materno. Segunda condição: transferência materna para a futura vítima. Terceira condição: o olhar. A dinâmica paranóica do crime. A alucinação e a inelutabilidade da passagem ao ato ♦ Conclusão

Seleta bibliográfica

❖

**As psicoses transitórias à luz
do conceito de foraclusão localizada**

Mariane: um exemplo clínico que mostra a necessidade do conceito de foraclusão localizada.

**Excertos das obras de S. Freud, J. Lacan
e J.-D. Nasio sobre a foraclusão**

Seleta bibliográfica

❖

**Notas do conjunto
dos capítulos**

Coleção Transmissão da Psicanálise

Não Há Relação Sexual
Alain Badiou

Fundamentos da Psicanálise
de Freud a Lacan
(3 volumes)
Marco Antonio Coutinho Jorge

Histeria e Sexualidade
Transexualidade
Marco Antonio Coutinho Jorge;
Natália Pereira Travassos

Por Amor a Freud
Hilda Doolittle

A Criança do Espelho
Françoise Dolto e J.-D. Nasio

O Pai e Sua Função em Psicanálise
Joël Dor

Introdução Clínica à
Psicanálise Lacaniana
Bruce Fink

A Psicanálise de Crianças
e o Lugar dos Pais
Alba Flesler

Freud e a Judeidade
Betty Fuks

A Psicanálise e o Religioso
Phillipe Julien

O Que É Loucura?

Simplesmente Bipolar
Darian Leader

5 Lições sobre a
Teoria de Jacques Lacan

9 Lições sobre Arte e Psicanálise

Como Agir com um
Adolescente Difícil?

Como Trabalha um Psicanalista?

A Dor de Amar

A Dor Física

A Fantasia

Os Grandes Casos de Psicose

A Histeria

Introdução à Topologia de Lacan

Introdução às Obras de Freud,
Ferenczi, Groddeck, Klein,
Winnicott, Dolto, Lacan

Lições sobre os 7 Conceitos
Cruciais da Psicanálise

O Livro da Dor e do Amor

O Olhar em Psicanálise

Os Olhos de Laura

Por Que Repetimos os Mesmos Erros?

O Prazer de Ler Freud

Psicossomática

O Silêncio na Psicanálise

Sim, a Psicanálise Cura!
J.-D. Nasio

Guimarães Rosa e a Psicanálise
Tania Rivera

A Análise e o Arquivo

Dicionário Amoroso da Psicanálise

Em Defesa da Psicanálise

Freud – Mas Por Que Tanto Ódio?

Lacan, a Despeito de Tudo e de Todos

O Paciente, o Terapeuta e o Estado

A Parte Obscura de Nós Mesmos

Retorno à Questão Judaica

Sigmund Freud na sua Época
e em Nosso Tempo
Elisabeth Roudinesco

O Inconsciente a Céu Aberto da Psicose
Colette Soler

1ª EDIÇÃO [2001] 8 reimpressões

ESTA OBRA FOI COMPOSTA POR TOPTEXTOS EDIÇÕES GRÁFICAS
EM TIMES NEW ROMAN E IMPRESSA EM OFSETE PELA
GRÁFICA BARTIRA SOBRE PAPEL ALTA ALVURA DA
SUZANO S.A. PARA A EDITORA SCHWARCZ EM SETEMBRO DE 2021

A marca FSC® é a garantia de que a madeira utilizada na fabricação do papel deste livro provém de florestas que foram gerenciadas de maneira ambientalmente correta, socialmente justa e economicamente viável, além de outras fontes de origem controlada.